AFONSINHO E EDMUNDO
A rebeldia no futebol brasileiro

Musa
antropologia

FUTEBOL
volume 1

Dados Internacionais de Catalogação na Publicação (CIP)
(Câmara Brasileira do Livro, SP, Brasil)

Florenzano, José Paulo
  Afonsinho e Edmundo : a rebeldia no futebol brasileiro
/ José Paulo Florenzano. – São Paulo :
Musa Editora, 1998. – (Musa antropologia ; 1)

  Bibliografia.
  ISBN 85-85653-34-5

  1. Afonsinho, jogador de futebol 2. Dissidentes 3. Edmundo,
jogador de futebol 4. Futebol – Brasil 5. Jogadores de futebol –
Brasil 6. Poder (Ciência sociais) . I. Afonsinho. II. Edmundo. III.
Título. IV. Série.

  98-1847   CDD- 305.9796330981

Índice para catálogo sistemático:

1. Brasil : Jogadores de Futebol : Rebeldia :
   Ciências sociais 305.9796330981
2. Rebeldia : Jogadores de futebol brasileiros :
   Ciências sociais 305.9796330981

José Paulo Florenzano

Afonsinho e Edmundo

A rebeldia no futebol brasileiro

EDITORA

© *Copyright José Paulo Florenzano*, 1998.

Capa: *Foto* Jogador Afonsinho, *reprodução Folha Imagem*, com tratamento gráfico de Flávio Peralta
Editoração eletrônica: *Nelson Canabarro*

Todos os direitos reservados.

EDITORA

Rua Monte Alegre, 1276
05014-010 São Paulo SP

Telefax: (011) 3871 5580
(011) 3862 2586

Impresso no Brasil • 1998

Caixa Postal 70 539
05013-990 São Paulo SP

Sumário

Prefácio 7

Introdução 9

Parte I

Afonsinho 21
Desencontro 23
O futebol-moderno 25
O corpo-máquina 31
As escolas de futebol 36
Afonsinho no Botafogo 43
A militarização do futebol brasileiro 48
O domesticador de cães 54
O longo verão quente: disciplina versus rebeldia 70
Da sub-raça ao super-homem 76
Os novos bárbaros 85
A Lei do Passe 95
A rebeldia entra em campo 105
A Laranja Mecânica 110
Jogador-problema 118

Parte II

Edmundo 125
Anjo e demônio 127
O bandido entra em campo 133
O jogo das máquinas 147
A chave do problema 154
O tribunal da norma 161
A cartilha do jogador-disciplinar 168
O estádio Panóptico 178
Os animais das arquibancadas e o animal dos gramados ... 186
A criação do jogador-animal 192
O animal na casa do Senhor 211
O animal e as Leis 225
O exílio do Animal 240

Dom Quixote e o Animal 243

Bibliografia 251

Prefácio

A realização deste trabalho, em certo sentido, teve início há muito tempo, mais precisamente nas ruas de terra de um subúrbio da cidade de São Paulo, paisagem já agora longínqua na qual, simples garotos, tomávamos de assalto, à noite e sob olhar cúmplice da lua, os canteiros gramados da praça principal correndo atrás da fantasia que gira em torno e através de uma bola de futebol.

O sonho de tornar-se um atleta profissional ficaria para trás. Contudo, na Faculdade de Ciências Sociais da PUC-SP o sonho de escrever sobre futebol começaria a ser gestado. Neste sentido, gostaria de agradecer aos professores que, ao longo do curso, contribuíram para nutrir esse sonho.

Meus agradecimentos, também, à Bolsa concedida pelo CNPq, ensejando a concretização da dissertação de mestrado que agora transforma-se em livro.

Finalmente, gostaria de agradecer à professora e antropóloga Márcia Regina da Costa pela orientação, pelas críticas e contribuições proporcionadas na elaboração deste trabalho. Gostaria, sobretudo, de agradecer-lhe por haver sugerido o tema através do qual pude reencontrar-me com o sonho acalentado desde o momento em que passara a trilhar o caminho da bola, seja nas ruas de terra, nos campos de várzea, nas arquibancadas dos estádios de futebol e, agora, nos corredores e salas da academia.

Introdução

O escopo da nossa pesquisa encontra-se centrado na análise da rebeldia do atleta de futebol, no Brasil, dentro do período histórico caracterizado pelo surgimento do futebol moderno no decorrer da década de 1960. Com efeito, a perspectiva adotada neste trabalho pretende focalizar as práticas de poder que incidem sobre o corpo visando à produção do jogador-disciplinar, cujo advento a modernização do futebol brasileiro passa a exigir tendo em vista as novas exigências impostas pelo processo deslanchado a partir dos anos 60.

Colhida nas malhas da rede de poder tecida no contexto da modernização, a rebeldia revelar-se-á enquanto luta de resistência tanto às antigas formas de dominação, consubstanciadas no mecanismo jurídico da Lei do Passe, quanto às novas formas de poder representadas pelas disciplinas, cuja difusão no universo do futebol ensejará o advento de uma nova personagem no cenário da modernização, qual seja, a do jogador-problema, invenção do poder destinada a estigmatizar a luta de resistência à produção do novo tipo de jogador solicitado pelo futebol moderno.

Nesse sentido, a rebeldia desvelar-se-á enquanto contestação ao poder que aprisiona o corpo (Lei do Passe); enquanto contestação ao poder que pretende gerir a vida (A Disciplina); e, por último mas não menos importante, enquanto contestação à concepção do futebol moderno que despoja o jogo da fantasia.

A fim de empreendermos tal estudo adotamos como fio condutor da análise as trajetórias dos atletas Afonsinho e Edmundo,

A Rebeldia no Futebol Brasileiro _____ J.P. Florenzano

considerando-os como dois dos principais expoentes da rebeldia em nosso futebol, os quais, devido precisamente a esta condição, foram classificados na categoria do jogador-problema. Todavia, para compreendermos a luta de resistência empreendida por ambos no contexto das novas relações de poder estabelecidas na modernização, devemos, antes de mais nada, assinalar o corte havido na história do futebol brasileiro na década de 1960, tomando como marco simbólico desta ruptura a realização da Copa do Mundo da Inglaterra, em 1966. Sendo assim, vamos agora voltar a nossa atenção para a análise do referido evento esportivo, pois tal análise faz-se fundamental à compreensão dos conflitos que envolverão não somente as carreiras de Afonsinho e Edmundo, mas também a de todos os jogadores que, de um modo ou de outro, vão se lançar à luta, muitas vezes desesperada, contra as novas relações de poder que passarão a predominar no universo do futebol.

A Copa do Mundo da Inglaterra assinala, com efeito, uma reviravolta na posição ocupada pelo Brasil no cenário internacional do futebol. Acompanhando-se o discurso da imprensa esportiva tem-se a impressão de que o Brasil, ao longo das sucessivas competições, oscilava como numa gangorra a cada edição da Copa do Mundo. Nesse sentido, avaliando a excursão da seleção nacional pela Europa, em 1956, encerrada com a derrota por 4 a 2 para a Inglaterra em Wembley, a revista da *Gazeta Esportiva* concluía: "Resta-nos o consolo de termos tido amplas possibilidades de aprendizagem, de conseguirmos alcançar mais tarimba, pois tudo faz crer que estamos em preparativos para o Mundial de 58, na Suécia. O essencial, agora, será mantermos o intercâmbio, não indo em busca de vitórias somente. Ainda necessitamos aprender muito"(RGE/5/56/n.63/ p. 25). E eis, num súbito movimento da gangorra, o Brasil abandonando a posição de humilde aprendiz, alçando-se à perfeição que debalde as demais seleções almejavam. Com efeito, após a conquista da Copa do Mundo da Suécia, a mesma revista da *Gazeta Esportiva* registrava a reviravolta: "Discutir a superioridade que temos sobre os demais países praticantes do futebol seria perda de tempo" (RGE/3/59/n.132/ p. 18). Entre outros motivos, tal superioridade decorria, segundo a revista, do seguinte fato: "Jogador de futebol em nossa terra já nasce feito, o que, em outras plagas, não se vê. Enquanto em nossa terra um garoto de dez anos já é um exímio

Introdução

controlador da pelota (...), em outros países, mormente, os da Europa, os craques são 'fabricados', isto é, lhes é ensinada a arte futebolística como se a mesma fosse uma matéria qualquer" (Idem, p. 18). E concluindo o arrazoado sobre a primazia do futebol brasileiro, depois de atribuir ao "mero acaso" as nossas derrotas nos mundiais de 50 e 54, afirma a revista num rasgo de euforia incontida com o êxito de Pelé e Garrincha na Suécia: "Tal é a nossa perfeição nesse esporte que ainda no último certame mundial, cronistas estrangeiros chegaram a declarar que a seleção brasileira não era formada por elementos humanos, mas sim por personagens vindos de outros planetas, visto não ser possível conceber-se tanta coisa maravilhosa a simples homens terrenos" (Idem, p. 18).

Em face do jogador brasileiro, cujo talento inato e espontâneo o situava numa dimensão diversa daquela na qual se achavam as equipes européias, com seus jogadores "fabricados", pouco adiantavam os esquemas táticos forjados precisamente para conter a arte do nosso futebol. Desse modo, nem mesmo a contusão de Pelé na Copa do Mundo de 1962, tirando-o prematuramente da competição, nos fazia sucumbir diante do sistema de jogo defensivo das equipes européias. "Quando Pelé saiu do time, Garrincha pegou o bastão que ficara sem dono. Foi o grande comandante do bi e a maior sensação do certame. Tornou a desmoralizar 'ferrolhos' e 'chaves', com a sua simplicidade que não conhece táticas" (EE/23/6/62/n3- p. 30). A conquista do bicampeonato no Chile ratificava a superioridade do futebol brasileiro, permitindo antever a consagração na Copa do Mundo da Inglaterra, quando então, consoante o clima de confiança que se formava, obteríamos em definitivo a posse da Taça Jules Rimet, com a conquista do tricampeonato (Castro,1995, p. 358). Restava apenas a dúvida sobre qual o jogador brasileiro que repetiria o gesto das conquistas precedentes, levantando a taça: "Quem a erguera em 66?" (GE/7/62/n. 210 – p. 5).

No dia 12 de julho de 1966 o Brasil estreava na Copa do Mundo de 1966, vencendo a Bulgária por 2 a 0, gols de falta de Pelé e Garrincha. No dia 19 de julho, depois das duas derrotas, ambas pelo placar de 3 a 1, para as equipes da Hungria e Portugal, a seleção nacional despedia-se de Liverpool sem chegar a Londres, a sede da final, sem sequer passar das oitavas-de-final, num dos piores desempenhos do escrete brasileiro em Copas do Mundo. Os jogadores do outro planeta tornavam-se humanos. E humilhados. Em sua coluna no jornal _O Globo_, Nelson

Rodrigues dizia: "O melhor futebol da Terra conhecia uma humilhação mundial. Não falo do resultado. Qualquer um perde, ganha ou empata. Em 54, o escrete húngaro (...) entrou por um cano deslumbrante. Mas não houve o ridículo, eis o importante, não houve o ridículo que desabou sobre o nosso craque" (Rodrigues,1993, p. 129). A passagem do tempo, ao invés de mitigar o sentimento da vergonha, tornava-o mais intenso, pois, dois anos após o fracasso da Copa da Inglaterra, o técnico de futebol, David Ferreira, diagnosticava: "Dificilmente, a curto prazo, o futebol brasileiro conseguirá recuperar a hegemonia mundial, perdida na Copa de 66 (...), quando apresentamos uma seleção com alguns jogadores tão obesos que pareciam verdadeiras baianas vendedoras de cocada, resultado de uma preparação físico-atlética-orgânica deficiente (aquela dada em 66 era para senhores de vida sedentária e já maduros) e não para jogadores de futebol que iriam disputar um cetro mundial em busca do tri-mundial" (in: Pedrosa, 1968, p. 57).

Surpreendente mudança. Durante oito anos o Brasil possuíra jogadores egressos de um outro planeta, cujo futebol os situava numa dimensão superior. Bastara, entretanto, uma semana de julho, em 1966, para que tal supremacia desmoronasse, surgindo dos escombros um jogador até então ignorado, um atleta ridículo, obeso, de vida sedentária, que expunha o país à humilhação. Se ao longo de oito anos o nosso talento inato e espontâneo fizera-se imbatível, agora ele revelava-se impotente em face dos jogadores "fabricados" da Europa. Urgia, portanto, para recuperar o cetro perdido na Inglaterra, produzir um novo tipo de jogador, uma vez que no incrível espaço de apenas quatro anos abrira-se um abismo entre o futebol praticado no país e aquele jogado na Europa, impressão esta retratada de forma lapidar pelo cronista Nelson Rodrigues:

"E de repente, o duplo título começa a ficar antigo, obsoleto, espectral, como se não significasse mais nada" (Rodrigues,1993, p. 129-grifo/nosso).

Numa semana de julho, toda uma época começava a desaparecer, emergindo a súbita percepção de que o jogador brasileiro tornara-se decadente e ultrapassado. "É preciso – afirma Michel Foucault – saber reconhecer os acontecimentos da história, seus abalos, suas surpresas, as vacilantes vitórias, as derrotas mal digeridas, que dão conta dos atavismos, das hereditariedades ..." (Foucault,1979, p. 19) bem como da irrupção de um novo campo de forças, e, no que se refere ao futebol brasileiro, ao advento de novas relações de poder envolvendo o atleta profissional. A Copa do Mundo da Inglaterra, com efeito, constitui-se, assim acreditamos, no marco simbólico que assinala a penetração dos mecanismos disciplinares no universo do futebol, o momento a partir do qual este campo esportivo passa a ser investido e colonizado por um novo tipo de poder que vem responder à necessidade criada pelo episódio de 1966, qual seja, a produção do jogador moderno. A noção de dispositivo apresenta-se de fundamental importância para a abordagem desta questão. Segundo Foucault, o dispositivo define-se "... como um tipo de formação que, em um determinado momento histórico, teve como função principal responder a uma urgência" (Foucault,1979, p. 244). Esta formação traduz "... um conjunto decididamente heterogêneo que engloba discursos, instituições, organizações arquitetônicas, decisões regulamentares, leis, medidas administrativas, enunciados científicos, proposições filosóficas, morais, filantrópicas" (Idem, p. 244). Esta formação, que no futebol brasileiro responde à necessidade estratégica da produção do jogador moderno, enseja a presença e o desenvolvimento dos mecanismos disciplinares no quadro dessa atividade esportiva.

Com efeito, ao longo dos dois capítulos subseqüentes pretendemos mostrar a transfiguração do estádio de futebol numa arquitetura de vigilância; a adoção dos novos regulamentos disciplinares nas principais equipes do país; o surgimento dos especialistas do corpo e da alma dos jogadores, refletindo o espaço cada vez mais central ocupado pelas ciências esportivas, e, em especial, pela psicologia esportiva; a importância decisiva da instituição militar para o futebol, seja no que se refere ao modelo de disciplina implantado nos clubes, seja no que concerne à própria concepção do futebol moderno e à organização das equipes; a função desempenhada pela Lei do Passe na nova economia do poder; e, finalmente, o papel de Tribunal da Norma desempenhado pela imprensa esportiva no futebol moderno. Detenhamo-nos neste último ponto. Para compreender a função exercida pelo jornalismo esportivo nas relações de poder no futebol deve-se levar em consideração a penetração do poder da norma no domínio desse esporte, pois, como assinala Foucault: "O problema atualmente está mais no grande avanço (dos) dispositivos de

A Rebeldia no Futebol Brasileiro _____ J.P. Florenzano

normalização e em toda a extensão dos efeitos de poder que eles trazem, através da colocação de novas objetividades" (Foucault,1987, p. 268). Na esteira deste avanço, "... a atividade de julgar se multiplicará na medida em que se difundir o poder normalizador." (Foucault, Idem, p. 266).[1] Os programas esportivos na televisão, no rádio e as páginas esportivas dos jornais encontram-se em boa parte transformados em tribunais nos quais a conduta do jogador, dentro e fora do campo, é classificada, julgada e condenada consoante o "padrão de normalização" imposto no futebol pelas disciplinas (cf.Rabinou; Dreyfus,1995, p. 212) O jornalista, conforme veremos, assume cada vez mais na modernização o papel do juiz da normalidade que identifica o desviante, classifica-o na categoria do jogador-problema e solicita para ele a sanção normalizadora. Obviamente, nem todo jornalista exerce esta função, nem todo discurso veiculado na imprensa esportiva configura-se enquanto discurso de poder. Nesse sentido, Nelson Rodrigues constitui-se num exemplo emblemático na crônica esportiva de um jornalismo preocupado em captar a magia do artista, ao invés de zelar pela disciplina dos corpos, e comprometido com a luta pelo direito à diferença dentro do futebol brasileiro, ao invés de canalizar pelo seu discurso os efeitos de poder voltados para a normalização das almas.

Em linhas gerais, retomando as nossas considerações, as mudanças acima apontadas compõem o cenário histórico no qual emerge ao longo dos anos 60 a figura do jogador-problema e no qual o fracasso da seleção brasileira no mundial da Inglaterra desempenha um papel até certo ponto fundamental.

"A Copa de 1966, vencida pela Inglaterra – afirma Ruy Castro -, evaporou-se da memória brasileira" (Castro,1995, p. 363). Ledo engano, ela abriria uma ferida que tão cedo não voltaria a cicatrizar e, principalmente, demarcaria a ruptura a partir da qual todo um conjunto

---

[1] "Aparece, através das disciplinas, o poder da Norma (na socieade moderna) O Normal se estabelece como princípio de coerção...(e sinal) de filiação a um corpo social homogêneo...o poder de regulamentação obriga à homogeneidade; mas individualiza, permitindo medir os desvios...dentro de uma homogeneidade que é a regra, ele introduz, como um imperativo útil e resultado de uma medida, toda a gradação das diferenças individuais" (Foucault,1987, p. 164). Os sinais de filiação ao campo da normalidade serão as marcas da docilidade e utilidade inscritas pelas disciplinas na identidade do indivíduo moderno (Fonseca,1995, p. 78).

de práticas discursivas e não discursivas reordenaria o campo de forças do futebol brasileiro, situando-o dentro do quadro histórico e cultural da modernização desse esporte no país, no âmbito do qual coloca-se a questão "... das relações entre a racionalização e o poder". Ora, seguindo a orientação metodológica de Foucault: "Seria mais sábio não considerarmos como um todo a racionalização da sociedade ou da cultura, mas analisá-la como um processo em vários campos, cada um dos quais com uma referência a uma experiência fundamental: loucura, doença, morte, crime, sexualidade etc." (Foucault,1995, p. 233) No futebol, tal experiência, assim pensamos, concerne à rebeldia do atleta profissional, à luta de resistência contra as formas de dominação, exploração e sujeição existentes nessa esfera de atividade. Todavia, no contexto das novas relações de poder que se constituem a partir de meados da década de 1960, esta experiência, colhida nas malhas da rede de poder no futebol, ver-se-á marcada pelo estigma do jogador-problema. Tanto no primeiro capítulo dedicado à trajetória de Afonsinho, quanto no segundo voltado à de Edmundo, teremos oportunidade de esboçar os contornos da fisionomia desta nova personagem do futebol moderno. Por ora, e para encerrarmos estas considerações preliminares, gostaríamos de abordar uma última questão relativa à oposição entre futebol-força e futebol-arte inaugurada pela modernização. Com efeito, discorrendo acerca do processo de disciplinarização, Simoni Lahud Guedes faz a seguinte observação:

Através do futebol, enfrentam-se – possivelmente desde que Charles Miller trouxe as duas bolas em 1894 -, sob os olhos de um grande público, a disciplina *e a* arte (Guedes,1995, p. 29).

A nossa perspectiva, conforme vimos assinalando, consiste em abordar o enfrentamento entre a disciplina e a rebeldia no quadro das relações de poder no futebol profissional, partindo da hipótese, elaborada com base em nossa pesquisa, segundo a qual as formas de poder existentes no futebol brasileiro passaram a ser investidas pelos mecanismos disciplinares somente no decorrer dos anos 60, quando a modernização colocava de modo imperativo a produção de um novo tipo de jogador que fosse capaz de atender às exigências impostas pelo advento de uma nova concepção de futebol. Esta concepção, por sua vez, voltar-se-á contra

A Rebeldia no Futebol Brasileiro _____ J.P. Florenzano

a forma de jogar criada pelo jogador brasileiro, criada desde o momento em que o negro lutara para romper o interdito social que o excluía da prática desse esporte nas primeiras décadas do nosso século. Discorrendo acerca desta questão, assinala Maurício Murad:

> *O ingresso dos jogadores negros (...) assumiu importância fundamental, uma vez que a partir deste instante 'formou-se de maneira inconfundível, um estilo brasileiro de futebol ... Inimigo do formalismo apoliíneo, é dionisíaco na sua mobilidade ... Caracteriza-se pelo prazer da elasticidade, da surpresa, da retórica, que lembra passos de dança e fintas de capoeira' (E mais adiante, depois de citar Gilberto Freyre) Indubitavelmente foi o jogador negro que imprimiu no futebol brasileiro um estilo próprio de magia e arte, diferente das formas arcaicas do jogo de bola, bem como de sua descendência inglesa imediata* (Murad,1994, p.73/75).

Criação-histórica do povo brasileiro[2], na qual o negro ocupa um lugar central, o futebol-arte tem na rebeldia a luta intransigente para manter viva esta criação. Nesse sentido, em sua obra fundamental, *História Política do Futebol Brasileiro*, Joel Rufino dos Santos demonstra o quanto a rebeldia encontra-se intimamente vinculada à defesa de um futebol concebido como arte popular, "... uma arte aprendida na rua, de geração em geração" (Santos, 1981, p. 91). Em defesa dessa criação-histórica e, ainda, em defesa do sonho de recriar as relações sociais de trabalho, transformando o futebol num espaço de liberdade em todos os sentidos, a rebeldia, na realidade, nunca esteve ausente:

"Houve sempre, no nosso futebol, dois tipos de rebeldes:", um, "a do jogador que assume a sua identidade de proletário e, ao assumi-la, denuncia o sistema, reivindica direitos de trabalhador qualificado e lidera os demais", isto é, a do tipo "agressivo, de dar murros em ponta de faca; e outro passivo, espécie de Macunaíma, sempre com 'preguiça' de jogar" (Santos,1981, p. 89/90/91).

Com efeito, embora sem seguir a tipologia acima proposta, e, por conseguinte, mesmo sem operar as distinções entre as rebeldias que tal classificação implica; na abordagem desenvolvida em nossa pesquisa

---

[2] "... o essencial da criação não é "descoberta", mas constituição do novo; a arte não descobre, mas constitui..." (Castoriadis,1995, p. 162). E ainda "Criação (...) significa evidentemente criação autêntica, criação ontológica, a criação de novas Formas..." (Castoriadis,1987, p. 225).

16

baseamo-nos, por diversas vezes, nas análises reveladoras e instigantes contidas na obra de Joel Rufino, obra na qual a temática da rebeldia encontra-se presente em cada página, tanto a rebeldia dos jogadores brasileiros quanto a do próprio autor diante do embrutecimento, burocratização e aprisionamento da arte popular em sistemas que lhe reduzem o espaço e relegam-na ao segundo plano, despojando o jogo da magia exibida nos gramados por jogadores como Fausto da Silva, Garrincha, Paulo César Lima e tantos outros, magia que Afonsinho e Edmundo buscaram e ainda buscam resgatar.

Sem dúvida, a rebeldia do jogador brasileiro manifesta-se sobretudo enquanto luta de resistência contra a concepção moderna do futebol, baseada no privilégio da força física em detrimento do talento, e na racionalização dos sistemas de jogo em decorrência da qual submete-se a arte às exigências da objetividade, funcionalidade e busca da eficácia que regem as equipes organizadas como máquinas-disciplinares de jogar futebol. Com efeito, segundo demonstra Nicolau Sevcenko, já nas primeiras décadas deste século o desenvolvimento dos esportes conferia à máquina um lugar de destaque no imaginário social, posição esta expressa através da ...

"... noção de que o corpo humano em particular e a sociedade como um todo são também máquinas, autênticos dínamos geradores de energia. Quanto mais se aperfeiçoassem, regulassem, coordenassem esses maquinismos, tanto mais efetivo seria o seu desempenho e mais concentrada sua energia potencial" (Sevcenko,1992, p. 45).

Subjacente à questão da máquina humana encontrava-se, dentre outras coisas, a necessidade imperiosa da disciplinarização das massas urbanas, e, tendo em vista a consecução de tal objetivo, "... as autoridades desde cedo começaram a investir pesado em educação física, atletismo, esportes e disciplina coletiva" (Sevcenko,1994, p. 34). No entanto, ao enquadramento disciplinar das massas trabalhadoras logo viria acoplar-se o ideal político expresso pela busca da "eugenia do povo" brasileiro. De fato, detendo-se na análise do discurso esportivo em um período posterior, mais precisamente o do Estado Novo, Magali Alonso Lima sublinha a presença do mesmo imaginário no âmbito do projeto de formação do "Homem Brasileiro", projeto ambicioso cuja concretização requeria o "aperfeiçoamento da raça" e no qual atribuía-se à educação física um papel de relevo. Reunindo os principais pontos de tal discurso,

A Rebeldia no Futebol Brasileiro   J.P. Florenzano

a autora revela-lhes o encadeamento: "'Máquina humana pobre por herança', devido à 'miscigenação'da 'raça brasileira'(o 'branco', o 'negro'e o 'índio'), necessário se torna o seu 'melhor aperfeiçoamento', através de um 'trabalho físico'que tenha um caráter higiênico'. A educação física portanto será não só a 'integradora' como também a 'produtora' de 'indivíduos úteis, 'dóceis'" (Lima,1979, p. 51).

No contexto histórico do Estado Novo, como demonstra Magali Lima, "... a Educação Física passa a se constituir em 'remédio' para a 'não homogeneidade' e 'fraqueza' do 'tipo brasileiro'. **Disciplinando-o, treinando-o** em espaços criados para este fim; disciplina esta necessária para formar um **homem produtivo e dócil** ... (Lima,1979, p. 25,). Estratégia voltada sobretudo para as "classes trabalhadoras e menores vadios dos morros e favelas" (Idem, p. 27), os espaços esportivos e a educação física desempenham papel de fundamental importância na disciplinarização dos corpos, forjando neles o "espírito da obediência" (Idem, p. 93)[3]. A análise da autora, baseada em Foucault, desvela o duplo objetivo contido no projeto de formação do "Homem Brasileiro":

"Corpo útil economicamente falando, dócil e submisso politicamente falando. Útil 'para a economia da nação', ou seja, corpo capaz de adquirir aptidões ... – capaz de – transformar-se em força de trabalho (como no caso dos operários); dócil e submisso como garantia da 'defesa nacional' e 'disciplina'social" (Lima,1979, p. 98)[4].

---

[3] Em sua obra, Magali Alonso Lima empreende a análise dos seguintes espaços esportivos: áreas livres, parques infantis, praças de esportes e colônias de férias, considerando-os enquanto "...campo de forças, um campo de possibilidades estratégicas onde 'disciplina' de 'corpos' e 'espíritos' irão se dar" (1979, p. 64). Com efeito, nos espaços esportivos desenvolve-se "...uma 'prática' da 'Educação Física' (...) que possui técnicas específicas, caracterizadas pela sua sutileza e dissimulação, ao valorar 'locais' e 'relações sociais' supostamente qualificadas de 'livres'e 'naturais' enquanto incorpora os valores maiores da sociedade (...) disciplinando (...) os que estão sob sua vigilância", a saber, "alunos, operários ou qualquer outra categoria de pessoas que estejam nesta relação de socialização" (Idem, p. .78).
[4] "A proposta (no Estado Novo) era, através da Educação Física, não modelar os corpos, mas incutir nos espíritos os valores oficiais da sociedade brasileira de então: a melhoria da raça, a divisão hierárquica e higienista rígida, o sentimento nacionalista e a consequente unificação do país. A nova ordem social estaria baseada num

Contudo, após delinear o quadro da "sociedade reguladora" no qual gestava-se a identidade do "Homem Brasileiro", Magali Lima ressalta que "... para afirmar se o que houve no Estado Novo foi mais um 'projeto' do que realização em si, somente uma conjugação de mais tempo e maiores informações sobre o período (...) poderia permitir delimitar melhor a extensão desta proposta" (Idem, p. 115). Ora, deixando a esfera mais abrangente da sociedade na qual se situa a discussão relativa à disciplinarização das massas trabalhadoras através da difusão dos esportes, para retornarmos à nossa perspectiva, centrada especificamente no campo do futebol profissional brasileiro, defendemos a hipótese segundo a qual o advento do jogador-disciplinar irá ocorrer, de forma decisiva, apenas no cenário histórico da modernização deslanchada a partir dos anos 60.

A nova configuração de forças que se estabelece no futebol brasileiro, ao longo da década de 1960, assinala o momento decisivo da colonização de tal universo pelos mecanismos disciplinares encarregados da produção do jogador-moderno, quando, então, ao imaginário criado em torno da máquina humana; ao enquadramento da existência dos trabalhadores urbanos por meio dos processos de disciplinarização já em curso na sociedade brasileira; e, ainda, ao projeto do "Homem Novo" que se procurava implantar no país através da instrumentalização política da Educação Física nos espaços esportivos criados para tal finalidade; passa a corresponder no futebol o funcionamento concreto de um poder centrado...

"... no corpo como máquina: no seu adestramento, na ampliação de suas aptidões, na extorsão de suas forças, no crescimento paralelo de sua utilidade e docilidade ..." (Foucault, 1988, p. 131)

O grande confronto do futebol moderno, a partir dos anos 60, passa a desenrolar-se dentro de campo, no embate entre a rebeldia e o poder voltado para a produção do corpo-máquina, corpo inserido dentro da engrenagem mecânica na qual se busca transformar a equipe

---

homem brasileiro típico: 'ágil', 'delgado', 'desperto', 'dócil', 'entusiasta', 'alegre', 'viril', 'sincero', 'honesto', 'puro'etc. Segundo (Magali Lima), técnicas corporais e espaciais desenvolvidas nesse projeto serviriam, assim, para instituir uma nova identidade brasileira, nacional, integral e homogênea, dando um lugar de produtor dócil aos componentes da massa trabalhadora" (Zaluar,1994c, p. 76).

de futebol, ela própria constituída enquanto equipe-máquina a requer, por sua vez, a figura do jogador-peça. Nesse sentido, a expressão jogador-problema, o estigma lançado à rebeldia, revela-se como uma expressão bastante conveniente à maquinaria de poder que, de fato, só poderia classificar como problema qualquer obstáculo ao seu perfeito funcionamento, um problema de ordem técnica (cf. Rabinow; Dreyfus, 1995, p. 214). Para resolvê-lo, surgirão no futebol moderno os "técnicos do comportamento", os "mestres de disciplina" e os "juízes da normalidade". Veremos, para empregar a expressão de Foucault, qual a "salvação" que se oferece e se aguarda para o "jogador-maldito".

Parte I

Afonsinho

Desencontro

Na primeira metade da década de 1960 o futebol brasileiro gozava de uma posição privilegiada no cenário esportivo internacional, devido em boa parte à conquista do bicampeonato mundial de seleções no Chile, em 1962, mas em boa parte, também, devido ao futebol exibido por duas equipes brasileiras nos gramados do país e do exterior. Com efeito, o Botafogo de Garrincha e o Santos de Pelé, nesse período, galvanizavam as platéias e os críticos com um futebol considerado arte. No âmbito interno, a hegemonia fazia-se incontestável. Enquanto a equipe da Estrela Solitária conquistava o bicampeonato carioca em 62/63; o time da Vila Belmiro arrebatava, além do tricampeonato paulista em 60/61/62, os bicampeonatos da recém-criada Taça Libertadores da América e do mundial interclubes nas temporadas de 62/63. Por certo, o fascínio exercido pelas equipes de Garrincha e Pelé dominava o imaginário dos torcedores e dos jovens jogadores, ou mais simplesmente dos garotos que sonhavam com a profissão de atleta profissional, correndo atrás de uma bola nos campos de várzea do interior do país, como fazia Afonsinho.

Afonso Celso Garcia Reis, o Afonsinho, iniciava a carreira de jogador de futebol nos campos de várzea da cidade de Jaú, interior do Estado de São Paulo, atuando no infanto-juvenil do Náutico, apenas um clube de várzea, no princípio da década de 60. Logo em seguida, ingressava, por volta dos quinze anos de idade, nos amadores do XV de Jaú, o

A Rebeldia no Futebol Brasileiro _____ J.P. Florenzano

clube profissional da cidade, que à época disputava a segunda divisão do Campeonato Paulista. Em meados de 1965, o jogador recebia uma proposta para realizar um período de experiência no futebol carioca. O fascínio do Rio de Janeiro e o da geração bicampeã mundial ainda em atividade no Botafogo conduzia Afonsinho ao clube da Estrela Solitária:

O Botafogo era Garrincha, Nílton Santos, Didi. E eu, fascinado pelo Rio de Janeiro, com essa coisa do Botafogo ... acabei vindo para o Botafogo [5]

O começo em General Severiano releverar-se-ia bastante promissor, com Afonsinho conquistando, nas duas temporadas do Campeonato Carioca de Amadores, em 1966, os títulos de vice-campeão e campeão, ambas as decisões disputadas contra o Flamengo. Além disso, convocado para a seleção carioca, Afonsinho conquistaria também o tetracampeonato brasileiro de amadores, vencendo na final a seleção paulista no Estádio das Laranjeiras. À luz dessas conquistas, portanto, depreende-se que o começo em General Severiano apontava boas perspectivas em termos de ascensão na carreira profissional. E, de fato, logo no ano seguinte Afonsinho já alternava atuações entre os juvenis e a equipe principal, pois, nesse exato momento, a geração bicampeã mundial, que tanto fascinara o jovem meio-armador do XV de Jaú, abandonava os campos de futebol abrindo espaço para os jogadores das categorias juvenis. Em 1965, conforme relata Ruy Castro:

... o Botafogo perdera definitivamente Didi, que fora encerrar a sua carreira no Peru. Nílton Santos parara de jogar em março, aos 39 anos, magoado com os dirigentes que lhe negaram um jogo de despedida. Zagallo vivia machucado e logo também deixaria de jogar, tornando-se treinador dos juvenis (E Garrincha, em janeiro de 1966, transferia-se para o Corinthians). Era o fim de uma grande festa. O Botafogo que nascera com Renato Estelita e João Saldanha em 1957 acabara de morrer (Castro, 1995, p. 346).

No entanto, em meados da década de 60 não era apenas o Botafogo de Garrincha que desaparecia. Enquanto Afonsinho realizava a viagem da cidade de Jaú para o Rio de Janeiro, transferindo-se para um dos

---

[5] Entrevista concedida pelo jogador Afonsinho em 16/01/97. Salvo indicação expressa em contrário, sempre que citarmos a fala do jogador será a esta entrevista que estaremos nos referindo.

Parte I _____ Afonsinho

centros mais importantes do futebol brasileiro, principiava o ocaso de toda uma época que tornara possível o Botafogo de Garrincha e o Santos de Pelé. A derrota da seleção brasileira no mundial da Inglaterra, em 66, prenunciava o advento de uma nova época na história do nosso futebol.

O futebol-moderno

Em 1968, um livro reunindo o depoimento de vários técnicos e preparadores físicos submetia à crítica a derrota do futebol brasileiro e avaliava suas perspectivas no futuro. Os depoimentos expressavam o consenso segundo o qual na Copa da Inglaterra o Brasil vira-se surpreendido pelo advento de um novo futebol, que os autores designam como "futebol-força". Nesse sentido, Admildo Chirol, técnico formado e preparador físico do Botafogo afirmava "... que em 66 (...) fomos surpreendidos por uma forma de jogar que conseguiu neutralizar o nosso extraordinário futebol, (forma esta) a que se chamou 'futebol-força' ..." (in:Pedrosa,1968, p. 16). Do mesmo modo, constatava o ex-técnico da seleção nacional Zezé Moreira: "Os europeus, como é do conhecimento de todos, estão aplicando o 'futebol-força' e vêm obtendo excelentes resultados". Mais adiante, temos a explicação para o seu advento: "Vendo que era incapaz de vencer o 'futebol-arte', que constituiu para ele surpresa em 58 e 62, o europeu passou a usar o 'futebol-força'" (Idem, p. 177). Elaborada a interpretação da derrota na Copa da Inglaterra, seguia-se a advertência do técnico Zezé Moreira: "Por isso, repito: o Brasil, assim como outros países que desejarem sucesso em disputas internacionais, têm de ajustar a sua maneira de jogar aos novos tempos, e adotar o 'futebol-força'" (Idem, p. 177).

Conforme observado por Nelson Rodrigues, de repente o nosso futebol tornara-se ultrapassado, mero espectro de uma época que os novos tempos, trazidos pela Copa do Mundo de 1966, relegara ao passado. Na Inglaterra, de acordo com o consenso que se criava nesse momento, ocorrera o confronto entre a arte e a força, e esta última prevalecera de maneira incontestável, cabendo-nos, em razão disso, tão-somente adotar o futebol nela baseado. Mas no que consistia, precisamente, o futebol-força? "A força empregada pelos europeus –

A Rebeldia no Futebol Brasileiro _____ J.P. Florenzano

esclarecia Admildo Chirol – consistiu em dotar seus jogadores de um notável preparo físico, a fim de poder, sem temor de cansaço prematuro ocupar o mais possível o campo de jogo com o objetivo de anular o estilo sul-americano"(Idem, p. 16). Bem-sucedida nesse propósito, a Europa constituía-se no modelo no qual deveríamos nos espelhar, introduzindo no Brasil os atributos do futebol moderno que ela encarnava. Quais seriam, então, estes atributos? "É bom explicar - ensinava Zezé Moreira – que o futebol praticado pelos europeus consiste em 'força'- 'velocidade' e 'resistência'(...) Sabemos que a velocidade numa jogada, com o emprego da força e resistência, constituem o ideal, para qualquer time de futebol. Assim, estes três elementos: 'força', 'velocidade' e 'resistência' constituem a base para o atual futebol da Europa" (Idem, p. 174).

No Brasil, a partir de 1966, técnicos de futebol, preparadores físicos, dirigentes de clubes e jornalistas esportivos voltar-se-iam com sofreguidão para a busca do ideal apontado por Zezé Moreira, cujo suporte, como enfatizara ele próprio e também Admildo Chirol, encontrava-se na preparação física, sem a qual nenhum daqueles três atributos do futebol moderno poderiam ser atingidos. Com efeito, a Copa da Inglaterra desencadeia, no Brasil, toda uma mudança de concepção em decorrência da qual a preparação física, embora desde sempre levada em consideração na prática do futebol, passaria a ocupar uma posição central. Os depoimentos reunidos no citado livro convergem quanto a conferir-lhe esta posição. A conclusão do texto de Admildo Chirol, a este respeito, é exemplar: " Considerando (...) a metamorfose que se processou no futebol, cuja evolução faz com que as equipes atuais procurem ocupar o mais possível todos os setores do campo, dando combate direto a seu adversário, procurando impedir que ele encontre espaço para jogar (...) concluímos que a condição física constitui fator preponderante para o êxito de uma equipe" (in:Pedrosa,1968, p. 17/18). Chirol analisava a transformação no futebol com os olhos do preparador físico, mas também com os do técnico, mostrando a imbricação desses dois aspectos, mas, principalmente, assinalando o ponto de inflexão na história do nosso futebol, o momento a partir do qual a força física adquire primazia sobre o talento.

Em conseqüência, a própria percepção da violência na prática do futebol sofre uma transformação. Na Copa de 1966, Pelé fora

Parte I _____ Afonsinho

implacavelmente perseguido pelos zagueiros europeus, causando a indignação de Nelson Rodrigues que a expressava nesses termos: "Valeu tudo contra o Brasil e, sobretudo, contra Pelé. O crioulo foi caçado contra a Bulgária. Não pôde jogar contra a Hungria e só voltou contra Portugal. Nova caçada (...) O árbitro a tudo assistia com lívido descaro" (Rodrigues,1993, p. 133). Com efeito, as imagens do zagueiro português Moraes, atingindo seguidamente Pelé com duas faltas letais, praticamente excluindo-o da partida, seriam reinterpretadas à luz da nova concepção de futebol que se consolidava no país. Para Zezé Moreira: "O 'futebol-força' não é 'brutalidade', não é violência, mas simplesmente muita luta, muito combate" (Idem, p. 176). Ora, o avanço na preparação física do atleta profissional, à medida que o tornava capaz de correr por mais tempo, ocupando mais espaços dentro de campo, tenderia a multiplicar os choques corporais no decorrer do jogo, o que não significa que este passara a ser mais violento. Para Chirol, "... a permanente disputa e a desvantagem que existe entre o porte atlético do europeu e o do brasileiro, (...) trouxe sempre desvantagem para nós, daí acharem (como Nelson Rodrigues) que o futebol europeu empregado (em 1966) foi um futebol violento, à base da força bruta" (Idem, p. 16). Uma vez desfeito o mal-entendido acerca do futebol moderno, Chirol erigia a própria violência em princípio explicativo da prática desse esporte:

O futebol pode ser considerado um exercício violento e sendo assim os seus praticantes necessitam estar preparados para cumprir sua missão em campo (Idem, p. 17).

Sublinhemos a definição fornecida pelo técnico e preparador físico Chirol, pois nos anos 90 veremos a flagrante contradição de um discurso que condenará a violência dos jogadores brasileiros em nome do futebol moderno que, no entanto, elevava a violência à condição de princípio desta atividade esportiva. Voltaremos a esta questão no capítulo dedicado a ela.

Pois bem, tendo em vista o exposto acima, talvez fosse oportuno agora sublinhar as lições que, no Brasil, técnicos e preparadores físicos extraíam da Copa da Inglaterra, ou mais precisamente do advento do futebol-força: em primeiro lugar, como dissera Chirol, a preparação física constituía-se no principal fator de êxito de uma equipe de futebol; em segundo lugar, e como decorrência deste fator, a força física do atleta passara a ser privilegiada, em detrimento do talento, inclusive

A Rebeldia no Futebol Brasileiro _____ J.P. Florenzano

porque o futebol transformara-se num esporte mais viril do que fora até então; e finalmente, como corolário dos pontos precedentes, valorizava-se mais o grupo do que o indivíduo, o qual se via relegado à condição de peça de uma engrenagem cujo funcionamento era posto em movimento pelo técnico de futebol. Demonstrando a inter-relação entre todos estes aspectos, e sintetizando os ensinamentos proporcionados pela derrota brasileira na Copa da Inglaterra, concluía Chirol: "O futebol está mudando no Brasil. Há uma nova concepção tática que já se generaliza como regra. Segundo ela o jogo é, como nunca, de conjunto. Quem tem o domínio da bola está atacando desde o goleiro. Quem perde a bola está imediatamente em posição defensiva desde o ataque. Para isso, entretanto, talvez seja necessário correr mais que os cinco quilômetros cronometrados. E isto só se consegue com um preparo físico perfeito, que englobe, equilibradamente, velocidade, resistência, flexibilidade e força. Um técnico só conseguirá enquadrar a sua equipe no futebol, digamos assim moderno, se receber os jogadores capazes de cumprir pela condição física os esquemas táticos que traçar" (in: Pedrosa,1968, p. 21).

O futebol moderno, exibido pelas equipes européias na Copa do Mundo de 1966, apresentava novas exigências ao jogador brasileiro, notadamente no que se refere à preparação física e à concepção tática, encampadas pelos técnicos brasileiros e pelo discurso de boa parte da imprensa esportiva. Na sua coluna do jornal *O Globo*, Nelson Rodrigues talvez fosse uma das principais vozes dissonantes. Contrapondo-se à apologia do futebol-força, do qual o preparador físico do Botafogo emergia como um dos principais expoentes, argumentava que "... para fazer o seu futebol impessoal e coletivista, o caro Chirol terá de preliminarmente mudar o homem" (Rodrigues,1994, p. 130). O cronista, em sua diatribe contra o futebol-força e a valorização do grupo, convidava o leitor à seguinte e provocativa elucubração:

Imaginemos um futebol órfão de pelés e de manés. Uma docilidade unânime, e repito: – docilidade de focas amestradas. Os dois times não fazem a menor concessão à originalidade, nenhuma concessão à arte, nenhuma concessão à beleza. Se alguém esboçar um esgar de autonomia, será expulso, à pauladas. Em campo, as hordas adversárias varando o campo em correrias brutais. Ora, para impor tal jogo,

Parte I _____ Afonsinho

seria necessário fazer duas coisas: – primeiro, mudar o brasileiro por dentro; segundo, mudar o brasileiro por fora (Idem, p. 132, grifo nosso).

Não percamos a oportunidade de sublinhar, num rápido parêntesis, que nos anos 90, já no contexto das novas relações de poder, um jogador que viria a resistir à docilidade exigida no futebol moderno, que ousaria esboçar a autonomia dentro de campo aludida pelo cronista, que, em suma, relutaria em permitir que o poder o atravessasse, por dentro e por fora, para disciplinar o corpo e normalizar a alma, acabaria significativamente execrado e ao mesmo tempo exaltado como "Animal". Mas fechemos o parêntesis e retomemos a polêmica na qual envolvia-se Nelson Rodrigues.

Na polêmica que vimos desenvolvendo, o cronista contrapunha, aos adeptos do futebol moderno, o estilo brasileiro caracterizado pela originalidade, beleza estética e arte, evocando Garrincha como seu símbolo : "Em 1958, os russos já tinham o mesmo e ultrajante preparo físico, a mesma saúde vacum. Começa a batalha e, na primeira bola, Garrincha acabou com o jogo" (Idem, p. 131/132). Na Copa da Suécia, a estréia de Garrincha contra a Rússia assombrava o mundo e derrotava um mito:

Como tudo que parecia vir da URSS – explica Ruy Castro –, seu futebol também tinha uma aura de modernidade e mistério que dava medo. Era o 'futebol-científico', em que os jogadores estavam preparados para correr 180 minutos (...) e que seus computadores – então chamados 'cérebros eletrônicos' –, haviam produzido um sistema perfeito para derrotar qualquer equipe (Castro,1995, p. 158/159).

Contudo, após a vitória do Brasil por 2 a 0 com o show de Garrincha, como observa Ruy Castro, ... *o orgulho do 'científico' futebol soviético fora (...) desmoralizado, e pelo mais improvável dos seres: um camponês brasileiro, mestiço, franzino, estrábico e com as pernas absurdamente tortas. A anticiência por excelência...* (Idem,165).

A Copa do Mundo da Inglaterra, em 1966, viria significar não apenas a derrota da seleção nacional numa competição, mas a derrota do próprio futebol brasileiro em face da modernidade representada pelo futebol europeu, operando uma reviravolta no confronto entre a magia do nosso estilo e a escola científica européia. Na verdade, a partir daí, o futebol brasileiro passaria a acreditar no mito que ele próprio havia

A Rebeldia no Futebol Brasileiro _____ J.P. Florenzano

derrotado em 58. A versão segundo a qual o Brasil fora derrotado pelo advento de um novo futebol traduzia esta crença, pois olvidava que o futebol-força já estava presente em 62. Nesse sentido, quando a equipe nacional preparava-se para a Copa do Chile, a revista O Cruzeiro elaborava a seguinte análise:

Contra a ação maciça e pesada do futebol-fôrça, *a Seleção de Ouro terá de usar a habilidade e a técnica individual do jogador brasileiro* (C/2/6/62/n.34/ p. 13 – grifo nosso).

O discurso sobre a derrota da seleção nacional na Copa da Inglaterra consagrava o mito da irrupção de um novo futebol que as novas relações de poder iriam incumbir-se de transformá-lo em realidade.

Se ao longo de quase dez anos pudéramos celebrar o talento espontâneo e a magia do jogador brasileiro, desdenhando tanto dos jogadores "fabricados" da Europa quanto dos esquemas táticos modernos; agora, consoante o discurso que começava a se tornar hegemônico, tínhamos que nos curvar diante da superioridade do futebol-força, o qual, ao irromper nos campos da Inglaterra, nos dera a clara percepção da decadência e do ridículo do jogador brasileiro. E por uma ironia terrível, quem nesse momento melhor a simbolizava era nada mais nada menos do que Garrincha. Em 58 ele encantara o mundo com sua magia; em 66 ele chocaria o mundo com sua decadência, que coincidia com a suposta decadência do futebol brasileiro, demonstrada numa imagem pungente ocorrida no jogo contra a Bulgária, na estréia do Brasil em Liverpool:

A certa altura do jogo, Yakinov, vendo Garrincha dar um baile em dois defensores búlgaros, foi até lá, tomou a bola de Mané e deu-lhe vários dribles (C/ 2/8/66/ p. 11/12).

A cena encerrava a lição que Admildo Chirol procurava agora ministrar. No futebol moderno, "jogadores de menor gabarito técnico conseguem suplantar aqueles mais categorizados, mercê de um notável preparo físico"(in: Pedrosa,1968, p. 17). Sendo assim, ao contrário do que pensava Nelson Rodrigues, seria não somente possível como sobretudo imprescindível mudar o jogador brasileiro. Ou melhor, produzir um novo tipo de jogador, adequado às exigências do futebol moderno, exigências estas traduzidas na aquisição de um excepcional

Parte I _____ Afonsinho

preparo físico e na estrita disciplina tática, bem como na prevalência do grupo sobre a individualidade. Em torno desse ideário, envidavam-se agora todos os esforços para conduzir o futebol brasileiro, o mais depressa possível, à modernidade, de sorte a fazê-lo acompanhar a evolução dos novos tempos. Todavia, como único obstáculo a esta imensa tarefa, surgia o próprio jogador brasileiro, com toda sua experiência acumulada nos campos de jogo, com toda a sua vivência de lutas contra antigas opressões, com toda a sua cultura formada no futebol encarado como atividade profissional, sem dúvida, mas concebido simultaneamente como espaço de criação, de ludicidade e de fantasia. Esta concepção, a partir de 1966, cairia sob o crivo da crítica contundente dos técnicos de futebol, preparadores físicos e jornalistas esportivos. Aquilo que há bem pouco tempo atrás constituía a virtude do jogador brasileiro repentinamente transmutava-se em defeito. O jogo cadenciado, o estilo clássico, a liberdade dos dribles de Garrincha e de tantos outros passavam a ser classificados agora como lentidão, individualismo, egoísmo e indisciplina. Pouco a pouco, emergia no proscênio a fisionomia de um jogador cheio de defeitos, vícios e maus hábitos. Para compô-la, antigos preconceitos seriam reavivados. O jogador brasileiro, então, voltava a revelar um comportamento desregrado, dentro e fora do campo de jogo, a demonstrar covardia nas lidas internacionais, a desvelar o seu despreparo em todos os sentidos. Temas que nunca deixaram de estar presentes eram reativados, mas aos quais conferiam-se, no quadro do futebol moderno, novas funções. Desse modo, uma vez elaborada a figura do jogador brasileiro decadente e ultrapassado, impunha-se como tarefa inadiável a produção do jogador moderno.

O corpo-máquina

A fim de estabelecermos com clareza a ruptura ocorrida em 1966, convém recuarmos, por um momento, até à década de 1950, acompanhando a descrição que Ruy Castro faz da preparação física nesse período do futebol brasileiro:

Os jogadores treinavam de manhã ou de tarde, nunca em tempo integral. Até os anos 50, a preparação física costumava ser dada pelo próprio treinador. Este podia ser gordo como Gentil Cardoso ou magro como Zezé Moreira, mas de

A Rebeldia no Futebol Brasileiro _____ J.P. Florenzano

modo algum um especialista na tarefa. Limitava-se a comandá-los nos exercícios do chamado 'Regimento n.7'. Era um programa criado pelo exército francês na Primeira Guerra, adotado pelo exército brasileiro e usado nas aulas de educação física dos colégios (...) Era mole. Os jogadores faziam aquilo assoviando, aproveitando para bater papo e combinar a saída daquela noite. E era assim em quase todos os clubes (Castro, 1995, p. 75).

Até meados da década de 1960, o modelo da preparação física, grosso modo, permaneceria o mesmo, bem como o lugar que ela ocuparia no futebol permaneceria, até certo ponto, marginal. Contudo, o fracasso brasileiro em face do futebol-força europeu, na Copa do Mundo da Inglaterra, modificaria radicalmente a situação, impulsionando um processo que, a rigor, encontrava-se já em curso. De qualquer maneira, em 1968, Admildo Chirol celebrava a mudança na preparação física ministrada nos clubes e, em especial, chamava a atenção para a importância do especialista: "Felizmente, hoje, a nossa compreensão é outra. Os homens responsáveis pelo nosso futebol já pensam de maneira diferente (...) e raro é o clube que não forme um professor especializado" (in: Pedrosa,1968, p. 16).

Em 1970, a revista *Placar* (9/10/70-n.30) ainda indagaria a vários técnicos do futebol brasileiro se consideravam necessário que a preparação física fosse entregue a um especialista, e o próprio fato de a pergunta ser formulada indicava que a mudança talvez ocorresse num ritmo mais lento do que o próprio Chirol sugerira dois anos antes. Seja como for, o surgimento do especialista tinha a legitimá-lo um ramo da medicina que viria a se constituir num fator preponderante na vida de qualquer clube. Com efeito, em 1968, A.P.Beltrão, técnico de futebol e especialista em preparação física, mas sobretudo arauto dos novos tempos, proclamava de forma peremptória:

Futebol é ciência. Não importa que assim não seja considerado por muitos que nele militam (in: Pedrosa,1968, p. 39).

Ora, a Copa da Inglaterra arregimentaria uma militância obstinada em favor dessa verdade, persuadindo os que porventura ainda se mostrassem recalcitrantes. Assim, por exemplo, o técnico David Ferreira fazia a exortação dos novos tempos: "Nosso jogador precisa ser mais resistente e isso somente poderá acontecer quando a medicina esportiva der bastante mais!" (Idem, p. 61). Por certo, desde então ela não cessaria de contribuir,

Parte I _____ Afonsinho

e de modo decisivo, para o "progresso do futebol", ocupando cada vez mais um espaço privilegiado dentro dele. Estamos, porém, no início do processo ao longo do qual futebol e ciência irão confundir-se de modo tão estreito e inquestionável, nas décadas seguintes, até o ponto em que o principal periódico esportivo de São Paulo poderá orgulhar-se de haver noticiado o vatícinio do futebol como ciência:

Na edição do dia 16 de novembro de 1986, o (...) doutor (Marco Aurélio) Cunha vaticinava nas páginas de A Gazeta Esportiva que a ciência precisava ser aplicada nos clubes para que a organização medicinal pudesse produzir jogadores em condições de suportar a evolução do futebol (GE/23/1/97- p. 14).

No entanto, na segunda metade da década de 1960, já se tratava da produção do jogador apto a atuar no futebol moderno, cabendo à ciência um papel de relevo na consecução deste objetivo. De fato, no discurso científico que então se estabelecia sobre o futebol, podemos antever o modo pelo qual o corpo do jogador passava a ser objeto de um novo investimento político. Nesse sentido, retomando a máxima de A. P. Beltrão segundo a qual futebol é ciência, vejamos como este preparador físico a desenvolve:

Ao afirmarmos que futebol é ciência é porque entendemos que o futebol é antes de tudo o próprio homem em busca de sua auto-afirmação. Se ele está a exigir um punhado de disciplinas, há imperiosa necessidade de um plano geral de atividades criteriosamente elaborado consoante os princípios científicos para que, sem perturbações patológicas, a máquina orgânica consiga o máximo de rentabilidade dentro dos seus limites operacionais (in: Pedrosa,1968, p. 40).

O duplo objetivo delineado no discurso científico de A.P.Beltrão, qual seja, extrair o máximo de produtividade da máquina natural sem perturbações patológicas (e logo veremos o que se entende e se pretende com esta expressão), exigia a presença de diversos especialistas oriundos de várias disciplinas, como a Educação Física, a Fisiologia, a Psicologia, entre outras. Mas tal objetivo implicava, ao mesmo tempo, a presença de um novo tipo de poder, capaz de eliminar a resistência do jogador de futebol ao trabalho de produção para o qual todos aqueles saberes estavam sendo convocados. Desse modo, por volta da segunda metade da década de 1960, o poder disciplinar começava a colonizar o universo

A Rebeldia no Futebol Brasileiro _____ J.P. Florenzano

do futebol, assegurando o duplo objetivo que o discurso científico estabelecia:

A disciplina – diz Michel Foucault – fabrica (...) corpos submissos e exercitados, corpos 'dóceis'. A disciplina aumenta as forças do corpo (em termos econômicos de utilidade) e diminui essas mesmas forças (em termos políticos de obediência) (Foucault, 1987, p. 127).

Com efeito, a importância decisiva que o futebol moderno passava a conferir à excelência atlética do jogador profissional, a urgência em aumentar-lhe a força do corpo, seja para suportar os choques com os adversários, seja para dar-lhe resistência em correr por todo o campo e por todo o tempo de jogo, a necessidade em dotá-lo com a velocidade na qual a partida, doravante, passava a se desenrolar, todas estas exigências requeriam um novo tipo de poder, e, de forma correlata, de saber, dirigidos para o conhecimento e a manipulação do corpo do jogador enquanto "máquina orgânica". Porém, para fazê-la funcionar "sem perturbações patológicas", tornava-se imprescindível a presença do saber da alma – a Psicologia. Vejamos qual a importância que A. P. Beltrão atribuía a este outro saber científico:

Precisamos, em primeiro plano, conhecer o homem que será, ou é, o jogador de futebol. Daí a decorrente necessidade da presença do psicanalista para o desempenho de tão capital função no clube de futebol. O técnico aliado ao médico e o psicólogo, formará o tripé ideal para os trabalhos atléticos (in: Pedrosa, 1968, p. 40)

No mesmo diapasão, outro preparador físico, Admildo Chirol, enfatizava a contribuição que a Psicologia podia oferecer ao futebol:

Um atleta que não esteja preparado psicologicamente para uma competição e que não possua um preparo físico adequado para o tipo de atividade a que se propõe está sujeito a resultados negativos como ruturas emocionais, distensões musculares, cansaço prematuro, enfermidades, etc ... (Idem, p. 17).

Assim como cabe à medicina esportiva prevenir rupturas musculares no jogador de futebol, atribuí-se agora à Psicologia a função de cuidar para que não ocorram "rupturas emocionais" que venham perturbar o funcionamento da "máquina orgânica".

Parte I _____ Afonsinho

Se os preparadores físicos, fisiologistas e os médicos do esporte detinham o conhecimento necessário para manter e colocar em funcionamento o corpo do jogador, havia contudo um órgão da máquina natural que poderia colocar tudo a perder caso fosse negligenciada. A ênfase com que se mencionam os cuidados a serem dispensados ao fator psicológico do jogador, presente no discurso dos preparadores físicos, indica o campo de atuação que se abria para o saber da alma, a Psicologia, que na verdade viria a ser ocupado pelos técnicos de futebol, além dos próprios preparadores físicos. Nesse sentido, alertava Chirol: "E eu não vejo o jogador somente sob o ponto de vista futebolístico. Vejo-o sob o aspecto físico, técnico e psicológico. São os três fatores importantes na vida do jogador"(Idem, p. 24). A.P. Beltrão, por sua vez, indicava a necessidade da aplicação de testes psicológicos para a "... fase de identificação do tipo psíquico dos atletas ..."(Idem, p. 40). Eitel Seixas, preparador físico do Flamengo, colocava a questão de forma eloqüente : "Durante oito anos de prática direta no futebol (...) pude observar os vários fatores que influem no rendimento do atleta, tendo chegado à conclusão de que, para a melhoria do estado físico, é indispensável cuidar da parte psíquica..."(Idem, p. 66).

A figura do psicólogo, porém, estaria fadada a uma presença incerta na estrutura dos clubes, contrastando com a ênfase dada pelos preparadores físicos e técnicos de campo a importância do saber que ele detinha. O paradoxo se desfaz, no entanto, no momento em que se considera que o próprio treinador, ao lado dos profissionais que compõem o departamento médico do clube, no contato cotidiano com o jogador podem exercer a função que se espera do psicólogo, de resto explicitada na fala do preparador físico do Flamengo, isto é, intervir na alma de sorte a melhorar o rendimento da máquina natural. E podem fazê-lo, e obter sucesso, até certo ponto, nessa intervenção, porque, como assinala Foucault, a alma "... é ela mesma uma peça no domínio exercido pelo poder sobre o corpo" (Foucault,1987, p. 31/32). Com efeito, faz-se necessário aqui acompanharmos a análise desenvolvida por Foucault:

Não se deveria dizer que a alma é uma ilusão, ou um efeito ideológico, mas afirmar que ela existe, que tem uma realidade, que é produzida permanentemente, em torno, na superfície, no interior do corpo pelo funcionamento de um poder que se _exerce sobre os que são punidos – de uma maneira mais geral sobre os que são vigiados, treinados e corrigidos, sobre os loucos, as crianças, os escolares, os colonizados, sobre os que são fixados a um aparelho de produção e controlados durante toda a existência_ (Foucault,1987, p. 31).

No futebol dos principais clubes do Rio de Janeiro, em 1968, veremos delinear-se, através do discurso de técnicos de campo e preparadores físicos, o quadro disciplinar no qual o jogador emerge como corpo a ser vigiado, treinado, corrigido e educado, tanto dentro quanto fora da atividade profissional e desde o princípio até o fim, isto é, quando ingressa nas categorias de base e ao longo de toda a sua existência de jogador de futebol.

As escolas de futebol

Ao longo da década de 1960 emergia uma nova prática pedagógica no futebol, bem como um modo diverso de gerir o tempo da existência dos jogadores. "As disciplinas – diz Foucault –, devem ser também compreendidas como aparelhos para adicionar e capitalizar o tempo" (Foucault, 1987, p. 142/143). O controle das existências, o enquadramento dos jogadores começaria bem cedo, nas categorias de base.

O surgimento do futebol-força nos campos da Inglaterra, na Copa do Mundo, desencadeara no país a discussão sobre a importância decisiva da preparação física no contexto inaugurado pelo moderno futebol europeu. Vimos Chirol elegê-la no principal fator de êxito de uma equipe. Agora veremos Eitel Seixas, o preparador físico do Flamengo, transformá-la no primeiro ensinamento: "Entre nós, o preparo físico do atleta deve ser iniciado desde cedo; deve constituir mesmo o começo de sua atividade de desportista. Logo que um jovem, isto é, o garoto entra para um clube e ingressa num infanto-juvenil, deve merecer todo o cuidado, quer com relação a um preparo físico e educacional, quer com relação a possíveis vícios, que devem ser combatidos" (in: Pedrosa,1968, p. 67). As categorias de base, ao longo dos anos 60, adquirem um valor crucial, pois a ciência esportiva aplicada ao futebol exigirá que o corpo do jogador seja manipulado e modelado desde cedo, condição necessária para atingir-se o novo patamar de força

Parte I _____ Afonsinho

física requerido por esta atividade; mas, ao mesmo tempo, elas permitem a possibilidade da correção dos vícios com os quais o jovem jogador apresenta-se ao clube.

Nesse sentido, Zagallo, já na condição de técnico de futebol, teceria elogios ao trabalho desenvolvido nas categorias de base do Botafogo em termos eloqüentes: "Todos sabem que desde os 12 anos, os futuros jogadores começam a treinar na Escolinha pelas mãos do Neca. É um trabalho árduo e cansativo. O principal objetivo é treinar o garoto tirando-lhe os defeitos, dando-lhe educação e instruções técnicas" (Idem, p. 126/127). Desde muito cedo, o corpo do futuro jogador se vê submetido à manipulação de preparadores físicos e técnicos de campo, os quais modelam e corrigem o corpo do jovem, durante toda a série temporal que este percorre nos juvenis. Esta seriação, com efeito, consiste no modo pelo qual as disciplinas exercem o controle dos indivíduos através da gestão do tempo, como assinala Foucault:

A colocação em 'série' das atividades sucessivas permite todo um investimento da duração pelo poder: possibilidade de um controle detalhado e de uma intervenção pontual (de diferenciação, de correção, de castigo, de eliminação) a cada momento do tempo; possibilidade de caracterizar, portanto de utilizar os indivíduos de acordo com o nível que têm nas séries que percorrem; possibilidade de acumular o tempo e a atividade, de encontrá-los totalizados e utilizáveis num resultado último, que é a capacidade final de um indivíduo (Foucault,1987, p. 144/145).

No discurso de técnicos de campo, preparadores físicos e jornalistas esportivos, a premente necessidade de consertar insuficiências, combater vícios, tirar defeitos do jogador brasileiro constituem objetivos que podem ser satisfeitos de modo mais adequado se arrostados desde a tenra idade, e sem interrupção ao longo de toda a série que o jovem pretendente à profissão de atleta deve percorrer. Na verdade, confere-se às categorias de base uma missão por demais nobre, cujo cumprimento as técnicas corretivas nelas desenvolvidas encarregam-se de assegurar. Envolvido na organização do primeiro Campeonato Paulista de dente-de-leite, disputado em 1970, afirmava o jornalista Ely Coimbra: "Estávamos plantando uma semente. Queríamos forjar uma geração completamente diferente da atual e estamos conseguindo" (*Placar*/13/10/72/n.135/ p. 10). Com efeito, vimos como a condenação do jogador brasileiro, a partir da Copa de 1966, deflagara o processo da produção do atleta profissional moderno. Agora, pouco a pouco, vão-se delineando os contornos da fisionomia da nova geração. Eitel Seixas, o preparador físico do Flamengo, desenhava o primeiro traço: "Devemos, desde cedo, despertar na criança, isto é, no futuro atleta, a consciência de que o treinamento físico é indispensável ao sucesso futuro" (in: Pedrosa,1968, p. 67). Paulo de Almeida, técnico do Vasco, acrescentava uma nova pincelada no traçado: "... é necessário educar a nossa juventude, levando-a a gostar, a ter prazer em receber os ensinamentos, em especial no que concerne à preparação física" (Idem, p. 147).

Conforme propunha Foucault, é preciso conceber os efeitos de poder em termos positivos, pois o poder "... produz coisas, induz ao prazer, forma saber, produz discurso" (Foucault,1979, p. 8). Os efeitos de poder que o discurso de verdade canalizava no futebol, além de induzir ao prazer da preparação física, erigia a obediência em virtude e aqui temos o segundo traço da fisionomia do jogador moderno.

"Você não deve ficar nervoso, não precisa ter pressa de chegar entre os titulares, deve treinar muito, fumar pouco, não beber, dormir cedo, ser obediente" (*Placar*/13/12/72/n.135/ p. 10).

Os conselhos do experiente lateral-direito Teodoro, do São Paulo, ao jovem ponta-de-lança Murici, que acabara de assinar o seu primeiro contrato profissional, retoma quase ponto por ponto as regras de conduta estabelecidas pelos preparadores físicos, revelando, desse modo, os efeitos de poder do discurso normalizador, mas, concomitantemente, aponta-nos outra característica do poder disciplinar: "A disciplina 'fabrica' indivíduos; ela é a técnica específica de um poder que toma os indivíduos ao mesmo tempo como objetos e como instrumentos de seu exercício" (Foucault,1987, p. 153). Ao longo deste livro, teremos oportunidade de discorrer sobre a instrumentalização do próprio jogador pelo poder disciplinar, pois não são raros os exemplos a este respeito. Por ora, interessa-nos retornar à matéria sobre os dois jogadores acima citados, desenvolvendo uma questão que acreditamos encontrar-se no cerne da valorização das categorias de base no quadro do futebol moderno. Diz o texto da matéria a certa altura:

Teodoro e Murici pertencem a duas épocas diferentes. Teodoro tem 26 anos, é profissional há muito tempo, titular do São Paulo (...) Nunca passou por uma

Parte I _____ Afonsinho

escolinha de futebol, só ouviu conselhos desencontrados de pessoas não especializadas. Murici (17 anos) está iniciando a última etapa de um aprendizado que começou há quase oito anos. Assinou agora seu primeiro contrato como profissional e já traz princípios e idéias que Teodoro só conheceu depois de formado, sem tempo para refazer o que estava errado. Murici passou e foi aprovado por uma escolinha de futebol que está longe de ser ideal, mas que já começa a cumprir suas finalidades(P/ 13/12/72/n135/ p. 10).

Duas épocas distintas, mas ao invés de se estabelecer entre elas uma linha de evolução, devemos procurar o corte, a descontinuidade histórica que as distancia. Teodoro ingressava no futebol atuando em equipes de pequeno porte do interior, até chegar ao São Paulo; Murici, pelo contrário, entrava no universo do futebol ascendendo ao longo da seriação consubstanciada pelas divisões inferiores do clube. E, com efeito, cada vez menos as portas do futebol estarão abertas para aqueles que não tenham percorrido o caminho serial das escolas dos clubes. Em 1968, o técnico Zagallo, do Botafogo, colocava a mudança de forma incisiva: "... se aparece um jogador estranho com 20 e 23 anos para se submeter a teste, eu não o aceito mais (...) um jogador com essa idade, que nunca jogou em clubes de futebol, é sinal de que não tem capacidade para isso (...) Nunca vi um jogador desses em experiência chegar a bom resultado. São casos raríssimos os de Garrincha e Nílton Santos (...) De modo que temos de fazer esse trabalho de renovação de valores em novos moldes" (in: Pedrosa,1968, p. 127). Até um clube modesto do subúrbio carioca, o Madureira, adotava a norma que se generalizava: "Aqui também – diz o responsável pelos juvenis do clube – não aceitamos jogadores quase estourando a idade. Ele tem de jogar no mínimo três anos com a gente, para chegar bem formado à equipe profissional" (*Placar*/5/7/74/n.224/ p. 34).

A produção da nova geração de jogadores, como preconizado então por Zagallo, em outros moldes, fechava as portas para o atleta retardatário, proveniente de escolas diversas como as do futebol de várzea e dos pequenos clubes amadores do interior do país. O jogador brasileiro já não nascia feito, como há quase dez anos atrás evocava com orgulho a revista d' *A Gazeta Esportiva*. O futebol moderno promovera uma ruptura que exigia agora o trabalho dos especialistas nos grandes clubes, a travessia quase obrigatória pelas escolinhas, o

A Rebeldia no Futebol Brasileiro _____ J.P. Florenzano

percurso ao longo do qual as insuficiências físicas, os defeitos técnicos e os vícios da conduta de vida ver-se-iam corrigidas e sanadas. Eis o porquê da extraordinária valorização das escolinhas de futebol. Nestas, a função de adestramento poderá ser exercida por especialistas que, de modo semelhante as instituições disciplinares analisadas por Foucault:

> *... não devem ser exatamente nem juizes, nem professores, nem contramestres, nem suboficiais, nem 'pais', mas um pouco de tudo isso e num modo de intervenção que é específico. São de certo modo técnicos do comportamento: engenheiros da conduta, ortopedistas da individualidade* (Foucault,1987, p. 258).

De fato, o trabalho dos especialistas começa logo "no exame para admissão no futebol", a popularmente conhecida "peneira":

> *Os garotos que se apresentam para a peneira, geralmente, não são apenas subnutridos ou portadores de verminose (...). Muitos chegam a ser retardados (não débeis), cuja idade física não corresponde à mental. Além desses, muitos estão carregados de traumas, problemas psicológicos, complexos, recalques e neuroses* (P/20/8/71/n.75/ p. 11).

Nas escolinhas de futebol, os técnicos do comportamento cuidam para que cheguem à equipe principal jogadores normalizados e bem formados sob o ponto de vista físico, técnico, tático e disciplinar. O quanto antes o futuro jogador começar a ser investido pelos mecanismos disciplinares, tanto melhor. Desde cedo, o corpo deve ser exercitado para obedecer, sentir prazer na preparação física, cumprir horários, em suma, treinado pelas práticas de poder que buscavam a produção do corpo dócil e útil.

"A Escolinha serve para descobrir a verdadeira posição do candidato e para fazê-lo *assimilar a disciplina, a obediência às instruções e o cumprimento dos esquemas táticos*" (P/20/8/71/n.75/ p. 12 – grifo nosso).

Digamos desde já que, no contexto das novas relações de poder, o jogador de futebol que for "incapaz" de assimilar a disciplina, que se recusar a obedecer às instruções e ordens do técnico-disciplinador, e ainda se recusar a funcionar como peça dentro dos esquemas de jogo, não por coincidência, será incluído na categoria de jogador-problema e estigmatizado como portador de alguma espécie de loucura ou de incapacidade mental congênita, como os candidatos à carreira de futebol mencionados acima. Mas não

Parte I _____ Afonsinho

nos adiantemos, além da associação entre rebeldia e loucura, os anos 60 dariam outras contribuições às décadas seguintes.

O futebol concebido como a repetição sem termo dos exercícios ministrados desde cedo nas divisões de base , certamente configura-se num dos legados da era moderna que desenhava os seus contornos na segunda metade da década de 60. "Escolinha, a Salvação" – eis a manchete com a qual a revista *Placar*, em 1972, indicava o caminho a ser trilhado pelos clubes: "Como todo profissional, o jogador de futebol deve ter uma educação especializada (...) E hoje o 'craque feito em casa' já é tão ou mais comum que o 'craque descoberto' na várzea ou no interior" (*Placar*/13/10/72/n.135/' p. 8). O jogador brasileiro, fora do aparelho de produção no qual os clubes se transformavam, tornara-se um estranho, um analfabeto do futebol.

No cotidiano das escolas de futebol que então se estruturavam em novas bases, e ao longo de toda a série a ser percorrida, o jogador-aluno realizava exercícios físicos, técnicos e táticos, para desenvolver a força do corpo, aprimorar as habilidades com a bola e aprender a função e o posicionamento nos sistemas de jogo. De fato, como assinala Foucault, "... no centro dessa seriação do tempo, encontramos (...) o 'exercício', a técnica pela qual se impõe aos corpos tarefas ao mesmo tempo repetitivas e diferentes, mas sempre graduadas" (Foucault,1987, p. 145). Ainda na década de 60, o técnico de futebol, David Ferreira, poderá se orgulhar de haver implantado o sistema moderno de trabalho baseado no automatismo do exercício: "Fiz – diz esse técnico – regime duplo de trabalho, com treinos pela manhã e à tarde, para fazer valer a 'Lei do Aprendizado Técnico Através da Repetição' ..." (in:Pedrosa,1968, p. 59) No futebol moderno, a magia do corpo cedia a vez ao automatismo do corpo-máquina. Ao invés da fantasia, a repetição. Não por acaso, quando nos anos 90 surgir um jogador disposto a resgatar a fantasia no futebol que a banira dos gramados de jogo, ele revestir-se-á da figura do "Animal". Corpo estranho num universo cada vez mais obcecado pelo imaginário da máquina e dominado pelas práticas de poder que tornavam-na possível. Citemos mais uma vez Foucault:

'O Homem-máquina' (...) é ao mesmo tempo uma redução materialista da alma e uma teoria geral do adestramento, no centro dos quais reina a noção de 'docilidade' que une ao corpo analisável o corpo manipulável. É dócil um corpo que

A Rebeldia no Futebol Brasileiro _____ J.P. Florenzano

pode ser submetido, que pode ser utilizado, que pode ser transformado e aperfeiçoado (Foucault,1987, p. 126).

No Flamengo, um dos técnicos das categorias de base daria o testemunho eloqüente da produção do corpo-máquina no futebol moderno, relevando de forma cristalina o trabalho desenvolvido nas Escolas de futebol:

Aqui na Gávea há um trabalho que fica praticamente escondido mas está dando frutos fabulosos. São autênticos garotos-laboratório. *Vejam o Zico. Não tinha massa muscular; fraco, pernas finas, não agüentava um tranco, uma bola dividida. Geraldo não tinha força nas pernas. Paulinho era outro raquítico. Cada um apresentava um problema diferente.* **E cada um era analisado, medido, pesado, trabalhado de forma diferente, individual** (P/8/3/74/n.207 p. 8 – grifo nosso).

No futebol moderno, cada jogador transforma-se num caso "que ao mesmo tempo constitui um objeto para o conhecimento e uma tomada para o poder" (Foucault, 1987, p. 170). O caso, com efeito, "é o indivíduo tal como pode ser *descrito, mensurado, medido,* comparado a outros e isso em sua própria individualidade; e é também o indivíduo que tem que ser treinado ou retreinado, tem que ser classificado, *normalizado,* excluído etc." (Idem, p. 170 – grifo nosso). Nas categorias de base dos clubes brasileiros o jogador ingressa na maquinaria de poder que o transforma em corpo-máquina e indivíduo normalizado.

Os mecanismos disciplinares operam de modo contínuo e permanente sobre o corpo do jogador, desde cedo e ao longo de toda a sua existência profissional. Um contínuo trabalho de lapidação, que se inicia logo que a criança, por volta dos 12 anos, ingressa no clube. O testemunho de Zagallo a propósito do responsável pelas divisões de base do Botafogo, mais uma vez, mostra-se elucidativo: "O trabalho do Neca é importante; ele como que lapida o jogador" (in:Pedrosa,1968, p. 127). Ponto importante pois como assinala Foucault: "A disciplina é uma anatomia política do detalhe" (Foucault,1987, p. 128), asserção que o autor desenvolve citando uma personalidade da instituição militar:

Aqueles que cuidam dos detalhes muitas vezes parecem espíritos tacanhos, entretanto esta parte é essencial, porque ela é o fundamento, e é impossível levantar qualquer

Parte I _____ Afonsinho

edifício ou estabelecer qualquer método sem ter os princípios. Não basta ter o gosto pela arquitetura. É preciso conhecer a arte de talhar pedras (Idem, p. 128).

Nas escolas de futebol esculpia-se a fisionomia do jogador disciplinar. Diz Zagallo: "... o Neca é um rapaz modesto, que tem uma paciência e um olho clínico fora do comum. Ele prepara o jogador, faz o seu trabalho em silêncio e, no final, a glória vai para aquele que dirige o jogador no juvenil, no primeiro time" (in:Pedrosa,1968, p. 130). A arte de talhar pedras requer um olhar clínico capaz de captar os detalhes, dar-lhes a atenção que merecem dentro de um trabalho que se desenvolve sem alarde, mas de maneira metódica, cotidiana e eficaz. O detalhe, argumenta Foucault, inicialmente apresentava-se como preocupação do pensamento teológico. Contudo:

... nessa grande tradição da eminência do detalhe viriam a se localizar, sem dificuldade, todas as meticulosidades da educação cristã, da pedagogia escolar ou militar, de todas as formas, finalmente, o treinamento. Para o homem disciplinado, como para o verdadeiro crente, nenhum detalhe é indiferente, mas menos pelo sentido que nele se esconde que pela entrada que aí encontra o poder que quer apanhá-lo (Foucault,1987, p. 128/129).

O treinamento nas escolas de futebol poderá operar sobre o detalhe, porta de entrada do investimento político do corpo pelos mecanismos disciplinares. Observação minuciosa de gestos, falas, atitudes, continuamente corrigidos, educados, vigiados, no decorrer da cadeia serial percorrida pelo atleta, numa sujeição sem termo pois esta se prolonga por toda a vida profissional. Sem dúvida, um trabalho direcionado para o aumento das potencialidades físicas da máquina natural, ao mesmo tempo que para a domesticação do animal que a habita. No imenso trabalho de renovação do futebol .brasileiro desenvolvido nas categorias de base dos clubes, o Botafogo apresentava-se como modelo da produção do jogador moderno

Afonsinho do Botafogo

A nova geração do futebol brasileiro, egressa das escolas de base e dos juvenis do Botafogo, irrompia no cenário esportivo nacional arrebatando cinco títulos no biênio 67/68. O técnico da equipe, Zagallo, em seu depoimento sobre o futebol brasileiro, arrolava o nome dos jovens talentos, justificando, ao mesmo tempo, a aposta feita na juventude do clube: "Chiquinho, Afonsinho, Roberto, Moreira, Valtencir, Dimas, Zé Carlos, Rogério, Carlos Roberto, Nei, Zélio, Paulo César. Todos os que mostraram qualidades como campeões (no campeonato carioca de juvenis, em 66) foram conservados no Botafogo" (in:Pedrosa,1968, p. 128). Afonsinho ascendera junto com o grupo no qual Zagallo não apenas reconhecia qualidades, mas apontava como exemplo para o futuro do nosso futebol. Todavia, devido ao sistema de jogo posto em prática pelo técnico alvinegro, já baseado nos ensinamentos da última Copa do Mundo, Afonsinho encontrava-se relegado à condição de regra três, pois tal sistema implicava na tese segundo a qual o meio-de-campo não poderia ser formado por dois jogadores de armação, conforme recorda o próprio jogador:

"... a idéia fixada era essa, de que deveria jogar um jogador de marcação e um armador; (para Zagallo) não era legal eu com o Gerson, dois armadores e tal ..."

Afonsinho, desse modo, achava-se preterido no sistema tático implantado pelo técnico Zagallo, o qual elegia o médio-volante da equipe, Carlos Roberto, no modelo do novo jogador brasileiro: "O garoto é completo, pois ele apoia, destrói, sabe proteger uma bola e, ademais, ainda tem um excelente pulmão" (Idem, p. 128). Em outras palavras, ele preenchia os requisitos do jogador apto a atuar no futebol moderno, quais sejam, a força física para proteger a bola e suportar o choque corporal, a resistência para correr ao longo dos 90 minutos, além de desempenhar a dupla função de defender e atacar. Afonsinho, ao contrário, jogador de estilo clássico, cadenciado, identificava-se plenamente com a figura do armador, voltado sobretudo para a criação das jogadas de ataque, embora incumbido também da função de defender. Mas, no contexto das mudanças do futebol-força, caminhava-se para a fixação de dois jogadores de marcação no meio-de-campo, restringindo-se o espaço, dentro das equipes, daqueles que deveriam principalmente organizar o ataque. Os conflitos de Afonsinho passavam por estas transformações no futebol:

Parte I _____ Afonsinho

... (aconteceram) situações que, por exemplo, o Gerson não jogou, ou se machucou, e eu não fui levado a jogar, ele preferiu escalar outro jogador, até de mesma característica de marcação, que não fosse armador, ficava sem armador ...

No Botafogo de Zagallo, não havia espaço para Gerson e Afonsinho, e, às vezes, nem mesmo para o jogador de armação, antecipando a equipe alvinegra a tendência que prevaleceria na década seguinte nas equipes brasileiras – a do meio-de-campo formado por dois volantes de marcação. De qualquer modo, nesse momento, Afonsinho vinha sendo considerado, pelos dirigentes e por parte da imprensa esportiva, como o jogador ideal para substituir Gerson quando este deixasse o clube. Enquanto isso não ocorria, os conflitos tornavam-se cada vez mais frequentes. Conforme relata Afonsinho:

... na época da renovação de um contrato, ou da mudança de diretoria, foram acontecendo crises porque eu tinha propostas, queria sair, gostava demais do Botafogo, até hoje sou Botafogo, mas eu precisava jogar, era hora de jogar, (adquirir) amadurecimento, vivência da situação... era óbvio que eu precisava jogar. Ao Botafogo interessava um jogador que estava se destacando como uma opção ali...

Compreenda-se: enquanto a estratégia do Botafogo consistia em manter Afonsinho em compasso de espera, aguardando a saída de Gerson para então efetivá-lo como titular; para o jogador, ao contrário, tratava-se de jogar, sair para jogar o quanto antes, fosse por empréstimo ou venda do Passe. Mas os dirigentes, valendo-se do mecanismo jurídico que vinculava o jogador ao clube, impediam a sua saída de General Severiano. Sendo assim, o impasse persistia, como relata Afonsinho:

... foram acontecendo atritos, crises ... que eu fui sempre tentando resolver cara a cara. Ou com a direção, quando mudava a direção eu di(zia): 'Olha, a minha intenção é jogar... 'Ou quando acaba(va) meu contrato, eu di(zia): 'Olha, eu quero me transferir... '

Em julho de 1969, porém, com a transferência de Gerson para o São Paulo, o conflito entre a direção do Botafogo e Afonsinho parecia solucionado, inclusive porque ele seria, a partir daí, efetivado na condição de titular e capitão da equipe alvinegra. Mas a trégua a custo obtida não chegaria ao final do ano, e o conflito cederia lugar, desta vez, ao confronto. No segundo semestre de 69, o clube disputava o torneio

45

A Rebeldia no Futebol Brasileiro _____ J.P. Florenzano

Roberto Gomes Pedrosa, o equivalente ao atual Campeonato Brasileiro. A competição encaminhava-se para a fase final, e o Botafogo deveria jogar uma partida decisiva contra o Santos, no Parque Antártica. Antes do embarque para São Paulo, os jogadores procuraram a direção do clube para acertar a premiação, o valor do bicho a ser pago em caso de vitória. Contudo, às vésperas da partida, com a equipe já no vestiário do Parque Antártica, a negociação não tinha sido concluída, nem tampouco iniciada, pois a diretoria pretendia realizá-la somente após o jogo. Afonsinho evoca o episódio do seguinte modo:

> ... a gente tinha a experiência da prática (...) lutava para que, se a partida tinha um interesse, era normal que a premiação fosse definida antes... Nesse jogo, que tava afunilando pro final, chegou num confronto. Eles pediram pra resolver isso lá no vestiário (...) Já no aquecimento... eu fui procurar o diretor: 'Como é que ficou a situação do bicho?' Eles achavam que isso era 'mercenarismo'. O discurso muito 'manjado': quando perde, são as mulheres, é a farra ... a noite. É o padrão, até hoje se repete.

A imagem do jogador-mercenário remonta, na realidade, à passagem do amadorismo para o regime profissional, no decorrer das décadas de 1920 e 1930. Discorrendo acerca desse processo, Joel Rufino dos Santos recorda que o profissionalismo "... generalizou-se primeiro em time pobre, um São Cristóvão, um Corinthians, um Botafogo de Ribeirão (Preto), do que em clube rico, atraindo sobre aqueles a pecha de mercenários" (Santos,1981, p. 46/47). A resistência oposta pelos clubes tradicionais, de origem aristocrática, à adoção do regime profissional no futebol, fazia-se em nome do ideal do esporte amador, de acordo com o qual dever-se-ia jogar tão-somente por amor à camisa, ideal considerado autêntico e superior face à atividade futebolística como profissão. A rigor, seguindo ainda a análise do autor, subjacente à disputa em torno dessa questão havia o desejo das camadas dirigentes em interditar o acesso das classes populares ao futebol, seja dentro do campo, seja nas arquibancadas.

Todavia, se os dirigentes dos clubes tradicionais foram derrotados no intento de manter o futebol como privilégio dos grupos sociais aos quais pertenciam, o preconceito aristocrático, expresso no estigma de mercenário lançado aos jogadores provenientes das classes populares,

Parte I _____ Afonsinho

sobreviveu ao longo do tempo, marcando de maneira indelével a atividade do atleta profissional de futebol. Nesse sentido, não surpreende, como observa Joel Rufino dos Santos, "... que a discussão – colocada nos termos enganosos de atleta X mercenário – que então se travou (isto é, quando da passagem do regime amador para o profissional), haja renascido tantas vezes no futuro" (Idem, p. 48). Conforme vemos agora ocorrer com Afonsinho, e veremos, no transcorrer deste trabalho, ocorrer com Edmundo.

O espectro do atleta amador acompanha a atividade do atleta profissional, de sorte a mantê-lo numa área de ambigüidade na qual os dirigentes dos clubes muito se beneficiam. Com efeito, analisando a questão do amadorismo, não apenas no futebol mas no esporte profissional em geral, A. Melo de Carvalho assinala que:

As relações entre o dinheiro e o desporto profissional, devem tornar-se transparente e deixar de constituir esse terreno obscuro e 'tabu' que envolve o clube e o jogador. Desta clarificação tem de resultar a definição do estatuto do jogador (seus. direitos e deveres) em relação à entidade patronal que deve-se assumir definitivamente como tal e abandonar as ambigüidades que misturam profissionalismo com o 'amor à camisa' que só serve para agravar a situação do jogador (Carvalho,1985, p. 217/218).

Ora, o que o episódio relatado por Afonsinho demonstra é precisamente o quanto a preservação dessa área de ambigüidade, na qual o atleta profissional se vê aprisionado, serve aos interesses dos dirigentes de futebol. A acusação de mercenário formulada pelo diretor de futebol do Botafogo, em 1969, tornar-se-ia um estigma para Afonsinho, acompanhando-o ao longo da carreira. Com efeito, alguns anos depois o jornal *Última Hora* ainda enunciaria a indagação sobre o jogador: "Mercenário, rebelde ou um garoto mimado?" (UH/19/10/ 73). A reportagem, porquanto não lhe fosse desfavorável na resposta à questão que ela própria levantara, deixava entrever a imagem que envolveria Afonsinho anos depois do episódio do Parque Antártica. Como, de resto, envolvera no passado jogadores empenhados nas mesmas reivindicações. Sendo assim, ainda em plena vigência do regime amador, Fausto da Silva não passaria incólume pela ousadia de questionar o ideal do amadorismo, recebendo por tal gesto o anátema de mercenário (Santos,1981). Nos anos 60 Afonsinho tornava-se objeto de idêntica acusação, por pleitear a remuneração que considerava justa,

A Rebeldia no Futebol Brasileiro _____ J.P. Florenzano

fato que no contexto do profissionalismo não deveria suscitar escândalo. Curiosamente, na segunda metade da década de 1960, como vimos, estava em andamento a construção do modelo ideal do novo atleta profissional, sobre o qual recaíam as exigências da aplicação aos exercícios físicos, da obediência às instruções táticas e da disciplina na conduta de vida, dentre outros traços. Porém, estrategicamente, quando se tratava da remuneração desse profissional, os clubes apelavam para o ideal do amadorismo – o amor à camisa. As reivindicações de Afonsinho começavam a incomodar os dirigentes do alvinegro carioca. Como ele próprio recorda:

> ... então é claro que isso foi desgastando. Eles não gostavam de ter um cara ... eu era um calo, né?

Ou uma pedra mal talhada, um talento que os técnicos do comportamento e os juizes da normalidade não haviam podido lapidar de forma correta, imprindo-lhe as feições do jogador dócil e útil. No Botafago do Rio de Janeiro, no final da década de 60 e, em especial, no final do ano de 69, onde as escolas de futebol, o próprio futebol moderno e o jogador disciplinar emergiam como modelos para os demais clubes, Afonsinho constituía-se numa pedra no meio do caminho da modernização. No início do ano de 1970, porém, as pedras iriam rolar ...

A militarização do futebol brasileiro

Quando os jogadores do Botafogo retornaram das férias, no início de 1970, foram surpreendidos por uma série de medidas adotadas pelo clube, cujo conteúdo expressava todo o conjunto de transformações em curso desde meados da década de 1960, além de apontar para o processo no bojo do qual o futebol constituía-se, pouco a pouco, no universo das disciplinas. Conforme recorda Afonsinho:

> Aí acabou entrando de férias (em 69); e já vieram (no ano seguinte) com todas aquelas medidas ... formalmente reuniram as pessoas e falaram: 'Olha, a partir de agora vai ser assim, assim ...
> (revista, Isto é)

48

Parte I _____ Afonsinho

... passaram a privilegiar, a colocar em primeiro lugar a preparação física, entendeu, a disciplina entre aspas, né, porque com o nome de disciplina se impunham coisas assim sobre os costumes ou não sei o quê; então passaram algumas idéias assim de que o jogador quando se machucasse teria de ficar internado no clube, entendeu ... coisas diretas, não são quimeras, são coisas objetivas que eles tentaram impor no funcionamento (do futebol) ... E um esquema militarizado, entendeu, um esquema militarizado mesmo.

A conjuntura política vivida pelo país, decorrente do golpe de Estado desfechado em 1964, ensejava o processo de militarização dos clubes de futebol e da seleção nacional. Conforme admitiria João Havelange, à época presidente da CBD, na segunda metade dos anos 60 ele "já tinha em mente dar uma 'estrutura militar'ao futebol brasileiro" (Máximo, 1996, p. 89). De fato, como assinala Afonsinho:

... foi um momento no futebol brasileiro, momento-chave, ... que se refletiu em todo o futebol a situação social-política do país. Aquelas medidas de repressão elas se fizeram sentir diretamente, os caras resolveram assumir, impor aquelas coisas. Você vê que há uma coerência, nessa ocasião a seleção foi militarizada, a comissão técnica foi boa parte militarizada, as organizações dirigentes ...

E os clubes brasileiros passaram a adotar o modelo militar de disciplina dentro do qual procuravam enquadrar os jogadores. Nesse sentido, anunciava a imprensa esportiva em 68: "Linha dura no Corinthians" (RE, 13/7/68, n. 488, p. 3). Os dirigentes do alvinegro paulista contratavam o técnico Osvaldo Brandrão para implantar a ordem e disciplinar o elenco: "Muitos jogadores temem Brandrão porque ele não gosta de corpo mole e, principalmente, de indisciplina" (Idem, p. 3). No São Paulo, os dirigentes traziam para o Morumbi o técnico da Ferroviária, Diede Lameiro, "um moço cheio de idéias e métodos novos" (RE, 13/7/68, n. 488, p. 46). Na seqüência da reportagem desvela-se no que consistiam as idéias e os métodos inovadores: "Na Ferroviária, algumas das punições que aplicou foram cumpridas sem nenhum perdão: 1 – Multa por chegar atrasado; 2- Multa por assinar errado no livro do ponto; 3- Multa por falta de empenho nos treinos" (Idem, p. 47). Todavia, o jovem treinador reagia indignado às alusões de que espelhava-se no modelo da caserna:

"'Meus métodos de treinamento e de disciplina não são militares coisa nenhuma" (Idem, p. 47).

No Rio de Janeiro, o quadro não se apresentava diferente. Ciro Aranha assumia a vice-presidência do Vasco acreditando atender a uma missão militar: "Como bom soldado tive que atender a esta convocação. Vamos levar o Vasco a uma nova fase, onde o trabalho, a disciplina e a dedicação formam a constante do trabalho" (RE, 25/10/69, n. 555, p. 15). No Flamengo, o dirigente George Helal zelava para que a boa ordem no grupo de jogadores não fosse abalada em razão de uma contratação inadvertida: "... hoje, ao contratar um jogador, além do aspecto técnico, faço um levantamento de sua vida particular, de suas condições e relações de trabalho. Tudo para ver se ele realmente se enquadra no regulamento de disciplina que impera no Flamengo" (*Placar*, 28/8/70, n. 24, p. 3). No Botafogo as medidas adotadas no início de 70 buscavam adequar o clube à disciplinarização militar que propagava-se nas equipes do país nesse período. Porém, talvez possamos transpor para o universo do futebol a ressalva feita pela historiadora Michelle Perrot a propósito do processo de disciplinarização imposto às classes trabalhadoras na Europa:

... nunca um sistema disciplinar chegou a se realizar plenamente. Feito para triunfar sobre uma resistência, ele suscita imediatamente uma outra. O regulamento sempre é mais ou menos contornado, e sua leitura não pode dar conta da vida cotidiana da fábrica ou da oficina (Perrot, 1988, p. 55).

A trajetória de Afonsinho revela-nos a luta de resistência dos jogadores brasileiros à disciplinarização militar adotada nos clubes brasileiros. A rebeldia do jogador manifestar-se-ia novamente em janeiro de 1970, quando o Botafogo partia mais uma vez para uma excursão que já se tornara uma rotina na vida do clube, e que incluía, no roteiro por vários países do continente americano, a realização de um torneio na cidade do México. Logo no primeiro dia dos preparativos para a disputa da competição, já na capital mexicana, Afonsinho viria a sofrer uma contusão que o afastaria dos treinamentos por alguns dias. Uma vez recuperado, o jogador colocava-se novamente à disposição da comissão técnica, ainda em tempo de participar da estréia no torneio. Porém, aguardava-o uma surpresa que ele próprio relata nos seguintes termos:

Quando voltei ... a treinar e tal, a coisa mais normal ... seria eu reassumir a posição (de titular), uma vez que, se antes a opinião era a de que eu não podia jogar com o Gerson, e eu já tinha sido efetivado, era o titular, o capitão do time , tendo me recuperado, tendo treinado, era a coisa mais normal voltar.

Eu sei que na tarde, o jogo era à noite, quando a gente almoçava e tal, passava no quarto do roupeiro, pegava já seu material, levava pró quarto e depois ... já voltava uniformizado se preparando para ir ao estádio. Quando eu peguei o material levei um choque: a camisa era 14 ... Achei até que tinha havido um engano, me lembro que foi um choque. Aí fui procurar o cara: 'é, você se machucou, treinou alguns dias ... acho que precisa treinar mais'. Era a imposição de que a parte física ... era esse tipo de opção que foi feita. Era a imposição, era a hora de impor isso.

Como se recorda, Afonsinho, desde o momento em que ascendera à equipe profissional do Botafogo, em 67, amargara a condição de reserva do armador Gerson então considerado titular absoluto da posição. Em julho de 69, com a transferência de Gerson para o São Paulo, Afonsinho fora efetivado como titular e capitão da equipe. Entretanto, em janeiro de 70, a contusão sofrida no México o reconduzia à reserva sob a alegação de não desfrutar ainda das condições físicas ideais. Sob tal alegação havia, no entanto, uma dupla exigência: por um lado, a da excelência no condicionamento físico, e, por outro lado, a da docilidade automática às ordens do treinador. A rebeldia irrompe na fala de Afonsinho:

Na minha vez tinha mudado a regra do jogo. Quer dizer, eu tinha ficado mais de dois anos, várias crises ... batalhando pelo meu espaço, na hora do meu espaço a regra era outra. Eu não aceitei.

Insurgindo-se contra as novas regras introduzidas no clube, no bojo do processo de militarização, Afonsinho reunia alguns jogadores do Botafogo, no hotel em que estavam hospedados, expondo à discussão a atitude de rebelar-se:

Aí me aconselhei com meu amigos mais chegados: era o Humberto ... era o Nei Conceição, o Rogério, o Paulo César e tal. 'Olha, eu não queria que fosse uma coisa só minha, uma atitude egoísta, ou uma coisa que eu tivesse magoado, assim, tivesse fazendo uma besteira ... Aconteceu isso, o que é que vocês acham?' – 'Nós achamos que não tá legal, mas vê lá o que você vai fazer ...' Eu disse: 'Olha, eu não vou aceitar mais ...' Tinha ficado a posição de conversar com o treinador.

Posição pessoal e solitária de Afonsinho, bem entendido, pois o que se depreende do relato do jogador é que o grupo, embora lhe tivesse manifestado solidariedade, não se comprometera em explicitá-la ao treinador, nem tampouco, ao que consta, Afonsinho esperasse ou pretendesse tal adesão. Tratava-se apenas de colocar o grupo a par da situação, esclarecendo os motivos da revolta. De qualquer modo, uma vez tomada a decisão, o jogador viveria à espera de um diálogo no qual Zagallo não demonstrava interesse:

Aí (ele) não conversou no lanche. Eu pensei ficar no hotel. Mas digo: 'Bom, vai conversar no caminho, no vestiário'. Quando chegou no estádio Asteca (...) eu procurei (o Marinho, chefe da delegação): 'Escuta, e a situação ...' Quando desembarcou lá, aí o Marinho chamou o Zagallo e ele arrogantemente disse que aquilo não era assunto para ser resolvido ali ... Não tinha resolvido no lugar que devia ser, que era o hotel, ou era a posição dele que não tinha que dar satisfação ao jogador. Também existe muito isso. A posição do treinador ... o comando ... isso é uma coisa que existe no relacionamento (entre o técnico e o jogador). Mas eu fui procurar o meu interesse ... Quer dizer, (o Zagallo) foi arrastando ... pra levar pra dentro do vestiário, quando chegou lá na descida do ônibus, na porta do vestiário: 'Não, aquilo não era coisa pra ser resolvida ali, que era pra ser resolvido mais tarde, ou no dia seguinte'. Aí eu, então, disse que não ia ficar, que ia embora. Saí do estádio, peguei um táxi e vim pró hotel.

O relato do jogador traz à tona, explicitando-as, as relações de poder entre o jogador e o técnico no futebol. No que concerne ao conflito entre Afonsinho e Zagallo, o ponto em questão, assim nos parece, residia na conduta obediente à qual se recusava o jogador. Nesse sentido, como assinala Foucault a respeito das instituições disciplinares:

... a ordem não tem que ser explicada, nem mesmo formulada; é necessário e suficiente que provoque o comportamento desejado. Do mestre de disciplina àquele que lhe é sujeito, a relação é de sinalização: o que importa não é compreender a injunção, mas perceber o sinal, reagir logo a ele, previamente (Foucault, 1987, p. 149).

Ora, desde as categorias de base ministrava-se ao jogador a lição da obediência, envolvendo-o em práticas de poder destinadas a extrair-lhe a docilidade face às instruções e às ordens disciplinares. Quando Afonsinho, ao entrar no quarto do roupeiro, deparara-se com a camisa número 14, tratava-se de um sinal por demais evidente expressando

Parte I _____ Afonsinho

uma ordem que não comportava nenhum questionamento. O esquema militar começava a mover a máquina na qual se transformava o futebol, cabendo ao jogador acatar com docilidade automática as ordens do mestre de disciplina. O sonho militar no futebol, com efeito, solicitava a figura do jogador-soldado.

Além disso, o sonho militar deslanchava o processo a partir do qual a equipe passava a ser concebida como uma máquina e os jogadores como peças de sua engrenagem. Com efeito, o técnico e preparador físico A. P. Beltrão, empregando uma metáfora destinada a se tornar um lugar-comum nos anos 90, já concebia o grupo como sendo "... a aglutinação em um só bloco, indivisível, soldado, da soma das parcelas psicológicas de cada peça que o compõe" (in: Pedrosa, 1968, p. 43/44). Anunciava-se o advento do jogador-peça, cuja aparição a imprensa esportiva começava a noticiar no próprio Botafogo de Afonsinho:

> *Rogério, depois de ficar de fora da equipe do Botafogo em três rodadas, voltou novamente à ponta-direita do bicampeão carioca , jogando seu primoroso futebol, marcando gols e se constituindo em* peça valiosa no sistema *que Zagallo emprega com tanto sucesso* (RE, 13/7/68/ n. 488, p. 4 – grifo nosso).

Em 70, quando o imaginário da máquina começava a fascinar o futebol, Afonsinho reagia a ser tratado como mera peça de reposição na equipe do Botafogo, docilmente à disposição do funcionamento da máquina alvinegra. Depois de dois anos lutando pela condição de titular, tolhido em seu desejo de transferir-se para outra equipe, agora ele recusava ser mera peça de reposição do jogo mecânico cuja concepção a comissão técnica do clube professava. No hotel da cidade do México, onde estava hospedado o Botafogo, Afonsinho procurava resolver a sua situação com o treinador:

> *Veio o Zagallo conversar na mesa do restaurante. O pessoal ia chegando pra almoçar, fomos conversando. Aí eu coloquei pra ele: 'Olha, num determinado momento houve isso, houve um encontro meu com você, ficou definido uma série de coisas, depois houve tal episódio, mudou a diretoria houve tal episódio. E agora esse episódio. Pra mim é definitivo (...) Coloquei tudo assim muito definido, muito claramente, e houve alguns jogadores, até dos mais experientes, que se espantaram: 'Como é que você fala uma coisa dessa pró homem'. Assim, teve um tempo no futebol também que o treinador era o 'Homem', o 'Homão'. Iustrich era o 'homão'e tal. Mas eu ...*

não levantei a voz, não dirige um palavrão, não faltei ao respeito em nenhum momento. Apenas coloquei as coisas ...'

O modelo militar de disciplina, porém, não contemplava a possibilidade de qualquer tipo de questionamento à ordem hierárquica, conforme demonstra o desenlace do episódio relatado por Afonsinho:

... nunca mais ele me pôs pra jogar. Aliás, me pôs no final, na última partida da Colômbia, o que também é um negócio ridículo ... uma coisa semelhante com que depois ele fez com o Ademir da Guia na Copa, esse tipo de coisa, entendeu. Aí pronto, foi a ruptura .

No retorno ao Brasil, Zagallo e Afonsinho seguiriam caminhos diametralmente opostos, pois enquanto o jogador teria o Passe cedido por empréstimo ao Olaria, pequeno clube do subúrbio carioca; Zagallo ascenderia à condição de técnico da seleção brasileira, substituindo João Saldanha. Ainda nesse ano de 70, ambos voltariam a reencontrar-se no Botafogo para o último confronto. Porém, antes disso, devemos nos deter na análise da figura de Iustrich, que Afonsinho em sua fala designa como o "Homão", pois ela nos permitirá aprofundar a discussão acerca das relações de poder no futebol brasileiro.

O domesticador de cães

As relações de poder envolvendo o técnico e o jogador possuíam como modelo, entre o final dos anos 60 e início dos 70, a figura de Dorival Knipell, o técnico Iustrich do Flamengo, o "homão" por excelência, personagem-chave para o desenvolvimento do nosso tema e que, por isso mesmo, exige que façamos uma pequena digressão. Em sua obra clássica sobre o negro no futebol brasileiro, o jornalista Mário Filho assinala que até o início da década de 1950 vivia-se a era dos técnicos "... Flávio Costa e Ondino Vieira , verdadeiros ditadores" (Filho, 1964, p. 283). Com efeito, uma matéria publicada na revista *O Globo Sportivo* traçava um significativo paralelo entre a atividade esportiva e a militar: "A vida de um técnico de futebol dos grandes clubes bem pode ser comparada à de um general em manobras (...) O futebol é uma eterna guerra ..." (GS, n. 672/51, p. 14). A matéria ilustrava o argumento

Parte I _____ Afonsinho

descrevendo as vicissitudes enfrentadas pelo ex-técnico da seleção brasileira na Copa de 50, concluindo: "Esse é o perfil do exemplo Flávio Costa, e certamente o leitor concordará em que a luta do futebol se assemelha bastante a uma grande e contínua batalha, com um personagem importante, que é o seu general"(Idem, p. 15). O futebol concebido como guerra implicava logicamente na figura do jogador como soldado (Filho, 1964, p. 285/286). Todavia, para o jornalista Mário Filho, tal concepção e, sobretudo, a imagem do técnico-general declinara após a Copa do Mundo realizada no Brasil: "Flávio Costa fizera escola. Quem era técnico queria ser como ele, mandando e desmandando. Era um tempo que estava acabando, embora os técnicos fossem os últimos a saber" (Filho, 1964, p. 360).

O sonho militar do futebol antecede de muito a década de 1970, fato este que não deveria causar surpresa, pois o autoritarismo, ao contrário do que faz supor a conclusão de Mário Filho, jamais esteve ausente na sociedade brasileira, tampouco do futebol. Além disso, como vimos, os militares estiverem sempre envolvidos, de um modo ou de outro, nessa atividade esportiva, seja participando dela diretamente, seja fornecendo-lhe o modelo de preparação física e disciplina. Feitas estas considerações, entendemos constituir-se num equívoco depreender daí que a militarização do futebol, a partir do final da década de 60, consista tão-somente no retorno da concepção existente no passado. Nesse sentido, a figura do técnico Iustrich parece-nos a que melhor permite assinalar o corte havido entre as duas épocas. Se ele inegavelmente revive a escola de Flávio Costa, como este, misto de ditador e pai, a reação da imprensa esportiva ao seu comportamento autoritário e, às vezes, violento, desvela que em plena radicalização do regime militar, quando a repressão disseminava-se pela sociedade invadindo todas as esferas de atividade, as práticas de poder exercidas por Iustrich mostravam-se deslocadas nesse cenário. De que forma explicar tal paradoxo ? Para tentar respondê-lo, vejamos mais de perto no que consistiam estas práticas e o técnico que as exercia.

Antes de mais nada, uma constatação: Iustrich compartilha com os demais treinadores a necessidade de mudar o futebol brasileiro de sorte a modernizá-lo, isto é, torná-lo competitivo novamente. Porém, não nos deixemos enganar pelo anacronismo com o qual o técnico abre o

55

A Rebeldia no Futebol Brasileiro _____ J.P. Florenzano

seu discurso: "No futebol não há nada de moderno. Há vinte anos as equipes que eu dirigia já jogavam atacando com todos e defendendo com todos (...) O que se tem de conseguir (...) é fazer o time ocupar o máximo de espaço e, em conseqüência, dar o mínimo ao adversário. Perseguir a bola onde ela estiver (...) Na verdade, é preciso pulmão para fazer isso durante 90 minutos" (*Placar*, 1/5/70, n. 7, p. 15). Deixando-se de lado o anacronismo de imputar ao passado o que passara a ser uma exigência do futebol moderno inaugurado pela Copa do Mundo de 66, a ênfase de Iustrich no combate por todo o campo, e no transcorrer de toda a partida, coaduna-se plenamente com o discurso que começava a se tornar hegemônico, refletindo-se tal convergência inclusive na exigência do pulmão necessário para o atleta atender as novas determinações, exigência que de resto levara Zagallo a eleger, no Botafogo, o jogador Carlos Roberto como modelo em razão precisamente do "pulmão excelente" demonstrado nos treinos e jogos. O pensamento de Iustrich fazia-se atual, também, nas críticas que então endereçavam-se ao jogador brasileiro. Depois de assinalar a importância de combater por todo o campo, e de correr durante toda a partida, o então técnico do Flamengo observava: "Mas a seleção não faz isso. Ela é a imagem do futebol brasileiro, e sobretudo do futebol carioca. Joga em câmera lenta, à base do toque de bola. Qualquer adversário que pega a bola pode dar quatro, seis ou dez toques, sem ninguém incomodá-lo. Isso é que não é possível: quando o adversário está com a bola, deve ser combatido por pelo menos dois jogadores nossos" (Idem, p. 15).

Com efeito, o que outrora designava-se por estilo clássico, a saber, o futebol cadenciado, transmutara-se em defeito a ser corrigido no discurso da modernidade. Nesse sentido, Iustrich envidava todos os esforços para mudar a mentalidade do jogador brasileiro, consoante a palavra de ordem dos novos tempos. E no início de 1970, ele demonstrava estar sendo bem-sucedido nesse propósito: "O Flamengo nunca correu tanto, ganhou tanto, lutou tanto como nos últimos meses. O Flamengo ganhou a fama de time invencível. A glória de time quase perfeito (...) E seu futuro será o retrato do Flamengo de hoje, pelo menos enquanto o Homão estiver lá, berrando vitória" (*Placar*, 20/3/70, n. 1, p. 30). Conquanto fosse exaltado em virtude dos resultados obtidos no clube carioca, que até aquele momento ostentava uma invencibilidade de treze jogos, e embora sempre muito bem acolhido

Parte I _____ Afonsinho

pelos grandes clubes brasileiros, os métodos de trabalho empregados por Iustrich suscitavam questionamentos, senão na imprensa esportiva com certeza entre os jogadores, levando-o, desse modo, a justificá-los tanto quanto a justificar-se a si próprio: "Tenho duas faces. Por favor, não confundam duas faces com duas caras. Uma é a face que alguns, inadvertidamente, chamam de ditador; a outra face é a do homem que exige tudo para os jogadores – esta menos conhecida do que aquela"(Idem, p. 30). Auto-retrato irretocável, no qual pode-se reconhecer o fiel seguidor da escola de Flávio Costa, simultaneamente o técnico ditador e o pai, atributos que Iustrich reunia no exercício de uma autoridade que, todavia, objetivava o bem do próprio jogador: "Sei que às vezes sou um mal necessário, porque restrinjo as liberdades. Mas sempre viso à vitória e à melhoria de todos"(Idem, p. 31). O advento das disciplinas no universo do futebol brasileiro, porém, logo fariam dele um mal desnecessário, um fardo excessivo na nova economia do poder inaugurado pelas disciplinas.

Discorrendo acerca das técnicas que o poder disciplinar emprega para ordenar uma multiplicidade de homens, qualquer que esta seja, Foucault enumera três critérios que lhes são característicos:

... tornar o exercício do poder o menos custoso possível (economicamente, pela parca despesa que acarreta; politicamente, por sua discrição, sua fraca exteriorização, sua relativa invisibilidade, o pouco de resistência que suscita); fazer com que os efeitos desse poder social sejam levados a seu máximo de intensidade e estendidos tão longe quanto possível, sem fracasso, nem lacuna; ligar enfim esse crescimento 'econômico' do poder e o rendimento dos aparelhos no interior dos quais se exerce (sejam os aparelhos pedagógicos, militares, industriais, médicos), em suma, fazer crescer ao mesmo tempo a docilidade e a utilidade de todos os elementos do sistema (Foucault, 1987, p. 191).

Ora, no momento que estava em curso a estruturação do futebol brasileiro como aparelho de produção militarizado, no qual reorganizavam-se as escolas de base e as categorias juvenis; modernizavam-se os departamentos médicos e os especialistas eram convocados para participar da produção do jogador moderno, as práticas de poder do técnico Iustrich chocavam-se com a nova economia do poder, à medida que revelavam-se espalhafatosas no exercício desse poder, sob todos os aspectos repressor e, com freqüência, manifestando-se sob a forma da coação física, gerando, em decorrência disso, a revolta dos jogadores e a indignação crescente de boa parte da imprensa esportiva. Assim, avançando apenas um ano no tempo, reencontramos a revista *Placar* em plena campanha contra os métodos de trabalho de Iustrich, ainda como técnico do Flamengo:

Os cabelos longos de Doval, na onda – uma cafajestada. A calça rosa e o blusão amarelo de Arílson, uma cafajestada. As roupas baiano-psicodélicas de Onça – uma cafajestada. O título de tricampeão de Brito – uma cafajestada. Ubirajara num concurso de televisão – uma cafajestada. Um abraço entre Onça e Doval – uma cafajestada. Aos poucos se descobre que todos os jogadores do Flamengo fazem força para serem cafajestes – o que só não conseguem porque Iustrich vela vigilante sobre a virtude do grupo que dirige (...) Impondo sua vontade, não admitindo as discussões de suas teorias sobre comportamento humano, Iustrich cria casos a cada semana. Exige educação e é um destemperado, capaz até de discutir com um jogador-modelo como Paulo Henrique, um dos melhores gênios do Flamengo, o capitão do time (*Placar*, 19/2/71, n. 49, p. 26).

Ao invés de favorecer os efeitos de um poder que busca a docilidade automática sobre aqueles aos quais se exerce, Iustrich colocava toda uma equipe em estado latente de revolta, disposta a resistir à imposição de uma disciplina percebida como intolerável, à medida que incidia sobre os costumes, como dissera Afonsinho em sua fala. Costumes ditados, diga-se de passagem, pela contracultura transformada em moda. Impressionante reviravolta no lapso de tempo de um ano: em 1970 Afonsinho seria afastado do Botafogo sob o pretexto do cabelo e da barba compridos; em 1971, a revista *Placar* se voltaria contra o técnico do Flamengo que implicava com os cabelos longos e as roupas psicodélicas dos jogadores. Derrota da disciplina? Ouçamos Foucault:

Na realidade, a impressão de que o poder vacila é falsa, porque ele pode recuar, se deslocar, investir em outros lugares ... e a batalha continua (Foucault, 1979, p. 146).

A concepção do poder inspirada pelo modelo da guerra permite-nos compreender as estratégias das disciplinas. Confrontar o espírito do tempo marcado pelo modismo da contracultura, que nesse momento disseminava-se por toda a sociedade, atingindo, decerto, os grupos de jovens, afigurava-se numa luta de antemão perdida. Esta batalha os

Parte I _____ Afonsinho

jogadores haviam ganho, devendo-a em grande parte a resistência de Afonsinho. Mas nem por isso as disciplinas deixariam de perseguir o objetivo de restringir a liberdade dos jogadores, de gerir-lhes a vida. Porém, os procedimentos seriam outros, as táticas empregadas bem diversas.

Nesse sentido, privilegiar a repressão e recorrer à violência como estratégias para a produção do jogador dócil e útil constituía-se num ônus desnecessário para a economia do poder. Porque, como sugere a reportagem da revista *Placar*, em lugar de diminuir as resistências, as práticas autoritárias não apenas as suscitavam, como principalmente conduziam à revolta atletas tidos como exemplo de disciplina. E o episódio envolvendo o jogador Paulo Henrique do Flamengo demonstrava o quanto Iustrich tornava-se um estorvo no funcionamento da engrenagem montada pelos mecanismos disciplinares, pois ao invés de assegurar que os efeitos do poder alcançassem os indivíduos mais recalcitrantes, o técnico do rubro-negro conduzia à revolta os jogadores que aparentemente menos resistência opunham ao funcionamento do poder: "Paulo Henrique toda a vida conservou-se o menino que chegou de Quissamã: simples, de roupas comuns, cabelo aparado"(*Placar*, 19/2/71, n. 49, p. 26). Eis o fracasso das práticas de poder de Iustrich, a saber, conduzir à revolta o lateral-esquerdo do Flamengo tido pela revista *Placar* como modelo de disciplina, entre outros motivos, por ter-se mantido fiel a verdadeira identidade do atleta profissional, qual seja, a da eterna criança. Em sua coluna no Jornal do Brasil, Armando Nogueira retratava de forma lapidar o declínio, no auge da repressão da ditadura militar, do técnico-ditador:

Engraçado é que, volta e meia, ouço ou leio palavras de admiração pelo corte disciplinador do técnico Yustrich. Disciplina à base do terror físico: ele é grande, se der um bofete põe qualquer um a nocaute? Eu considero esse método simplesmente repugnante. Não há glória esportiva que valha o preço das humilhações impostas aos jogadores do Flamengo pelo treinador Yustrich (in *Placar*, 19/2/71, n. 49, p. 27).

De fato, Iustrich era acusado abertamente de empregar a violência física como método de trabalho nas equipes que dirigia. Assim, a certa altura da reportagem da revista *Placar*, afirma-se que ele: "Vive falando em autoridade, mas não esconde ser capaz de usar a força física para impor suas opiniões" (Idem, p. 27). Todavia, como dissemos acima,

Iustrich era solicitado para trabalhar nos principais clubes do país, não a despeito disso, mas precisamente por ser ele o "Homão" que colocava os jogadores nos eixos. E aliás, a violência como método de trabalho constituía-se, às vezes, na filosofia dos próprios dirigentes, como, por exemplo, a do presidente do Corinthians, Wadih Helu, contra o qual a revista *Placar* também encontrava-se em guerra aberta e declarada. Em 71, o semanário denunciava o então presidente de calar pela coerção física os jornalistas que criticavam a sua gestão à frente do time do povo, fornecendo uma relação de vinte jornalistas agredidos ou ameaçados de agressão, seja pelo próprio presidente, seja por grupos incitados por ele. Citemos, dentre os exemplos contidos na reportagem, o do técnico da Rádio Tupi, Cândido Piedade da Silveira, "... espancado por Wadih Helu, no Parque, em 64, depois de uma derrota do Corinthians para o Santos, por 2 a 0"(*Placar,* 19/2/71, n. 49, p. 23). De acordo com a revista: "Uma das manias do presidente (...), sempre que encontra um repórter que não está disposto a escrever o que ele manda, é chamá-lo de 'subversivo' ou 'comunista'"(Idem, p. 22). Procedimento empregado, como se sabe, pelos órgãos de repressão do regime militar, ao qual, por sinal, Wadih Helu dispunha-se a servir, tanto quanto servir-se dele, pois acabara de se eleger deputado estadual pela ARENA.

Há mais de dez anos presidindo o Corinthians, cuja estiagem de títulos estava prestes a completar vinte anos, Helu seria destituído do cargo, assumindo em seu lugar Vicente Matheus que, em 1973, convidaria Iustrich para dirigir a equipe. *Placar*, sempre de prontidão contra o referido técnico, acusava-o desta vez de jogar a torcida contra a imprensa esportiva: "O golpe é velho e só Iustrich não sabe ou se esquece que ele já foi usado, sem sucesso, no tempo de Wadih Helu presidente" (*Placar*, 12/10/73, n. 187, p. 14). O Corinthians, ao contrário do que imaginava o jornalista Armando Nogueira, estava disposto a pagar o preço dos métodos violentos e humilhantes de Iustrich para conquistar a glória do título que os torcedores, exasperados pela longa fila, exigiam com sofreguidão. Em 73 o título não viria, mas em compensação viriam à tona todos os problemas de relacionamento entre o técnico e os jogadores. Em especial, o conflito envolvendo o atacante Roberto, que ao ser substituído no transcorrer de uma partida contra o Bahia, em Salvador, pelo Campeonato Brasileiro, manifestaria o seu descontentamento, deflagrando a crise no clube. Detenhamo-nos neste

Parte I _____ Afonsinho

conflito, pois ele expressa todas as contradições que cercavam as práticas de poder do técnico Iustrich.

Com efeito, Iustrich alegava dois motivos para sacar o ex-artilheiro do Botafogo carioca da equipe: "Se ele agüenta ou não jogar noventa minutos, o problema é todo dele. Se agüentar, joga. Se não agüentar, não joga"(Idem, p. 15). Esta exigência, como vimos, estava longe de ser um mero capricho de um treinador despótico. Ao contrário, ela havia se tornado num dos atributos essenciais do futebol moderno. Contudo, o atacante do Corinthians caira no conceito de Iustrich ainda por um segundo motivo: "Eu não queria dizer uma coisa porque acho prejudicial ao jogador, mas já que ele insiste: o Roberto saiu do time porque está com medo. Uma das suas grandes qualidades, que fizeram dele um grande jogador no Botafogo e me levaram a concordar com sua contratação pelo Corinthians, é a raça, a fibra, é ele brigar pela bola. Mas depois da última operação no tornozelo ele anda medroso, não mantém o equilíbrio, está sempre caindo e fugindo do pau. Um jogador nessas condições prejudica o time" (Idem, p. 15). Mais uma vez, devemos notar que também neste ponto Iustrich mostrava-se perfeitamente sintonizado com o discurso que, desde a Copa de 66 na Inglaterra, tornara-se hegemônico. E para o próprio Roberto ele não constituía nenhuma novidade, posto que no clube do qual viera, o Botafogo RJ, o técnico Zagallo exprimia-se em termos muito parecidos. Em seu depoimento de 68, o futuro técnico da seleção brasileira traçava o perfil ideal do jogador para defender as cores nacionais: "Se não tiver espírito de luta, de sacrifício, pode ser até um 'cobrão', mas não pode aspirar a defender a camisa verde e amarela. Este tempo já acabou. Hoje em dia contam a condição física, a vitalidade, o pulmão e o coração. O jogador tem de ter raça e ser 'vibrador'" (in: Pedrosa, 1968, p. 130). Aplicando tais critérios nos clubes que dirigia, Iustrich destituíra o "cobrão" Roberto da condição de titular, uma vez que o jogador demonstrara deficiência física, refletida na incapacidade de executar a função que lhe havia sido determinada ao longo de toda a partida, além de ter demonstrado "covardia", ou na linguagem de Zagallo, falta de "raça".

Sendo assim, impõe-se a indagação: o que havia de errado com Iustrich? Decerto, um técnico que recorria à violência como procedimento quase corriqueiro de trabalho suscitava a justa indignação de boa parte da imprensa esportiva. Isto, no entanto, não o impedia de encontrar abrigo para exercer a sua atividade nos clubes brasileiros, e notemos de passagem que Flamengo e Corinthians figuram na primeira linha das equipes nacionais. Estas corretamente reconheciam no discurso de Iustrich a concepção do futebol moderno, bem como a figura do técnico disciplinador que os novos tempos exigiam. E, no entanto, algo nele revelava-se em profundo desacordo com a modernidade em curso no futebol brasileiro. Talvez o posicionamento da direção do Corinthians, face ao episódio envolvendo o jogador Roberto, ajude-nos a esclarecer a questão. O então presidente Vicente Matheus, respondendo à pergunta do jornalista da *Placar*, assim justificava o apoio ao técnico: "Meu filho, a disciplina tem de ser mantida a qualquer custo (E mais adiante:) Soube que o Roberto chamou o Iustrich de burrão. Ora, vocês sabem como são as coisas, talvez o Roberto não tivesse a intenção de dizer isso. Ele talvez quisesse dizer como a gente faz, às vezes: fulano de tal é um burrinho. Sem maldade, sabe como é, não? De qualquer forma ele terá de se retratar e se reconciliar com o treinador. O Roberto errou. Ele é um profissional que custou caro ao clube e tem de cumprir as ordens. A autoridade tem de ser mantida."(*Placar*, 12/10/73, n. 187, p. 14/15). Sem dúvida, podemos reconhecer o tom paternalista e o inconfundível folclore que cercariam a figura do presidente alvinegro. Não obstante, em sua fala podemos também constatar toda a contabilidade da nova economia do poder à qual os dirigentes esportivos entregavam-se.

A premente necessidade de salvaguardar a autoridade, preservar a hierarquia, manter a ordem e a disciplina, chocavam-se frontalmente com as práticas de trabalho de Iustrich, ao qual os clubes brasileiros recorriam precisamente por essas razões. De fato, na fama de técnico disciplinador residia o fascínio que o "Homão" parecia exercer sobre os clubes. Mas invariavelmente, ao invés de impor a disciplina, ele despertava a revolta. Pior ainda. O custo pago pelos clubes afigurava-se excessivo, posto que não lhes convinha obter a disciplina ao preço de perder o jogador que deveria ser disciplinado. A reação do jogador Roberto é ilustrativa a respeito:

Não quero papo com ele (Iustrich) Não tenho pulmão de ferro para pegar a bola no meio do campo, correr para a área, chutar, voltar e ficar fazendo isso os noventa minutos. Ninguém tem fôlego para isso. Sou profissional, mas não posso fazer o

Parte I _____ Afonsinho

que não dá. Aceito a idéia de mudar de time, de ser vendido ou emprestado para um outro grande time. Com ele não tem mais papo (Idem, p. 15).

Enquanto Vicente Matheus mostrava apreensão pelo rompimento das relações entre o jogador e o técnico, falando em retratação e reconciliação; Iustrich desdenhava da eventualidade de perder o futebol do atacante com o qual, entretanto, o clube contava para conquistar o título, e cuja aquisição tanto custara aos cofres do Corinthians. A onipotência do técnico-ditador, no limite, chocava-se contra os interesses do próprio clube. "De um modo geral – afirma Foucault –, eu diria que o interdito, a recusa, a proibição, longe de serem as formas essenciais do poder, são apenas seus limites, as formas frustradas ou extremas. As relações de poder são, antes de tudo, produtivas" (Foucault, 1979, p. 236). Ora, proibindo os jogadores de exibirem os cabelos longos, as roupas coloridas, interditando-lhes à participação em concursos da televisão, criando atritos com os jogadores sob qualquer pretexto, Iustrich onerava a nova economia do poder disciplinar pois, ao invés de obter a docilidade automática dos jogadores em razão do exercício discreto do poder, suscitava a revolta destes ao exercício de um poder que se exteriorizava em toda a sua extensão sob a forma autoritária. A disciplina, porém, vinha "... substituir um poder que se manifesta pelo brilho dos que o exercem, por um poder que objetiva insidiosamente aqueles aos quais é aplicado ..." (Foucault, 1987, p. 193) conforme assinala Foucault. Berrando as ordens, xingando os jogadores, coagindo-os fisicamente, Iustrich desnudava as relações de poder, por isso mesmo tornando-as improdutivas. "As relações de poder estão talvez entre as coisas mais escondidas no corpo social" (Foucault, 1979, p. 237), acrescenta Foucault. Os métodos de trabalho de Iustrich, é quase desnecessário dizê-lo, propiciava-lhes toda a visibilidade possível, quando deveria assegurar-lhes o máximo de ocultamento.

Em meados da década de 70, o prestígio do "Homão" declinava, agora também entre as principais equipes do futebol brasileiro. A sucessão de fracassos, a cada equipe que dirigia, obedecia à mesma lógica. A necessidade de disciplinarizar os jogadores abriam-lhe as portas do clube, mas, transcorrido um breve período, o elenco amotinava-se contra o técnico. A experiência no Coritiba, em 74, o demonstra. "Até há dois meses não se falava em outra coisa no Coritba que não fosse disciplina" (*Placar*, 10/5/74, n. 216, p. 14). Prossegue a reportagem da revista: "Foi então que se teve a brilhante idéia de trazer um homem que pudesse colocar as coisas em seus supostos lugares e veio a contratação de Iustrich. Com seus métodos medievais ele trazia a pseudo-fama de disciplinador ..." (Idem, p. 14). Vimos no que consistiam tais métodos e os resultados aos quais eles conduziam: "A catástrofe era apenas uma questão de tempo e (...), depois de muitas brigas e de criar diversos casos dentro do clube, o irritadiço técnico (sairia do Coritiba após uma) meteórica passagem"(Idem, p. 14). Uma vez escolhido o substituto, o ex-jogador do clube Hidalgo: "O ambiente, o comportamento dos jogadores, tudo era diferente. Havia alegria no ar, que 'está mais respirável', como disse um radialista. Atrás do gol dos fundos do estádio, parte da diretoria do Coritiba sorria, talvez intimamente se rejubilasse pelo fim do grande equívoco" (Idem, p. 14).

No período áureo da repressão do regime militar, o disciplinador Iustrich via-se denunciado como um embuste, um grande equívoco, um mal desnecessário do qual os grandes clubes poderiam, enfim, prescindir. A verdadeira disciplina, os métodos modernos para obtê-la, estavam sendo desenvolvidos pelos mecanismos de poder que investiam o universo do futebol, pelo menos desde meados da década de 60. Com efeito, segundo Foucault, "... as disciplinas são o conjunto das minúsculas invenções técnicas que permitiram fazer crescer a extensão útil das multiplicidades fazendo diminuir os inconvenientes do poder que, justamente para torná-las úteis, deve regê-las. Uma multiplicidade, seja uma oficina ou uma nação, um exército ou uma escola, atinge o limiar da disciplina quando a relação de uma para a outra torna-se favorável" (Foucault, 1987, p. 193). O advento do futebol moderno, no Brasil, assinala o momento a partir do qual as disciplinas, investindo sobre este campo de atividade, passam a reger a multiplicidade constituída por uma equipe de futebol, ou, de maneira mais abrangente, os clubes enquanto aparelhos de produção com suas categorias de base, juvenis e profissional. As disciplinas inauguravam os procedimentos, técnicas e táticas que condenavam como obsoleto o método de trabalho do técnico Iustrich, baseado sobretudo nos efeitos negativos do poder, quais sejam, a censura, a repressão, o interdito, a exclusão. Conforme aponta Foucault, e a análise que vimos empreendendo procura mostrar, fazia-se necessário eliminar os inconvenientes desse poder assim

Parte I _____ Afonsinho

exercido, pois invariavelmente suscitava a resistência, quando não a revolta aberta e declarada, em vez de promover a docilidade automática dos jogadores.

O outono do técnico-ditador se aproximava, apagando-lhe o brilho através do qual exercia o poder. Em meados da década de 70 Iustrich já encontrava-se acuado pela crítica dos jornalistas esportivos. Quando ainda trabalhava no Corinthians, ele denunciava a "perseguição que (vinha) sofrendo por parte da imprensa" (*Placar*, 12/10/73, n. 187, p. 14). Logo, as portas dos grandes clubes lhe estariam fechadas também. Mas a queda do "Homão" não significava o ocaso da figura do técnico-disciplinador. Muito pelo contrário, no bojo do processo de militarização, esta personagem achava-se em plena ascensão no futebol brasileiro, cabendo-lhe uma função-chave na produção do jogador moderno exigido pelos novos tempos. Pois o que a imprensa esportiva questionava não era o técnico-disciplinador, mas sim o fracasso das práticas de poder adotadas por Iustrich. A ordem deveria ser cumprida, o dissera de modo enfático o presidente Vicente Matheus; mas deveria sê-lo empregando-se outros procedimentos, melhor ajustados ao quadro das relações de poder criado pelas disciplinas, do qual se inegavelmente a repressão e o autoritarismo não se fariam ausentes, não desempenhariam mais a função precípua que lhes conferia Iustrich. Assim sendo, no momento em que os mecanismos disciplinares penetravam o universo do futebol, a queda do técnico-ditador tinha como contrapartida a ascensão do técnico-disciplinador, contraste que a revista *Placar* aponta de forma esclarecedora já em 70, quando Telê Santana substituía Iustrich no Atlético MG:

Depois da disciplina rígida de Iustrich, condenada por 90% dos jogadores, os métodos de Telê acabaram entusiasmando o time do Atlético (...) A grande preocupação de Têle, ao entrar, foi conseguir a amizade dos jogadores por métodos inteiramente diferentes dos de Iustrich (Placar, 8/5/70, n. 8/ p. 19).

Telê Santana, ponta-esquerda do Fluminense RJ ao longo de toda a década de 50, iniciara a carreira de treinador no próprio clube carioca, em 67. Um ano depois, no livro de depoimentos reunindo os principais técnicos e preparadores físicos do país, Telê expunha os princípios que norteavam a sua filosofia de trabalho: "Acredito que a questão da disciplina e, especialmente a da camaradagem, constituem ponto básico na formação de uma equipe de futebol" (in: Pedrosa, 1968, p. 154). Postas nestes termos, a concepção de Têle aproximava-se daquela de Iustrich, pois ambos destacavam a importância da disciplina, mas por outro lado distanciava-se deste último, à medida que sugeria uma relação mais igualitária entre o técnico e os jogadores. Nesse sentido, como atesta uma matéria da revista *Placar*: "No Atlético de Iustrich, a disciplina era rígida, ele falava e os jogadores cumpriam suas ordens. Qualquer falta significava suspensão ou multa (Em contraste, declara Telê à reportagem:) 'Minha disciplina se baseia na amizade. Todos falam e, apesar disso, sou respeitado'" (*Placar*, 7/8/70, n. 21, p. 30). Com efeito, se nos clubes dirigidos por Iustrich o ambiente assumia as feições de um quartel militar, com a distância hierárquica bem determinada entre o comandante e os subordinados; com Telê Santana a equipe poderia respirar aliviada com o fim do regime de caserna. "É importante saber que os jogadores acolhem esse sistema de trabalho em que entram o diálogo, a amizade, a liberdade, a confiança e disciplina com maior compreensão" (in: Pedrosa, 1968, p. 156).

Com efeito, no Atlético MG, as multas e suspensões seriam postas de lado, bem como as concentrações após as partidas, como ocorria sob o comando de Iustrich. "Nunca multei jogador – afirma Telê -. A única multa que vigora é em virtude do atraso do jogador, mas o dinheiro reverte aos próprios jogadores, no fim do ano (isso ocorre em todos os clubes)" (Idem, p. 156). A "caixinha" dos jogadores, procedimento corriqueiro nos anos 90, mas já disseminada na década de 60, constitui-se no prenúncio de uma nova arte de punir, na qual o jogador que é objeto da punição a exerce também em relação ao companheiro, mas de modo suave, pois, ao final das contas, o dinheiro da multa reverte "em benefício" dos próprios atletas. A maior participação concedida por Telê aos jogadores, revela-se, assim, como a oportunidade de participar na manutenção da disciplina do grupo. "Tudo deve ser claro entre o técnico e os jogadores. Durante as excursões, marco o horário e todos o tem cumprido sem me criar qualquer problema. Assim, eles agem direito. Sei de casos de jogadores que intentam agir de maneira errada e então vem um companheiro e lhe diz: 'tira isso da idéia, rapaz, o 'homem' é camarada e dá liberdade a gente – pra que abusar?' – e a desistência é certa" (Idem, p. 158). Se as relações de poder, com Iustrich, opunham claramente o técnico aos jogadores, distanciando-os; com

Parte I _____ Afonsinho

Telê, a distância hierárquica, embora não fosse suprimida, tornava-se matizada de sorte a envolver os próprios atletas no exercício do poder, fazendo de cada um simultaneamente objeto e instrumento do poder. Ora, de acordo com a concepção de Foucault:

O poder funciona e se exerce em rede. Nas suas malhas os indivíduos não só circulam mas estão sempre em posição de exercer este poder e de sofrer a sua ação; nunca são o alvo inerte ou consentido do poder, são sempre centros de transmissão (Foucault, 1979, p. 183).

Na disciplina baseada na amizade, formulada por Telê, os próprios jogadores incumbiam-se de determinar o certo e o errado ao companheiro que não soubesse discernir um do outro. O funcionamento do poder, desse modo, mostrava-se mais eficaz , ao contrário do que ocorria com as práticas utilizadas por Iustrich, o qual, ao monopolizar esta função, entravava o funcionamento em rede do poder. A eficácia da nova filosofia de trabalho introduzida por Telê mostrava-se numa pequena história, narrada pelo próprio técnico quando dirigia o Fluminense:

Posso citar um jogador que pretendeu discutir comigo – Jorge Vitório (...) Eu era seu superior hierárquico, mas não demonstrara minha superioridade, não quisera discutir. Deixei passar um dia e, quando o vi mais calmo, convidei-o para uma conversa. Então Jorge Vitório explicou-me que, depois do ocorrido, tendo raciocinado, vira que estivera errado e estivera para me pedir desculpas. Retruquei-lhe então que não estava ali conversando com o intuito de o rebaixar ou para que ele se humilhasse (...) Depois dessa conversa o problema ficou completamente sanado. Hoje, Jorge Vitório é um jogador-modelo (in: Pedrosa, 1968, p. 156/157).

Pequena parábola encerrando todo o ensinamento requerido pelo mestre de disciplina. Ao invés de humilhar o atleta xingando-o aos berros, e na frente de todos, como procedia Iustrich; a conversa amigável cujo desfecho consistia no reconhecimento do próprio erro, seguido da conversão, daí em diante, em jogador-modelo; resultado completamente inverso daquele amiúde obtido por Iustrich, quase sempre o rompimento entre técnico e jogador, em detrimento do próprio clube. Como ensinava Telê:

A Rebeldia no Futebol Brasileiro _____ J.P. Florenzano

Não é preciso gritar para exigir disciplina dentro e fora do campo. Foi assim que conseguí muitos títulos no Fluminense e não vou mudar meus métodos de trabalho (*Placar*, 8/5/70, n. 8, p. 19).

De fato, um ano depois Telê viria a conquistar o título de campeão do primeiro Campeonato Brasileiro, dirigindo o Atlético MG, clube no qual começara a trabalhar substituindo Iustrich. Este, ao contrário, trilharia daí em diante uma linha descendente, até o momento em que a revista *Placar*, numa matéria, sugeria um tratamento psiquiátrico para o Homão. "O psiquiatra Nikoden Edller – um dos melhores do Brasil – não quis fazer uma análise psiquiátrica de Iustrich, apenas concordou em analisar o tipo de homem que lhe foi descrito por *Placar*" (19/2/71, n. 49, p. 27). Seja qual for o perfil de homem traçado pelo médico, o fato é que ele tornara-se disfuncional para os mecanismos disciplinares que colonizavam o futebol brasileiro. Pior ainda, ele explicitava as relações de poder entre o técnico e jogador, quando estas deveriam ocultar-se, aparecer como relações de amizade. "Já não se pode confiar em ninguém – diz Foucault – se o poder é organizado como uma máquina funcionando de acordo com engrenagens complexas, em que é o lugar de cada um que é determinante, não sua natureza. Se a máquina fosse de tal forma que alguém estivesse fora dela ou só tivesse a responsabilidade de sua gestão, o poder se identificaria a um homem e se voltaria a um poder de tipo monárquico" (Foucault, 1979, p. 220). Porque o técnico-ditador não encarnava o poder, via-se agora despojado do lugar-chave que ocupava na maquinaria de poder do futebol do qual, por sinal, a imprensa esportiva participava, contribuindo para movê-la. Tornando-se um empecilho ao seu funcionamento, e devido à importância crescente que o lugar de técnico adquiria na engrenagem do futebol, o discurso da imprensa esportiva voltava-se contra Iustrich, denunciando-o como pseudo-disciplinador, lançando-o o anátema do patológico. De forma inglória, o técnico-ditador começava a sair de cena, deixando o posto para o verdadeiro disciplinador, o técnico-cirurgião capaz de sanar os problemas disciplinares.

Entretanto, lancemos um último olhar sobre a figura de Iustrich. Como vimos, a crítica da imprensa esportiva incidia sobre os seus métodos de trabalho, mas o objetivo visado não se questionava. De fato, embora ditas de forma brutal, as exigências do Homão para que o

Parte I _____ Afonsinho

jogador corresse os noventa minutos, combatesse por todo campo o adversário, sem medo de enfrentar os choques corporais, tudo isso coadunava-se perfeitamente com o discurso da modernidade no futebol. Proferidas por Iustrich, porém, estas exigências criavam mal-estar e, com freqüência, ao invés de levar o jogador a cumpri-las, despertava nele a resistência, como demonstrava o exemplo do atacante Roberto, do Corinthians, acusado pelo técnico, sem eufemismo, de covarde e incapaz, isto é, de fugir das disputas de bola e de não suportar fisicamente o ritmo da partida ao longo dos noventa minutos, dois motivos suficientes para deixá-lo na reserva. Mas ao justificar para os jornalistas a escolha do jogador substituto, Iustrich revelava sintonia com o futebol moderno: "É forte, brigão, inteligente e obediente" (*Placar*, 10/10/73, n. 187, p. 15), afirmava o técnico a respeito de Lance, o reserva que substituiria Roberto na equipe. Nos traços do jogador descrito por Iustrich, reconhecemos as exigências que serão incansavelmente enfatizadas no futebol moderno assentado na força física. Futebol cuja concepção o Homão explicitava na linguagem brutal que o caracterizava:

Meu negócio é 'cachorrada' e 'arranca toco'. A bola é um pedaço de carne, meus jogadores estão onde ela estiver, defendendo cada centímetro de chão como quem defende a casa contra um invasor (*Placar*, 20/3/70, n. 1, p. 31).

O domesticador de cães, em pleno processo de militarização do futebol brasileiro, caía em desgraça sob a acusação de loucura, de exercer um poder tresloucado. É que na verdade não convinha a presença de um técnico-ditador que, ao invés de ocultá-las, desvelava as relações de poder no futebol. Eis no que consistia a loucura de Iustrich. Contudo, a concepção desse treinador possui o mérito de revelar-nos a contraface do jogador-soldado. Se, por um lado, os mecanismos disciplinares deveriam produzir o jogador dócil e útil, retratado na figura do soldado obediente; por outro lado, e como a sua contraface, tais mecanismos deveriam produzir igualmente o animal de combate necessário para a guerra do futebol. Na década de 90, porém, um dos animais fugiria ao controle. Não por acaso, imediatamente seria colocado sob a suspeita da loucura, da mesma forma como o fora outrora o domesticador de cães, embora pelo motivo inverso: num a loucura estava em revelar o poder ao exercê-lo; noutro, a loucura se manifestava em revelar o poder ao resistir-lhe. Na maquinaria do poder disciplinar, o Animal debatia-se em sua jaula. No entanto, nesse momento, em campo, não estaria mais em disputa a bola, mas a própria carne do homem. E nas arquibancadas, ao invés dos gritos de gol, gritos de horror e fascínio.

O longo verão quente: disciplina versus rebeldia

Em janeiro de 1970, o Botafogo regressava ao país após a excursão pelo continente americano. O conflito ocorrido no México, entre Zagallo e Afonsinho, seria a gota d'água tanto para o clube quanto para o jogador. Aquele não estava mais disposto a tolerar o que julgava como atos de indisciplina do jovem armador da equipe; e este, por sua vez, mostrava-se decidido a seguir o seu próprio rumo, nem que para isso tivesse que abandonar o futebol, conforme conta-nos o próprio jogador:

Voltei e me decidi a parar mesmo, era uma coisa definitiva, certa. Eu parei, parei de jogar porque aquilo tinha sido um desgaste muito grande, eu era um cara novo ... e o futebol que sempre foi a razão da minha vida, meu facho de luz, meu caminho, passou a ser uma coisa de desgaste, de sofrimento ...

Em sua fala, Afonsinho desvela-nos a distância que separava o sonho da realidade. Do jovem que ingressara nos juvenis do Botafogo, em meados da década de 60, sonhando com o futebol de Nílton Santos, Didi e Garrincha, até o jogador que retornava da excursão ao México, em janeiro de 70, disposto a abandonar o futebol, subjaz a distância introduzida pela ruptura do novo dispositivo de poder, cujo imperativo estratégico, conforme assinalamos, consistia em produzir o jogador moderno. Compreenda-se, porém, e nunca será demais afirmá-lo, que havia muito de idealização nesse sonho, pois não pretendemos insinuar que antes do corte ocorrido em 66 as relações de poder, a dominação e a exploração econômica do jogador estivessem ausentes. O nosso escopo consiste, pelo contrário, em procurar mostrar que, a partir de um determinado momento histórico, as antigas formas de poder no futebol passaram a ser investidas pelos mecanismos disciplinares, o novo tipo de poder cujo caráter produtivo respondia à necessidade imperativa de transformar radicalmente o jogador brasileiro, adequando-o às exigências da modernidade.

Com efeito, o desencanto de Afonsinho com o futebol se dá nesse contexto, caracterizado pelas novas relações de poder desenvolvidas no processo da militarização do futebol brasileiro, por um lado, e por outro lado, caracterizado pela primazia conferida à força-física em detrimento do talento. O testemunho eloqüente dessa época inaugurada sob os auspícios do regime militar, na qual exigia-se do jogador a docilidade automática de um soldado no cumprimento das ordens, cumpridas com o empenho de um animal de combate, encontrar-se-á expressa, anos mais tarde, por Cesar Luis Menotti, técnico da seleção argentina: "O jogador de futebol tem de ter alegria e respeito pelo espetáculo, e o espetáculo começa quando o jogador entra em cena. Já estou cansado de ver jogadores entrarem em campo com os dentes cerrados e com um porrete em cada mão, como se entrassem numa arena" (*Placar*, 9/3/79, n. 463, p. 40). No princípio de 70, por não se adequar nem à figura do soldado obediente, nem a do animal em combate, Afonsinho pensava em abandonar a arena:

... então eu achei que aquilo não fazia sentido, aquilo pra mim, que era a coisa mais legal da minha vida, tava sendo um momento ... um motivo de angústia ... eu achei que, então, devia seguir outro caminho.

De fato, nesse momento, Afonsinho já cursava o terceiro ano de medicina e, reagindo ao jogo de poder dentro do Botafogo, pensara em "... partir pra me profissionalizar como médico ... procurar um estágio, meter a mão na massa, ir à luta". Sendo assim, quando o Olaria, um pequeno clube do subúrbio carioca, manifestara interesse em seu futebol, o jogador, após agradecer o interesse do clube, reiterara a decisão de não prosseguir mais na profissão de atleta: "Tinha resolvido parar. Agradeci o interesse deles, a reunião era num restaurante ... na Praça XV (...) Sem nenhum interesse mesmo, tava decidido, fui embora". Contudo, logo depois, reavaliando a proposta ele voltaria atrás, aceitando a oferta de jogar por três meses no Olaria, com o Passe cedido por empréstimo:

Achei que ... seria muita teimosia, muita burrice (sair do futebol), que ia me danar de vez, que ia fazer o jogo dos caras ... E fui por aí, eles afim de me enterrar, e eu afim de arrumar uma saída, pra conseguir encaminhar a minha vida ... Fui por empréstimo pró Olaria dessa forma. E aí acabou transformando a minha vida.

Conquanto a medicina de fato representasse uma alternativa ao jogador, abandonar a arena do futebol, além de fazer o jogo dos dirigentes do Botafogo, significava abrir mão daquilo que o próprio jogador definira como a razão de ser da sua vida, caminho e facho de luz. No início de 70, Afonsinho encontrava refúgio no subúrbio carioca, no Olaria, onde a rede de poder tecida pelo processo de militarização, com seus domesticadores de cães e mestres da disciplina, ainda havia deixado uma fresta pela qual a luz pudesse brilhar.

O Olaria, com Afonsinho, realizaria uma boa campanha no Campeonato Carioca de 70, participação que acabaria sendo premiada, por um lado, pelo convite da CBD para o clube disputar um amistoso com a equipe B da seleção nacional, e, por outro lado, pela oportunidade de excursionar pelo mundo em razão do destaque obtido pelo clube no futebol carioca. Sendo assim, em meados de 70, enquanto a seleção nacional, dirigida por Zagallo, partia rumo à disputa da Copa do México atrás da consagração do tricampeonato; Afonsinho embarcava, com a equipe do Olaria, para uma excursão pelo oriente-médio e extremo-oriente, aproveitando a paralisação no futebol imposta pela realização do mundial. Na viagem de retorno, porém, o técnico e o jogador voltariam acalentando sonhos tão opostos, e antagônicos, quanto os itinerários percorridos. Para Zagallo, como de resto para toda a comissão técnica da seleção, a conquista da Copa de 70 viria coroar o sonho militar do futebol brasileiro, cujo êxito , por sua vez, daria novo ímpeto às práticas de poder que tornavam possível o processo de militarização. Para Afonsinho, em contrapartida, a excursão com o Olaria significaria a oportunidade de retomar os caminhos que conduziam toda uma geração à contestação social, política e cultural.

Um novo e providencial conflito, desta vez ocorrido com o diretor do Olaria que chefiava a delegação, ensejava a Afonsinho a oportunidade de seguir uma outra viagem, pressagiando assim a condição de peregrino que o acompanharia ao longo de toda a sua trajetória no futebol. Desligado do grupo em meio à excursão, após um desentendimento com o diretor do clube, o jogador recebia a passagem para retornar ao país, mas, como relembra Afonsinho:

... Era a época da Copa do Mundo, tava tudo parado e eu, então, resolvi, nesse período, ia chegar aqui não ia ter nada mesmo ... resolvi ver as coisas que eu tinha

Parte I _____ Afonsinho

interesse ... Viajar, aquela época também que a juventude viajava por aí, isso sempre foi, mas naquela época mais intensamente, aquela coisa toda, os cabeludos na época ... e eu então resolvi (...) segui viajando ...

No verão de 1970, Afonsinho decidia percorrer algumas cidades da Europa ocidental, no exato momento em que nelas explodiam os conflitos entre a polícia e os movimentos estudantis, os quais, em solidariedade aos pacifistas norte-americanos, protestavam contra a guerra na Indochina, prenunciando, dessa forma, o "longo verão quente" (FF, 25/6/70, n. 490, p. 60) que os jornais noticiavam alarmados. Num certo sentido, Afonsinho ainda percorreria as ruas e os sonhos de uma geração engajada no projeto de "reinventar a vida", o que significava contestar a guerra neocolonial, a autoridade, a ordem social, os valores burgueses, as instituições tradicionais, tanto as de direita quanto as de esquerda, em suma, uma contestação em várias frentes, a começar pelo cotidiano (Matos,1981).

Caminhando como peregrino através das cidades européias recriadas, embora por um breve lapso de tempo, pelo imaginário da revolta estudantil nas barricadas, nos confrontos com o aparelho de repressão, e nas proclamações inscritas nos muros, Afonsinho avançava pelas brechas abertas a golpes de rebeldia por uma geração da qual ele participava, não como mero espectador, mas sim como membro ativo no âmbito do futebol. Com efeito, parece-nos legítimo estabelecer a vinculação entre a rebeldia do jogador e o contexto histórico aqui apenas esboçado, quando menos porque ele próprio o evocava ao justificar a postura de contestação assumida contra os dirigentes esportivos:

... eu tava no meu papel, era universitário, era um momento de discussão política intensa, de reivindicação ...

Como se sabe, o movimento de revolta dos anos 60 não se achava circunscrito à Europa e aos Estados Unidos, mas eclodira quase simultaneamente em diversas partes do mundo, incluindo o Brasil, onde no ano de 68 ocorrera a célebre marcha dos 100 mil, no Rio de Janeiro, expressando o clima de radicalização política vivida pelo país. Porém, não se deve depreender daí o engajamento político-partidário do jogador, embora quando retornasse ao país da viagem à Europa, após quase dois meses de ausência, os dirigentes do Botafogo espalhassem o boate segundo o qual ele estaria preso nos órgãos de repressão do regime militar, em conseqüência de uma suposta viagem pelos países socialistas. De acordo com o relato do jogador:

... não tinha nenhuma implicação política, nenhuma coisa mais profunda ou contato ... não tinha um tipo de atividade dessa natureza. Mas eu não fui porque não pude ir, eu gostaria de ter ido, não pude ir, eu viajava naquelas condições ..."

Contando apenas com a passagem de volta que o Olaria lhe havia deixado, Afonsinho, ainda assim, viria a considerar a viagem "... de muito ensinamento, de muito aprendizado", adquirido talvez menos nos museus e exposições de arte que pôde visitar, e mais na arte que se ensinava nas ruas e se expressava nas barricadas e nos grafitis, na revolta que percorria o globo de um extremo ao outro, invadindo as diversas esferas do cotidiano e da atividade humana, inclusive a do futebol.

Com efeito, a exortação do movimento estudantil no Maio francês consistia, precisamente, em "abrir uma brecha" (Matos,1981), e a golpes de rebeldia Afonsinho logo abriria a primeira brecha no universo do futebol brasileiro, no exato momento em que a militarização avançava impulsionada pela conquista do tricampeonato no México. Enquanto o jogador estivera trilhando os caminhos percorridos por toda uma geração incendiada pelo imaginário da rebeldia; nos gramados mexicanos a seleção nacional arrebatava a taça Jules Rimet conduzindo ao êxtase o público e a crítica esportiva: "Em qualquer situação – escrevia o jornalista Geraldo Romualdo –, o futebol brasileiro sempre levará noventa por cento de vantagem sobre qualquer outro, porque é espontâneo, feroz, artístico, e incontrolavelmente simples" (C, 30/6/70, n. 27, p. 24). Contudo, além do futebol-arte, exaltava-se outra conquista no México.

Nesse sentido, afirmava Zagallo em seu retorno ao país: "Ganhamos pela organização (...) pela dedicação ao trabalho, pela obediência às regras preestabelecidas para a delegação ..." (M, julho/70, n. e, p. 53) A imprensa esportiva reiterava o ponto destacado na fala do treinador: "O duro regime de continência jamais foi alcançado um dia sequer pela desobediência, pela incúria ou então pela leviandade" (C, 30/6/70, n.27, p. 23/24). Aclamava-se o futebol jogado como arte mas simultaneamente destacava-se a organização militar do selecionado e a obediência dos jogadores no cumprimento das ordens. Dir-se-ia que a conquista do tricampeonato encerrava a lição segundo a qual: "A

Parte I _____ Afonsinho

obediência é uma virtude" (Foucault, 1990, p. 86). Para ministrá-la nos clubes brasileiros, a seleção nacional traria da Copa de 70 o espectro do jogador-soldado: "... o Espírito do México se caracteriza, também, na disciplina que marcou a presença do escrete na Copa do Mundo. O Brasil foi, dos dezesseis países participantes, o único que não teve problemas com os seus jogadores" (*Manchete,* julho/70, n. e, p. 140).

Com efeito, se nos detivermos com atenção ao discurso que celebrava a conquista do tricampeonato exaltando o futebol-arte, veremos que, simultaneamente, exaltava-se outra conquista, mais exatamente a realização de todas as exigências postas pelo fracasso na Copa da Inglaterra. Uma análise minuciosa da conquista no México desvela-nos que simultaneamente à celebração do jogador artístico, comemorava-se o advento do jogador-disciplinar; que tanto quanto o futebol-arte, exaltava-se o futebol-científico; que, no fundo, não se tratava do resgate do nosso passado, cuja magia e criação achavam-se simbolizadas por Garrincha, mas da ruptura instaurada pelo presente que emergira da rede de poder criada pela máquina disciplinar.

A conquista de 70 representa, na verdade, o último brilho do nosso futebol quando já então a noite começava a envolver o universo militar no qual se aprisionava a principal expressão da cultura popular do país (Santos,1978). Para dizê-lo melhor, nada mais apropriado do que recorrermos àquela personagem de Thomas Mann, a qual , numa noite estelar, refletia num solilóquio:

"Sei que, muitas vezes, os símbolos e sinais exteriores, visíveis e palpáveis da sorte e do êxito aparecem apenas quando, em realidade, tudo já vai decaindo. Esses sinais exteriores precisam de tempo para chegar, assim como a luz duma dessas estrelas ali em cima, da qual não sabemos se já não se está apagando quando o seu brilho nos parece mais claro ..."

Na Copa de 70, no exato instante em que a seleção brasileira mais brilhava, a luz do nosso futebol começava a se apagar. Quatro anos depois, nas páginas da imprensa esportiva internacional soaria o réquiem: "O Brasil matou o seu futebol" (*Folha de S. Paulo,*17/6/74). O espectro do México, afinal, materializara-se mas num corpo sem vida porque despojado de fantasia.

Da sub-raça ao super-homem

A conquista do tricampeonato encerrava uma lição que, daí em diante, não deixaria mais de ser reiterada no futebol brasileiro. O treinador Aimoré Moreira já se encarregava de apontá-la:

Foi também, e principalmente, uma grande lição para o jogador brasileiro: a de que um bom preparo físico é indispensável no futebol moderno. Agora talvez a maioria dos nossos jogadores receba a preparação física como um benefício, e não como um castigo (e até hoje, por muitos jogadores, por incrível que pareça). Muitos clubes no Brasil — e clubes grandes — certamente não terão, doravante, o trabalho de fazer os jogadores entenderem isso, para o próprio bem deles, afinal. Os que pensam que fazendo somente o joão-bobo e dois-toques já ficam preparados perguntem a seus companheiros da Seleção o que a preparação física representou para eles (Placar, 3/7/70, n. 16, p. 46).

No contexto do futebol moderno, a preparação física, antes de ser um benefício, apresenta-se como exigência central cuja consecução a prática pedagógica que vemos emergir no discurso de poder vem assegurar. No afã de ministrar tal ensinamento ao jogador brasileiro, de resto considerado incapaz de discernir entre o bem e o mal, a imprensa esportiva adiantava-se à exortação do técnico Aimoré Moreira, formulando ela própria aos heróis do tricampeonato a indagação quanto ao significado da preparação física para a seleção nacional. Assim, nas páginas da revista *Manchete*, são recolhidos alguns depoimentos de caráter exemplar, precedidos de um comentário que retoma a argumentação desenvolvida por Aimoré Moreira:

"Os jogadores brasileiros, eméritos dribladores do treinamento físico, declaravam aos jornais que queriam treinar mais e Chirol achava melhor descansar. Rivelino, garoto mimado do Corinthians, confessou: 'No Corinthians não gostava muito de treinar. Mas aqui na seleção estou treinando sem parar e estou gostando. Reconheço que estava errado e agora compreendo o valor de um bom preparo físico' (M, 4/7/70, n. 950, p. 49).

Em meio às comemorações pela conquista definitiva da Taça Jules Rimet comemorava-se uma outra conquista, que embora merecesse espaço mais reduzido na imprensa esportiva, nem por isso deixava de

Parte I _____ Afonsinho

ser menos decisiva que a primeira, e tanto quanto esta, almejava ser definitiva. A verdade a qual os heróis do tricampeonato viam-se instados a confessar, a mudança de mentalidade do jogador brasileiro que essas confissões deveriam encorajar, traduzem o investimento político do corpo pelas disciplinas, a conquista expressa pelo advento do jogador disciplinar. E da mesma maneira como a do título mundial, esta conquista também possuía os seus heróis:

Quem mudou a mentalidade do jogador brasileiro, fazendo-o entender que pode haver um perfeito casamento entre o futebol-força e o futebol-arte foi Admildo Chirol, preparador físico da seleção (M, 4/7/70, n. 950, p. 49).

Com efeito, vimos no capítulo anterior como o Botafogo RJ, a partir da segunda metade da década de 60, constituíra-se, por assim dizer, na porta de entrada da concepção do futebol moderno no país, embora certamente não a única. O depoimento dado por Chirol em 68 , no livro organizado para debater o futebol brasileiro, consistia num libelo em favor das idéias contidas nessa concepção, dentre as quais ressaltava-se a primazia conferida à preparação física, erigida em fator preponderante no êxito de qualquer equipe, crença de resto compartilhada tanto pelo médico Lídio Toledo quanto pelo técnico Zagallo. Ora, aqueles já se encontravam exercendo as respectivas funções na seleção brasileira e o último chegaria após a queda de Saldanha, ocorrida em março de 70, reconstituindo-se, desse modo, o triunvirato alvinegro no escrete nacional. A partir desse momento, formar-se-ia um outro triunvirato voltado exclusivamente para o trabalho da preparação física, fazendo jus a crença que lhe devotava o grupo do Botafogo. Por iniciativa de Chirol, que durante as eliminatórias conduzira o trabalho sozinho, agora seriam convidados mais dois preparadores físicos. Conforme esclarece a edição histórica da revista *Manchete*:

... os convidados foram Carlos Alberto Parreira, que fez um curso de pós-graduação na Alemanha, e o Capitão Cláudio Coutinho, experimentado no Teste de Cooper (o mesmo a que foram submetidos os astronautas das naves Apolo) em estágio que realizou nos Estados Unidos junto ao próprio criador do teste (M, julho, n/e/70, p. 120).

O próprio Chirol dedicava-se à pesquisa dos novos métodos desenvolvidos pelos europeus na preparação física, e, com tal intuito,

A Rebeldia no Futebol Brasileiro _____ J.P. Florenzano

"... esteve viajando especialmente para observar o treinamento dos iugoslavos, que film(ara) demoradamente, mostrando depois o filme aos jogadores para que eles pudessem iniciar aquele tipo de exercício já com algum conhecimento, pelo menos teórico"(Idem, p. 120). Além do já mencionado teste de Cooper, os jogadores e o público tomavam conhecimento agora dos novos métodos, *interval* e *circuit training,* e *endurance training* (Idem, p. 120).

O Brasil finalmente ingressava na era do futebol científico, cuja produção exigia a figura do especialista altamente qualificado, implicava métodos sofisticados de preparação física, mas sustentava-se, no limite, na formação do regime de saber-poder no futebol, cujo advento exigiria a construção de um novo mito. Para mostrá-lo, devemos retornar, por um momento, à década de 50, ou mais precisamente à Copa do Mundo disputada no Brasil:

'Cada povo tem a sua irremediável catástrofe nacional, algo assim como uma Hiroshima. A nossa catástrofe, a nossa Hiroshima, foi a derrota frente ao Uruguai, em 1950' (Rodrigues,1994, p. 116). *Se a perda do título na única Copa disputada no país adquiriu a dimensão que a metáfora de Nelson Rodrigues busca retratar, não devemos nos surpreender que ela solicitasse a figura do bode-expiatório, que de fato não tardou a aparecer, conforme registra em sua obra clássica o jornalista Mário Filho:* 'A verdade é que somos uma sub-raça'. *Uma raça de mestiços. Uma raça inferior. Na hora de agüentar o pior, a gente se borrava todo (...)* 'Enquanto dependermos do negro vai ser assim' *(Filho, 1964, p. 335). Eis a reação provocada pela catástrofe do Maracanã, elegendo-se o jogador negro como o seu principal responsável. Por certo, a conquista do bicampeonato em 58 e 62 modificaria esta imagem, embora não eliminasse o preconceito, o qual voltaria a se manifestar após a decepcionante campanha na Copa da Inglaterra, em 66, centrando-se não mais no jogador negro mas no atleta brasileiro em geral, sobretudo o proveniente das classes populares, o que eqüivale a dizer, a imensa maioria.*

Com efeito, o técnico Evaristo de Macedo, em seu depoimento de 68, ponderava acerca da adoção dos novos métodos europeus de preparação física, no Brasil, nos seguintes termos: "Continuo ouvindo falar de métodos europeus e da introdução de novos sistemas de treinamento. Na realidade, acho que o de que precisamos em primeiro lugar é da melhoria do que chamarei de 'raça', de condições físicas saudáveis (...) Considero tal coisa (a adoção dos novos métodos)

Parte 1 _____ Afonsinho

impossível, por causa dos problemas do clima, da alimentação e da raça, pois temos ainda uma mistura e não um tipo de raça definido" (in: Pedrosa, 1968, p. 80). Contudo, a desqualificação do jogador brasileiro aparecia também numa versão menos aberta, formulando-se de maneira subliminar. Em 70, pouco antes do embarque da seleção para a Copa , a revista *Fatos e Fotos* comentava: "O Brasil não leva ao México uma equipe de super-homens, mas sim de atletas sadios (...) Os jogadores europeus, por origem e criação são naturalmente mais bem dotados que os brasileiros" (FF, 11/6/70, n. 488, p. 45).

Todavia, após a conquista do tricampeonato o tom mudaria por completo, ensejando uma nova apreensão do atleta brasileiro: "Nesta Copa de 70, caiu o mito dos super-homens do futebol. Os brasileiros também podem correr duas horas num mesmo ritmo, sem sentir demasiadamente o esforço. E, em igualdade de condições, nós jogamos mais bola" (M, 4/7/70, n. 950, p. 49). A euforia demonstrava-se contagiante. Carlos Alberto Parreira, preparador físico do Fluminense, e integrante da equipe formada por Chirol na seleção, portanto, um dos responsáveis pela queda do mito, declarava em seu retorno ao país: "Veja o Brito: ele foi considerado o maior atleta da IX Copa do Mundo. Junto com a nossa arte no trato da bola, havia o esplendor físico. Destruímos a lenda de que éramos um povo sem vitalidade" (M, julho/ 70, n/e, p. 58). O discurso de poder no futebol, no qual emergira a lenda da inferioridade do jogador brasileiro, agora tratava de denunciar o embuste que ele próprio inventara, mas tão-somente para substituí-lo por um outro, o do super-homem brasileiro. Para prová-lo, citava-se como numa liturgia o exemplo de Brito, devidamente legitimado pela ciência: "Uma comissão de fisiologistas italianos percorre os locais de concentração de todas as seleções que estão no México, antes do início da Copa do Mundo. Depois, a Organização Mundial de Saúde – por quem tinha sido designada a comissão – publicou na imprensa, disputados os primeiros jogos do Mundial, o resultado que espantou muita gente: o grupo de jogadores do Brasil é fisicamente o mais bem preparado para a Copa" (*Manchete,* julho/70, n/e, p. 120). Dentre os jogadores examinados pela referida comissão, a imprensa brasileira escolheria Brito como a figura exemplar do novo mito, que irrompia em manchetes como a que se segue: "O Melhor Preparo Físico do Mundo" (Idem, p. 113). Entretanto, a verdade que o mito do super-homem deveria veicular consistia numa realidade chã: "O segredo foi um só: deixou-se o empirismo de lado e trabalhou-se cienti-ficamente" (Idem, p. 118).

A Copa do México representa, portanto, além da exaltação do futebol-arte, o momento da consagração da preparação física brasileira, momento decisivo que simbolicamente atesta a mudança que verificava-se ao longo dos anos 60, quando ela deixava a condição até certo ponto marginal no futebol para alojar-se em seu centro e constituir-se em seu fundamento. No entanto, o processo no decorrer do qual a preparação física, impulsionada pela ciência esportiva, adquire esta centralidade e conquista a condição de fundamento inquestionável da atividade futebolística, corresponde também ao investimento político do corpo do jogador pelas disciplinas, ao mesmo tempo corpo esquadrinhado pelo saber e manipulado pelo poder, cuja correlação Foucault aponta nos seguintes termos:

Temos (...) que admitir que o poder produz saber (e não simplesmente favorecendo-o porque o serve ou aplicando-o porque é útil); que poder e saber estão diretamente implicados; que não há relação de poder sem constituição correlata de um campo de saber; nem saber que não suponha e não constitua ao mesmo tempo relações de poder (Foucault, 1987, p. 30).

O futebol científico emerge na literatura esportiva como o produto de uma evolução natural, comumente situado ao final de uma escala evolutiva rumo ao progresso. Esta concepção acha-se expressa de maneira exemplar pelo técnico João Saldanha, no prefácio ao livro de depoimentos publicado em 68, voltado à discussão do futebol brasileiro que por essa época buscava modernizar-se: "Em sua evolução vertiginosa, (o futebol), apoiado pela ciência, está agora desafiando diariamente os técnicos. Aquele que estagnar ficará superado" (in: Pedrosa, 1968, p. 8). Pois bem, ao contrário do que faz supor a crença otimista do técnico Saldanha, o futebol não se baseia num fator que lhe é externo, a ciência, para desenvolver-se, mas é o próprio futebol científico que emerge a partir da correlação entre poder e saber desenvolvida nesse campo esportivo. No bojo do processo de modernização deslanchado em meados dos anos 60, atinge-se no futebol o limiar a partir do qual "... formação de saber e majoração de poder se reforçam regularmente segundo um processo

Parte I _____ Afonsinho

circular (configurando um 'duplo processo'): arrancada epistemológica a partir de um afinamento das relações de poder; multiplicação dos efeitos de poder graças à formação e à acumulação de novos conhecimentos" (Foucault, 1987, p. 196/197). O advento do futebol científico não resulta de uma evolução natural, mas inscreve-se nessa lógica assinalada por Foucault. Vejamos de que forma.

A conquista do tricampeonato, segundo a imprensa esportiva, afigurava-se em grande parte enquanto o produto do trabalho de preparação física realizado em bases científicas. Antes de mais nada, porque ele permitira ministrar um condicionamento físico individualizado, colocando-se cada jogador em condições de rendimento máximo. Nesse sentido, esclarecia a reportagem da revista *Manchete* referindo-se aos novos métodos de preparação implantados na seleção: "A utilidade evidente dos testes de avaliação está no fato de que só através deles se pôde fazer uma dosagem científica das condições de cada jogador. Por exemplo: quem está no ponto a um mês da Copa tem a intensidade de seus exercícios diminuída, mais ritmada. Quem está muito longe do ponto ideal mais ou menos à mesma época tem seus exercícios intensificados" (M, julho/70n/e., p. 118). A contribuição decisiva do saber científico contava, por sua vez, com a contribuição do corpo sobre o qual ele se aplicava: "Todo esse planejamento cuidadoso pouco adiantaria, entretanto, se os preparadores físicos não pudessem contar com a responsabilidade atual do jogador brasileiro"(Idem, p. 120). Compreenda-se, porém: do jogador brasileiro que servira à seleção no mundial, pois quanto aos demais atletas do país, lemos o veredicto na legenda que acompanha a foto dos tricampeões treinando: "Nas sessões de ginástica dos jogadores brasileiros acabou o velho vício que todos traziam dos clubes: fugir dos exercícios"(Idem, p. 118). Vemos emergir, assim, a figura do novo atleta brasileiro, que nos rituais das reportagens jornalísticas confessava a verdade que o redimia da velha falta da vadiagem, purificava-o dos vícios da indolência e, afinal, prometia-lhe a salvação da norma. Em outras palavras: o tricampeonato representava uma outra conquista, qual seja, a da mudança de mentalidade do jogador brasileiro – a expressão que designava a normalização em curso.

Sendo assim, todos os aspectos que vimos abordando apresentam-se agora articulados dentro da mesma trama tecida pela rede de poder no futebol. Com efeito, a necessidade da concentração prolongada, a normalização dos jogadores, o exame e avaliação contínuos do corpo, o saber que enseja uma preparação física individualizada, e a maximização do rendimento do jogador que resulta de todos estes aspectos conjugados, apontam precisamente para o instrumento de poder que os reúne de modo necessário:

O exame combina as técnicas da hierarquia que vigia e as da sanção que normaliza. É um controle normalizante, uma vigilância que permite qualificar, classificar e punir. Estabelece sobre os indivíduos uma visibilidade através da qual eles são diferenciados e sancionados (Foucault, 1987, p. 164).

O regime de concentração da seleção brasileira assegurava a vigilância sobre os jogadores, os expunha à visibilidade do poder garantindo que nenhuma indisciplina passasse despercebida, mas os expunha também à observação nos campos de treinamentos, onde cada jogador tornava-se objeto de exame, análise e avaliação contínuos, permitindo diferenciá-los quanto à quantidade de exercícios necessários para corrigir as deficiências físicas de cada qual, aprimorando a força-física de um, a resistência de outro, a velocidade de um terceiro, mantendo os demais no ponto ideal para a competição: "É o poder de individualização que tem o exame como instrumento fundamental" (Foucault, 1979, p. 107), afirma Foucault, acrescentando noutra parte: "... o exame está no centro dos processos que constituem o indivíduo como efeito e objeto do poder, como efeito e objeto do saber" (Foucault, 1987, p. 171). Ora, podemos entrever esta correlação numa notícia divulgada pela imprensa esportiva a respeito do trabalho de preparação física desenvolvido no mundial: "... Parreira – informava a revista *Manchete* – conseguiu reunir o mais precioso dossiê sobre a conquista da IX Copa do Mundo: os cadernos onde estão anotados todos os programas dos craques brasileiros, desde a sua apresentação na concentração do Retiro dos Padres até o momento em que entraram em campo, na tarde de 21 de junho de 1970 ..." (M, julho/70, n/e, p. 59). Com efeito, o jogador, ao entrar nos campos de treinamentos e de jogos oficiais, sem sabê-lo, ingressava ao mesmo tempo no campo documentário do poder, uma das características do instrumento do exame, como indica Foucault:

O exame que coloca os indivíduos num campo de vigilância situa-os igualmente numa rede de anotações escritas, compromete-os em toda uma quantidade de

Parte I _____ Afonsinho

documentos que os captam e os fixam (...) Um 'poder de escrita' é constituído como uma peça essencial nas engrenagens da disciplina (Foucault, 1987, p. 168).

Nas engrenagens da disciplina, portanto, moldava-se o super-homem dos campos de futebol, sem que a repressão se constituísse no método privilegiado pelo poder, embora não se deva subestimá-la no processo de militarização pelo qual passava a seleção nacional. Porém, como assinala Foucault em relação ao exercício do poder, "... ele incita, induz, desvia, facilita ..." (Foucault, 1995, p. 243) De fato, o caráter produtivo do poder emerge no emprego dos novos métodos de preparação física adotados por ocasião da Copa do México. Numa passagem bastante reveladora, tanto no que se refere ao procedimento do poder, quanto da correlação entre poder e saber, vemos o capitão Coutinho explicar de forma didática à revista *Placar* como motivar o jogador a aprimorar-se nos exercícios físicos programados cientificamente:

A carga muito forte prejudica, a carga fraca não leva a nada. Só a carga ideal, medida, dosada para o organismo de cada um, pode dar bons resultados. É isso que procuramos e para se chegar a isso temos de testar o indivíduo. Quanto ao fato de transformar o treinamento numa competição paralela, não há dúvidas. Não a competição de um contra o outro, mas do jogador consigo mesmo: eles sempre procuram bater os próprios recordes e, assim, o Rivelino procura ser o melhor Rivelino, o Pelé procura ser o melhor Pelé, não se importando em ser melhor que os outros. Eles sempre se interessam em saber se o resultado de hoje foi melhor que o de ontem (*Placar*, 29/5/70, n. 11, p. 7).

Ao invés de uma imposição autoritária ao jogador, ao invés de recorrer à repressão para obrigá-lo a aprimorar-se nos treinamentos físicos, a inventividade do poder lhe transfere a incumbência de cobrar-se melhores resultados, suscita nele o desejo de ultrapassar os recordes do dia anterior, incita-o a competir consigo mesmo num jogo cujo único perdedor só pode ser o próprio jogador. Ora, conforme assinalara Foucault numa entrevista na qual enfatizava o caráter produtivo do poder: "... se o poder só tivesse a função de reprimir, se agisse apenas por meio da censura, do impedimento (...) se apenas se exercesse de um modo negativo, ele seria muito frágil. Se ele é forte, é porque produz efeitos positivos a nível do desejo – como se começa a conhecer – e também a nível do saber. O poder, longe de impedir o saber, o produz. Se foi possível constituir um saber sobre o corpo, foi através de um

A Rebeldia no Futebol Brasileiro _____ J.P. Florenzano

conjunto de disciplinas militares e escolares. É a partir de um poder sobre o corpo que foi possível um saber fisiológico, orgânico" (Foucault, 1979, p. 147/148). O saber que permitia à preparação física quantificar a carga exata de exercícios para cada jogador, dosando-a cientificamente, elevando ao máximo a força do corpo, tinha como correlato as práticas de poder constituídas pelas disciplinas. Mas o exercício do poder no futebol brasileiro não possuía como estratégia privilegiada a repressão. Mesmo em pleno processo de militarização, o procedimento consistia em suscitar no jogador o desejo pela força-física, envolvendo-o num jogo de poder que principiava na disputa do corpo consigo próprio para superar os limites, vencer as resistências, derrotar os vícios de que ele se fazia portador. Estratégia bem-sucedida, pois se às vésperas da Copa de 70 a imprensa esportiva limitava-se a constatar que o Brasil não levava ao México uma equipe de super-homens, mas de jogadores sadios, em contrapartida, às vésperas da Copa de 74 o técnico Zagallo poderia afirmar exultante:

Se os italianos fizessem hoje aquele teste a que submeteram Brito, em 70, tenho a certeza de que pelo menos quinze dos nossos jogadores (...) teriam um aproveitamento superior a ele. Isso se deve ao plano de treinamento e aos trabalhos extraordinários dos Professores Admildo Chirol, Carlos Alberto Parreira, Cláudio Coutinho, Raul Carlesso e dos médicos Lídio Toledo e Mauro Pompeu. Desta vez realmente disponho de super-homens para armar o time (M, 8/6/74, n. 1.155, p. 11).

Sublinhemos o corte instaurado no futebol brasileiro. Em 70, a revista *L'Equipe* afirmava: "O Brasil está praticando um futebol de outra dimensão" (*Placar,* 3/6/70, n. 16, p. 34). Se a luz do futebol-arte brilhara na Copa do México, tal brilho provinha de uma estrela que desde 66 vinha se apagando. E se o jogador brasileiro que criara esse futebol pertencia a outra dimensão, agora devemos procurar a sua origem no cotidiano investido pelas disciplinas, no nível microfísico onde o corpo se debate nas engrenagens do poder e onde o futebol-arte cedia a vez à arte de criar o jogador-disciplinar.

Parte I _____ Afonsinho

Os novos bárbaros

A viagem de Afonsinho pela Europa estava chegando ao fim. Como recorda o jogador: "Assisti a final da Copa do Mundo ... na própria Itália ... Alguns jogos assisti em Roma, outros viajando ... e a final ainda vi em Veneza. Quando eu vim embora ..."

... por certo não poderia imaginar que seria o protagonista de uma das lutas mais importantes do futebol brasileiro, enfrentando os dirigentes esportivos na Justiça , questionando a Lei do Passe em decorrência da qual inúmeros jogadores tiveram a carreira bloqueada, o direito ao trabalho violado e a dignidade humilhada. Com efeito, durante o período em que estivera com o Passe cedido por empréstimo ao Olaria, Afonsinho hesitara em prosseguir ou não na carreira de atleta profissional. Mas os três meses que passara no clube da Leopoldina, bem como o périplo pela Europa, proporcionaram-lhe uma definição:

"Quando eu vim embora ... aí eu já tinha me modificado. Aí eu percebi conscientemente que eu parando de jogar, eu é que ia ficar fora, o futebol ... o jogador ... o time não vai entrar nunca com dez, eu é que ia ser derrotado, eu ia sair da briga, da luta, a única coisa que ia acontecer é que eu ia deixar de ser um jogador profissional, que era um sonho da minha vida, né. Então aquele período do Olaria me tranqüilizou, voltei a ter gosto em jogar e tal .

Afonsinho saíra do Botafogo no início de 70, após uma série de conflitos que culminaram no desentendimento com o técnico Zagallo no torneio do México. Como o próprio jogador dissera, nesse momento, o futebol deixara de ser uma atividade prazerosa para transformar-se num fator de angústia, seja devido aos conflitos com o treinador, seja ainda em decorrência da própria modificação no sistema de jogo que se implantava no futebol brasileiro, já então configurando-se a tendência defensivista caracterizada pela presença de dois cabeças-de-área com a função precípua de marcação. Colhido pelo vórtice destas transformações, o jogador experimentava o desencontro com uma época que parecia não lhe conceder espaço. A transferência para o pequeno clube do subúrbio carioca fora então providencial. Na verdade, a estada no Olaria tivera o dom de representar um retorno às origens, o resgate de um futebol concebido como arte e prazer dos tempos do Náutico, o clube de várzea no qual Afonsinho iniciara a carreira. Ora, segundo a fórmula lapidar de Nicolau Sevcenko:

A Rebeldia no Futebol Brasileiro _____ J.P. Florenzano

Resgatar a origem é retornar ao caos, retornar ao caos é recuperar a vida, recuperar a vida é reinvestir de dignidade a ação, esvaziada que fora desde que se tornou a repetição contínua de rituais cotidianos ocos de sentido e secos de emoção (Sevcenko, 1992, p. 155).

O futebol cada vez mais militarizado, embrutecido pela idéia da força-física, burocratizado pela importância concedida aos sistemas de jogo, investido pelos mecanismos disciplinares de poder, acarretara a perda de sentido que o jogador viria a resgatar no Olaria. Mas para prosseguir no sonho da carreira profissional, Afonsinho teria agora que suplantar o interdito da Lei do Passe, conforme deixaria clara a sua reapresentação ao Botafogo, depois que regressara ao país:

Aí fui me reapresentar, quando cheguei na segunda-feira ... , (procurei o) diretor, presidente, dizendo que eu tinha um final de contrato a cumprir, e que eu queria regularizar a situação definitiva ... Quer dizer, o meu problema era com o Zagallo e com o diretor. O Zagallo tinha acabado de ser campeão do mundo, e eu tava revoltado com aquela safadeza, queria resolver a situação do contrato e tal. Aí eles muito arrogantes, muito prepotentes, em cima do poder deles, então me disseram que não consideravam, não aceitavam a minha apresentação, que lugar de jogador era no campo, que eu me apresentasse na terça-feira, no dia seguinte ...

Encerrado o período de empréstimo ao Olaria, Afonsinho voltava a se reapresentar ao Botafogo, o clube que detinha os direitos sobre o seu Passe e com o qual ainda tinha alguns meses de contrato a cumprir. Atrás de uma solução definitiva para a sua situação, o jogador dependia da boa vontade do clube que poderia reintegrá-lo à equipe, poderia ceder por empréstimo ou venda o seu Passe para outra equipe, ou então mantê-lo inativo sem possibilidade de exercer a profissão. Bastava um motivo, e o clube a encontraria na barba com a qual o jogador retornara da Europa. Afonsinho inicia a narrativa do célebre episódio indicando-nos a foto que encontra-se na sala de seu apartamento, no Rio de Janeiro, tirada nesse mesmo dia:

Aí, aquela foto que taí, foi no dia, aquela foto que tá ali foi no dia, nessa terça-feira (...) Eu cheguei nessas condições. Eu cheguei, e aquilo ali é a rodinha, sempre no campo do Botafogo tem uma escadinha que chegava no campo, saía do vestiário ... meia-dúzia de degraus, o campo era um pouquinho mais elevado. Assim, ia chegando um, dois, sentava ali, começava a conversar, quando tinha uma meia-dúzia começava a rodinha de bobo, sempre, o esquema era esse. Aquela rodinha ali da foto é essa daí,

86

Parte I _____ Afonsinho

a rapaziada, Moisés tava ali, Carlos Roberto ... (Eu) tinha sumido, voltei e os caras
... aquela festa, aquela gozação, aquela brincadeira, estamos ali, era um treinamento
físico. Aí eu me apresentei ao Chirol e o pessoal tava treinando ... tava em outro ritmo
... fiz um treinamento com Álvaro Peixoto (auxiliar de preparação física) e o pessoal
foi fazendo aquecimento pra fazer o trabalho físico do dia e tal.

Afonsinho, através da foto, nos conduz ao passado rememorando aquela terça-feira de julho, em 70, que viria a ser o último dia do jogador no Botafogo, o clube ao qual estivera vinculado desde 65 quando chegara ao Rio de Janeiro. A ruptura definitiva entre o jogador e o clube se daria nesse dia, quando os dirigentes e o técnico proibiram-no de treinar com a barba que passara a ostentar desde que regressara da Europa, desencadeando-se, a partir daí, o processo que culminaria no questionamento da Lei do Passe na Justiça esportiva. A barba e os cabelos compridos de Afonsinho entrariam nos anais da história do futebol brasileiro como símbolos da luta pela liberdade dos atletas profissionais, mas essa imagem veiculada na imprensa esportiva induz ao equívoco que a foto guardada pelo jogador desfaz. Pois o retrato que o jogador possui em sua sala, feito no dia da proibição, mostra-nos Afonsinho com uma barba que mal pode ser notada e com o cabelo cujo comprimento, para os padrões atuais, dificilmente seria considerado longo. Em outras palavras, a imagem que posteriormente passaria a ser veiculada nas reportagens da imprensa esportiva, relativas ao célebre episódio e que apresentam Afonsinho como um típico representante do movimento hippie, pertence à uma fase ulterior, mais precisamente ao segundo semestre de 71. A foto de julho de 70, conservada na parede de sua sala, revela uma fisionomia muito aquém desse estereótipo, mas, em contrapartida, distante daquela imagem do bom moço imberbe e de cabelos curtos com a qual os dirigentes do Botafogo estavam familiarizados:

Aí, quando eu acabei lá o meu trabalho, eles me chamaram, o diretor, Toniato,
e o Zagallo, no cantinho do corner da social, atrás da bandeira do corner, tem foto
disso aí também. Aí começou aquela conversa ... o pessoal dando volta em volta do
campo, fazendo aquecimento,(disseram): 'Por que você tá completamente diferente?'
— porque eu tava com aquela barba, que é uma penugem, e o cabelo começando a
crescer, mas era bem diferente de quando eu tinha saído. Então, olhava para o
grupo, assim, treinando, correndo e dizia assim: 'Você não vê que não tem ninguém

igual a você lá. Só você quer ficar no grupo barbudo'. E ele ainda tirou uma: 'Você tá parecendo tocador de guitarra, cantor de yê-yê-yê' – naquela época chamava yê-yê-yê ... rock chamava yê-yê-yê, os Beatles e tal ... Beatles era o quente na época ... e eu era mais de escola de samba ... Eu não falava nada praticamente, olhava pra cara de um, olhava pra cara do outro, pois é, tal. Aí tudo bem. Só que aí eu falei: 'Eu me apresentei a vocês ... eu não tenho intenção de me reintegrar, não há condição ... tenho tempo de contrato, precisamos resolver. Aí fui embora, fui tomar banho, tal, fui pro vestiário .

Afonsinho via-se interpelado pelo dirigente e pelo técnico como se fosse um soldado que ousara se reapresentar à tropa sem estar conforme a norma, sem ostentar a boa aparência dos demais integrantes do grupo. A cena descrita pelo jogador, de fato, poderia ter ocorrido em qualquer unidade do exército, o que não chega a causar espanto, pois a militarização do futebol brasileiro implicava, por um lado, na disciplinarização dos clubes de acordo com o modelo da caserna, e por outro, na transformação do soldado na figura ideal para o atleta profissional. Sendo assim, compreende-se que Xisto Toniato e Zagallo não reconhecessem Afonsinho como um jogador de futebol. O estranhamento, porém, não se resumia na questão da aparência, mas produzira-se ao longo dos conflitos precedentes, quando o jogador manifestara a insatisfação com a condição de reserva, com a redução no valor das premiações, com a exigência para que as premiações fossem pagas em dia, enfim, durante todo o período no decorrer do qual Afonsinho afastara-se da norma do soldado obediente. Nesse sentido, a barba e os cabelos "compridos" expressavam uma forma inequívoca de protesto contra a normalização em curso. Com efeito, ao invés de submeter-se às exigências do Botafogo, Afonsinho passaria a lutar contra o poder da norma, inscrevendo o seu gesto nas lutas que, segundo Foucault, "... afirmam o direito de ser diferente" (Foucault, 1995, p. 234). Mas esta luta, no futebol, teria necessariamente que se desdobrar numa outra batalha, conforme podemos entrever pela reação do clube carioca, na quarta-feira, quando o jogador voltaria a se apresentar para os treinamentos:

Aí, no dia seguinte, tinha ordem, quando eu voltei no dia seguinte pra treinar, tinha ordem pra não me dar o material, ordem da rouparia, o roupeiro muito constrangido, também tinha sido meu roupeiro de juvenil, ele tava quase sem jeito,

Parte I _____ Afonsinho

muito chateado: 'Pô, sabe como é que é' – eu disse: 'ô rapaz, não tem problema, tudo certo'. Tinha ordem pra não me dar o material, pra não treinar. Aí eu procurei o Chirol, até hoje sou grato a ele por isso, pedi que ele me desse uma orientação, algumas coisas pra eu fazer a minha preparação ... E eu passei então a me apresentar ao clube, eles me negavam o material, atravessava a rua, e aí ia treinar nesse campo aqui, na Universidade, que tem em frente ao Botafogo, ao lado do Canecão. A rouparia não podia me dar material, eu tava proibido de treinar, né. Eu me apresentava ... continuava a mesma situação, eu atravessava a rua, ia pro campo da Universidade, fazia o trabalho que o Chirol tinha me dado, jogava uma pelada por aí, jogava na praia, tal, pra apenas me manter em condições de jogar profissionalmente.

O contrato de Afonsinho com o Botafogo ainda encontrava-se em vigência, razão pela qual o jogador cumpria o ritual de apresentar-se todos os dias aos treinamentos, a despeito da proibição decretada pelos dirigentes em comum acordo com o técnico. O impasse prolongava-se pelo mês de agosto, pois enquanto o jogador relutava em tirar a barba e o cabelo longo, os dirigentes do clube impunham-na como condição para a sua reintegração ao elenco. Através da imprensa esportiva, o diretor de futebol, Zeferino Xisto Toniato, reiterava o ultimato: "Podem botar toda a culpa em mim (...) pois ou ele tira a barba ou não treina. Vocês já imaginaram se os 700 jogadores do Rio deixassem a barba crescer?" (*Folha de S. Paulo*, 27/8/70). O supervisor de futebol, Marinho, também demonstrava-se escandalizado: "Onde já se viu um jogador barbudo? Enquanto ele não voltar ao estilo antigo, fica de fora"(Idem) O técnico Zagallo, por sua vez, compartilhava a decisão adotada pelos dirigentes: "Já me lembraram (...) que Brito jogou barbudo nas oitavas de final da Copa do Mundo. Mas tratava-se de uma promessa, e eu a respeitei. Com Afonsinho é diferente. Ele que raspe a barba e eu o aceitarei de volta"(Idem). Talvez, visto em retrospecto, a polêmica suscitada pela recusa do jogador em apresentar-se imberbe para treinar possa parecer um episódio até certo ponto banal. Todavia, devemos não apenas nos situar no contexto cultural da época para apreender toda a significação que a envolve, mas sobretudo situá-la no quadro das relações de poder no futebol brasileiro, a fim de compreendermos o quê exatamente estava em jogo nesse episódio.

A Rebeldia no Futebol Brasileiro _____ J.P. Florenzano

Conforme vimos acima, quando Afonsinho apresentara-se para treinar no Botafogo, Zagallo e Toniato buscaram ridicularizar a sua aparência, classificando-o de tocador de guitarra e cantor de yê-yê-yê. Esta simples menção evoca todo o contexto da revolução cultural que atravessa os anos 60 e invade a década seguinte. Ora, de acordo com Edgar Morin, no bojo desta revolução explode a cultura jovem, que se expressa, entre outras coisas, nos novos gostos musicais, como:

> ... a onda do rock, do jerk, em torno da qual se cristalizam não apenas um gosto juvenil por uma música e uma dança particularmente intensas, mas quase uma cultura, como o exprimem muito bem o sentido do termo 'yê-yê-yê' que, na França, encobre, não apenas um domínio musical, mas certa maneira de ser, quase uma atitude em face da vida (Morin, II, 1986, p. 138/139).

Mutatis mutandis, podemos transpor para o Brasil a asserção de Morin em relação ao referido termo, o qual, empregado por Zagallo e Toniato, expressava precisamente a preocupação de ambos com esta nova atitude em face da vida, que agora invadia também o universo autoritário do futebol. Sendo assim, vejamos no que consistia esta nova postura manifestada pelos diversos grupos de jovens. Citando mais uma vez Morin:

> Os beatniks, depois os hippies, Greenwich Village, Carnaby Street e San Francisco, depois, em cada cidade grande, os bairros da nova boêmia juvenil são como as contra-sociedades, as utopias concretas em que a vida é vivida diferentemente, com outra moral. As canções dissidentes de Bob Dylan, e em seguida de grande número de neotrovadores do não-conformismo, difundem muito amplamente esses novos valores (Idem, p. 139).

No universo disciplinar do futebol brasileiro, onde os clubes transfiguravam-se em acampamentos militares, Afonsinho viria a se constituir numa espécie de neotrovador da rebeldia, prenunciando a entrada em campo da revolução cultural, desencadeando, através de um gesto de recusa, as novas e decisivas lutas de resistência contra as práticas de poder existentes na esfera do futebol. Com efeito, em meados de 70, achava-se em pleno curso o processo de disciplinarização extensiva (Perrot,1988, p. 19), mediante o qual o jogador tornava-se objeto de prescrições morais quanto à sua conduta dentro e fora da atividade profissional. O conflito vivido por Afonsinho no Botafogo teria o mérito de expor à luz este processo, explicitando-o, bem como

Parte I _____ Afonsinho

as relações de poder que ele implicava. Nesse sentido, conforme assinala Foucault:

> *Cada luta se desenvolve em torno de um foco particular de poder (um dos inúmeros pequenos focos que podem ser um pequeno chefe, um guarda de H.L.M., um diretor de prisão, um juiz, um responsável sindical, um redator-chefe de um jornal). E se designar os focos, denunciá-los, falar deles publicamente é uma luta, não é porque ninguém ainda tinha tido consciência disto, mas porque falar a esse respeito – forçar a rede de informação institucional, nomear, dizer quem fez, o que fez, designar o alvo – é uma primeira inversão de poder, é um primeiro passo para outras lutas contra o poder* (Foucault, 1979, p. 75/76).

A recusa de Afonsinho em acatar a ordem do diretor e do técnico do Botafogo operava a primeira inversão de poder no futebol moderno. O gesto de rebeldia pelo qual o jogador resistia à ordem de Zagallo e Toniato denunciava, assim, os focos de poder existentes nas relações entre o jogador e o dirigente, e entre o jogador e o técnico, além de forçar a imprensa esportiva a abrir o debate acerca do direito que o clube tinha, ou não, de intervir na esfera da vida privada do atleta, expondo, dessa maneira, a normalização em curso no futebol brasileiro. De fato, por intermédio do debate criado pela revista *Placar*, o chefe de esportes da Rádio Inconfidência, de Minas Gerais, revelaria , de modo inequívoco, o que estava em jogo em torno do episódio aparentemente banal da barba de Afonsinho:

> *Quando a vida particular do jogador passa a ter influência negativa em seu trabalho, o dirigente deve interferir em busca de* normalização *(grifo nosso). Aí é que começa o problema: muitos não têm habilidade suficiente e procuram se envolver na vida do jogador de modo direto e até acintoso, deixando-o ofendido, com justa razão. Tudo depende de habilidade (Placar, 22/1/71, n. 45, p. 46).*

As regras de conduta prescritas nos regulamentos disciplinares bem como no discurso dos dirigentes, preparadores físicos, técnicos e jornalistas objetivava controlar o comportamento do jogador de futebol, conformando-o à norma. Porém, a fala do jornalista mineiro explicitava o problema posto para as relações de poder no contexto histórico da militarização dos clubes, a saber: "A normalização não é resultado de uma forma de repressão, mas técnicas de sanções voltadas para uma operacionalidade". O recurso à repressão enquanto estratégia privilegiada para enquadrar os comportamentos considerados desviantes caminhava para o fracasso, pois, ao invés de corrigir o jogador, via de regra suscitava a sua revolta, como o exemplo de Afonsinho demonstrava. E, no entanto, tornava-se premente a necessidade de governar a conduta do jogador de futebol, tanto dentro quanto fora da esfera de atividade profissional, como, também neste ponto, afirmaria abertamente o supervisor do América MG, o qual, respondendo à indagação da revista *Placar* – 'O clube pode interferir na vida do jogador?'– não hesitava:

É evidente que sim. Afinal, a vida do jogador fora de campo tem muitas relações com sua vida profissional. É praticamente impossível separá-las. A adaptação do jogador aos métodos de trabalho de um clube deve ser a mais perfeita, para evitar problemas para os dois (Placar, 22/1/71, n. 45, p. 46).

O futebol brasileiro produzido em bases científicas tornava cada vez mais necessária a apropriação do corpo do jogador fora da atividade profissional. Nesse sentido, em seu depoimento de 68, o preparador físico do Flamengo enumerava as seguintes prescrições para o jogador-moderno:

1) Dar ciência ao atleta da necessidade de um bom estado atlético; isto é, prepará-lo psicologicamente; explicar-lhe que se trata de um esforço necessário; 2) Necessidade de dormir bem, e à noite; 3) Não ingerir bebidas alcoólicas; 4) Se possível, não fumar; 5) Controle sexual; 6) Boa alimentação (saber como alimentar-se bem) (in: Pedrosa, 1968, p. 67/68).

A importância central conferida à preparação física no futebol moderno, alçada à condição de fator decisivo no sucesso de qualquer equipe, autorizava a intervenção normalizadora na âmbito da vida privada do atleta. Contudo, no contexto da militarização, as prescrições da conduta iam além dos cuidados com o corpo, regulamentando também o modo de se vestir, de se portar e até de se transportar do jogador. Assim, com o debate criado em torno da punição de Afonsinho vinham à tona as novas exigências que, nesse momento, atingiam o jogador de futebol:

Toniato (diretor do Botafogo) não permite barba longa. Paulinho (técnico do Botafogo) não admite bermudas, sandálias e camisetas. O general Osman Ribeiro (diretor do Santos) exige que os jogadores vendam seus carrões (Placar, 22/1/71, n. 45, p.).

Parte I _____ Afonsinho

Com efeito, para Foucault, o exercício do poder consiste precisamente em conduzir a conduta dos outros. O "... traço característico do poder é que certos homens podem, mais ou menos, determinar por completo a conduta de outros homens ..." (Foucault, 1990, p. 98) Sendo assim, nada mais conveniente se o indivíduo cuja conduta deve ser governada tiver a identidade associada à da criança, à do soldado ou à do bárbaro, como ocorre com o jogador de futebol, e, de modo inverso mas simétrico, se os que são encarregados de governá-lo apresentarem-se como representantes de uma família, de um exército ou de uma agência civilizadora, como fazem os clubes. Aprofundando um pouco mais esta asserção, vejamos o desdobramento da análise de Foucault: "O modo de relação próprio ao poder (...) é o governo – termo que Foucault utiliza na acepção que lhe dava o século XVI, quando então designava – a maneira de dirigir a conduta dos indivíduos ou dos grupos: governo das crianças, das almas, das comunidades, das famílias, dos doentes" (Foucault, 1995, p. 244). Ora, no futebol, talvez possamos postular a existência do governo dos jogadores, isto é, do exercício de um poder capaz de determinar-lhes a conduta conformando-a o máximo possível ao padrão de normalidade instituído, cuja construção gira ao redor das imagens da criança responsável, do soldado obediente e do selvagem a ser civilizado, pois, de fato, o universo do futebol encontra-se povoado por estas figuras de cuja inocência devemos suspeitar.

A percepção do jogador brasileiro enquanto indivíduo primitivo não se constitui numa novidade do futebol moderno. Ela emerge simultaneamente ao ingresso das classes populares nesse esporte, no decorrer das primeiras décadas deste século, prosseguindo ao longo do tempo. Nesse sentido, afirmava Ruy Castro: "As excursões à Europa na segunda metade dos anos 50 foram decisivas para civilizar muitos jogadores brasileiros" (Castro,1995, p. 105). A obra civilizadora do bárbaro dos gramados esportivos, na verdade, continuaria ao longo da década de 60, como se depreende do alerta feito por Admildo Chirol, a propósito da introdução dos novos métodos de preparação física copiados da Europa: "Devido ao nosso clima, um estudo deveria ser feito no que diz respeito à parte fisiológica, levando-se em conta que *a mentalidade dos nossos jogadores não é muito evoluída* (grifo nosso), sua alimentação deficiente e sua conduta de vida, com algumas exceções, incompatível com as de um atleta" (in: Pedrosa, 1968, p. 19). Seguindo

A Rebeldia no Futebol Brasileiro _____ J.P. Florenzano

a mesma linha de argumentação, o técnico Orlando Fantoni advertia: "Geralmente, os atletas brasileiros (...) vêm da classe pobre e não estão devidamente preparados para seguir uma carreira tão difícil e exigente como a de futebolista, cheia de contradições e de perigos de ordem psicológica, que normalmente requerem um grau de cultura bastante elevado ..." (Idem, p. 141) O jornalista Max Valentim, por sua vez, elucidava mais uma face do selvagem dos campos: "Em verdade estamos tratando de bípedes, de especial sensibilidade pois se exibem para milhares de exaltados, de exigentes. O problema moral está sempre presente. Portanto, a questão educacional também. Sobretudo levando-se em conta as origens humildes de agora" (Idem, p. 136).

A conquista do tricampeonato, em 70, representava o coroamento do gigantesco esforço desprendido durante décadas para educar, moralizar, normalizar e civilizar o jogador brasileiro, transformando-o de sub-raça em super-homem, mas também transfigurando-o de bárbaro em civilizado. Mas no exato momento em que esta dupla conquista parecia assegurada, emergia no cenário esportivo uma outra personagem, desregrada na maneira de se vestir, desleixada quanto aos cuidados do que se considerava como boa aparência, cujo modo de ser, em suma, não poderia deixar de causar apreensão, pois esta personagem, na verdade, pressagiava a invasão perturbadora na paisagem militar na qual procurava-se transformar o futebol brasileiro. E, de fato, em 71, a revista *Placar* já noticiava alarmada essa invasão, conforme vemos na matéria do repórter Sebastião Pereira, encarregado de acompanhar o Botafogo numa excursão ao México:

Eu vi, ninguém me contou. Vi a mais desastrosa das excursões do Botafogo que fracassou tecnicamente, além de cometer toda a sorte de indisciplina, deixando muito mal o nome esportivo brasileiro (...) sinto-me na obrigação de contar tudo. Não quero ser cúmplice da tragédia nem trair minha condição de jornalista (...) As cenas de indisciplina por onde passava o Botafogo tornaram-se uma constante. Ninguém se entendia. A delegação parecia um grupo de hippies, homens barbudos, cabeludos e revelando descontentamento em suas feições (Placar, março/71, n. 51, p. 10).

A invasão dos Novos Bárbaros na cena militar do futebol brasileiro decorre, em boa parte, da luta de resistência de Afonsinho contra a normalização em curso no futebol brasileiro, cujo mérito consiste precisamente em ter aberto o caminho para novas manifestações de

Parte I _____ Afonsinho

rebeldia contra o exercício do poder que objetivava gerir a vida dos jogadores. Dessa maneira, usar barba e cabelos longos para romper com a boa aparência exigida pela norma, desfilar pelas dependências do clube com sandálias e bermudas ou trajar-se com as vestes da contracultura expressava o caráter estético de que se revestia a rebeldia nesse momento, isto é, a forma pela qual operava-se a primeira inversão de poder no futebol:

... o soldado disciplinado começa a obedecer ao que quer que lhe seja ordenado; sua obediência é pronta e cega; a aparência de indocilidade, o menor atraso seria um crime (citado in: Foucault, 1987, p. 131).

Em meados de 70, ao reapresentar-se ao Botafogo com barba e cabelo "longo", Afonsinho trazia no rosto a divisa da rebeldia, e, por esse crime, ele quase seria banido do futebol.

A Lei do Passe

Durante todo o mês de agosto de 70 a situação de Afonsinho permanecera num impasse, com o jogador apresentando-se todos os dias ao Botafogo para cumprir o que lhe restava de contrato e o clube, em contrapartida, proibindo-o de treinar enquanto não acatasse a ordem de tirar a barba. Afonsinho, porém, mantivera-se irredutível no decorrer desse período: "Não admito interferências na minha vida particular e considero absurda a exigência do Departamento de Futebol, que só admite meu retorno aos treinos no dia em que aparecer barbeado. A barba é minha e só vou tirá-la quando tiver vontade" (JB/22/8/70). O Botafogo, por sua vez, resolvera tomar providências jurídicas contra o que julgava como indisciplina, conforme relata o jogador:

Suspenderam o meu contrato, eu já devia tar suspenso quando me apresentei, não sei quando é que eles pediram isso ... tava suspenso. Então, passou um prazo aí, dois meses, três meses ... o que eu tinha de contrato ... aí tive de recorrer à Justiça.

Após o término do contrato, Afonsinho decidia recorrer à Justiça Desportiva reivindicando o direito de continuar exercendo a profissão por outra equipe, uma vez que os dirigentes do Botafogo não se dispunham a conceder-lhe esta permissão. Pois, de fato, a Lei do Passe

A Rebeldia no Futebol Brasileiro _____ J.P. Florenzano

constitui-se num mecanismo jurídico que aprisiona o atleta profissional em relações trabalhistas de caráter servil, submetendo-o à condição de depender do consentimento do clube para poder prosseguir na carreira. Com efeito, o Passe consiste, como o define Ricardo Benzaquen de Araújo, em uma ...

"... 'carta' que assegura ao clube direitos absolutos sobre a transferência do jogador. Este documento, o 'Certificado de Transferência', vincula inteiramente o jogador ao clube, que tem a propriedade do seu passe. Conseqüentemente, para mudar de clube, de emprego, o jogador terá que ser 'vendido' ou 'trocado', em negociações nas quais, embora consultado, nunca possui a palavra final" (Araújo,1980, p. 75).

Sendo assim, podemos concordar com a observação de Ronaldo Negrão e Ricardo Melani, segundo a qual: "No ato de assinatura do contrato profissional, o jogador entra para um mundo no qual ele não é mais dono de sí" (Melani; Negrão, 1995, p. 63). Esta percepção emerge na fala de Afonsinho, quando o jogador comenta a sua transferência, em 1965, dos amadores do XV de Jaú para os do Botafogo:

Quando eu vim pra cá, meu pai não tinha assinado o contrato (...) não aceitou fazer contrato de gaveta. O contrato de gaveta é um contrato de profissional que você não registra. Se você quiser assinar com outro clube, aí eles entram na Federação e provam que você já tinha um contrato, que você era vinculado – a forma de prender o jogador ... Você não pode ter o contrato assinado, então você tem um contrato que chama de gaveta, que fica guardado, ele fica guardado e você tá preso, vinculado (...) Mas quando eu subi pra equipe de profissional, me firmei no Botafogo, não tinha como ficar mais como amador, fui obrigado a assinar um contrato, assinei o meu primeiro contrato, fiquei vinculado ao Botafogo.

Cinco anos depois, o vínculo de Afonsinho com o Botafogo transformava-se literalmente num aprisionamento, com o clube condenando-o à inatividade em virtude de uma atitude classificada como indisciplina. Ora, consoante a análise acurada de Ricardo Melani e Ronaldo Negrão, nas relações trabalhistas regidas pela Lei do Passe, "... qualquer reivindicação interpretada como ousadia por parte do clube pode causar uma situação pior que o desemprego: sem salário, sem trabalho e sem poder procurar trabalho" (Idem, p. 65), precisamente a situação na qual encontrava-se Afonsinho, cuja recusa em submeter-se

Parte I _____ Afonsinho

à ordem para jogar imberbe custara-lhe a pena de banimento, não apenas da equipe alvinegra, mas do próprio futebol. Sem dúvida, no dispositivo de poder do futebol, a Lei do Passe constitui-se num importante instrumento de dominação, à medida que restringe consideravelmente o campo de ação do jogador no quadro das relações de poder, fazendo pesar sobre ele, como uma espécie de Espada de Dâmocles, a ameaça do interdito da profissão. Todavia, a aplicação desta medida draconiana não deixava de revelar ao mesmo tempo o fracasso no exercício do poder, cujo objetivo consiste em "conduzir condutas" e não proscrever os corpos da esfera de atividade na qual estão imersos. Nesse sentido, como assinala o antropólogo Roberto Machado acerca da noção de poder elaborada por Foucault:

Não se explica inteiramente o poder quando se procura caracterizá-lo por sua função repressiva. O que lhe interessa basicamente não é expulsar os homens da vida social, impedir o exercício de suas atividades, e sim gerir a vida dos homens (...) Objetivo ao mesmo tempo econômico e político: aumento do efeito de seu trabalho, isto é, tornar os homens força de trabalho dando-lhes uma utilidade econômica máxima; diminuição de sua capacidade de revolta, de resistência, de luta, de insurreição contra as ordens do poder, neutralização dos efeitos de contra-poder, isto é, tornar os homens dóceis politicamente (in: Foucault, 1979, p. XVI).

A luta de resistência do jogador Afonsinho contra os mecanismos de poder voltados para a produção do corpo dócil e útil, que se manifestara ao longo de todo o período em que estivera no Botafogo e cujo desfecho refletia-se no episódio da recusa em acatar a ordem para jogar imberbe, levara o clube a impor a punição extrema prevista pela Lei do Passe: a suspensão do contrato com o conseqüente afastamento do atleta da equipe. Esta medida, que deveria funcionar como fator de intimidação, ao invés disso, surtira o efeito contrário, pois agora o jogador decidira radicalizar a sua luta, dispondo-se a questionar na Justiça a Lei do Passe. Em face da resistência obstinada do jogador, diante do fracasso dos mecanismos disciplinares em obter de Afonsinho a docilidade política, os dirigentes do Botafogo, numa tentativa desesperada, tentariam comprá-la:

Nesse meio de caminho também houve alguma tentativa de me reintegrar (...) O diretor era um outro, então ele combinou comigo: 'Vamos conversar, vê se a gente resolve esse negócio ...' Um cara, assim, playboy e tal, combinou: 'Vamos na sua casa conversar' ... Tá bom. Marcamos aqui, no dia seguinte, ele veio, trouxe um presente, era uma caixa, era um agasalho ... E aí conversou comigo, a condição era aquela, eu tinha que raspar a barba pra treinar. A condição imposta era que eu raspasse a barba e o argumento era o seguinte: 'Que esse negócio era muita onda de imprensa, muita fofoca, que esses caras faziam muita onda e tal, a situação era a seguinte: você se reintegra, então, se você se reintegra, você vai ter garantido um mínimo de 100 mil' – cruzeiros, cruzeiros novos, não sei o que era, me lembro que a cifra era 100 mil – 'Que se você, se ficar tudo certo você renova o teu contrato ... se não a gente faz a sua venda, você vai ganhar o mesmo valor em torno desse 100 mil ... O negócio: não dá bola pra esses caras de imprensa, que fazem muita onda, o negócio: bota um dinheirinho no bolso, o negócio: boa mulher, um carrinho do ano ... .'

No início da temporada de 71 Zagallo deixara o clube para assumir o cargo de treinador no Fluminense. Em seu lugar, o Botafogo contratara Paulinho de Almeida com o qual Afonsinho trabalhara no período que estivera por empréstimo no Olaria. O novo técnico não opunha nenhum empecilho à reintegração do jogador ao grupo, ensejando dessa maneira a oportunidade que a diretoria aguardava para reaver o futebol de Afonsinho, ou mais precisamente readquirir a possibilidade de lucro que ele representava. De fato, segundo a observação de Melani e Negrão: "Nas relações sociais de produção do jogador de futebol brasileiro, a máxima do lucro também impera" (Melani; Negrão, 1995, p. 66). O vice-presidente do Botafogo, Xisto Toniato, empresário que atuava no comércio de carne como proprietário de uma rede de açougues no Rio de Janeiro, compreendia perfeitamente esta máxima e defendia já nessa época a idéia de "... tratar o futebol como um verdadeiro negócio, um comércio como outro qualquer" (*Placar,* 16/4/71, n. 57, p. 11) O futebol como negócio passava, decerto, pela atividade produtiva do jogador, cuja exploração comporta dois aspectos:

... o trabalho do jogador é magnificamente produtivo. Produtivo, em primeiro lugar, como qualquer força de trabalho, produz mais do que recebe e, portanto, acresce capital – seja quando a venda da mercadoria produzida se dá pelas bilheterias dos estádios, seja através dos contratos de televisão e propaganda; em segundo lugar, pelo expediente da lei (do Passe), o investidor (clube ou empresário) tem um excedente

Parte I _____ Afonsinho

extra com a venda do passe. Disso se conclui que a relação servil também está a serviço do capital (Melani; Negrão, 1995, p. 66/67).

Consoante a análise dos autores citados, a dupla exploração à qual se vê submetido o jogador de futebol decorre do caráter sui generis de que se reveste sua força de trabalho, por um lado, constituída como mercadoria que cria mais-valor, mas por outro lado, à medida que o mecanismo jurídico do Passe retira-lhe a propriedade sobre a sua força de trabalho, ele próprio se constitui como "mercadoria-jogador", ensejando um lucrativo negócio através da compra e venda desta última (Melani; Negrão, 1995, p. 67). Pois bem, à luz destas considerações, o afastamento de Afonsinho revelava-se duplamente prejudicial ao Botafogo: em primeiro lugar, porque o impedia de explorar o atleta enquanto força de trabalho produtiva dentro da equipe; em segundo lugar, porque excluía a possibilidade de auferir lucro através da negociação de seu Passe. Daí a iniciativa daquele dirigente alvinegro propondo um acordo a Afonsinho, oferecendo-lhe vantagens materiais e a chance de voltar a exercer a profissão, exigindo em troca apenas o cumprimento da ordem de jogar sem barba.

A esta altura, porém, em torno e através do aparente detalhe da barba expressava-se a disputa política entre o poder que requeria a sujeição e a recusa do jogador em submeter-se a ela. Nesse sentido, como assinala Foucault:

A relação de poder e a insubmissão da liberdade não podem (...) ser separadas. O problema central do poder não é o da 'servidão voluntária' (como poderíamos desejar ser escravos?): no centro da relação de poder, 'provocando-a' incessantemente, encontra-se a recalcitrância do querer e a instransigência da liberdade (Foucault, 1995, p. 244).

O dirigente sairia desapontado daquela conversa realizada no apartamento de Afonsinho, pois o jogador declinaria da proposta de retornar à condição de "escravo", ainda que fosse a de um "escravo" muito bem remunerado:

Eu agradeci a ele ... agradeci o empenho ... era uma forma de tentar resolver. Naquelas condições não dava e tal, (ele) foi embora. Nada mais. Acabei entrando na Justiça.

A Rebeldia no Futebol Brasileiro _____ J.P. Florenzano

Afonsinho segue narrando, então, a estratégia empregada para obter o Passe Livre na Justiça , cuja autoria o jogador atribui ao seu pai, José Reis. Antes de mais nada, a primeira precaução adotada foi a de contratar um advogado que pudesse equilibrar a correlação de forças entre o jogador e o clube na esfera judiciária. "Romper um vínculo dessa importância – diz o jogador – discutir o Passe com um clube como o Botafogo, um time de primeira linha do futebol mundial, cujo presidente era o Secretário da Fazenda do Estado! Quer dizer, era muito poder pra ser contestado". Assim, por intermédio de contatos chegava-se até o ex-governador da Guanabara, Rafael de Almeida Magalhães, como advogado de Afonsinho no litígio. A partir daí, o passo seguinte deveria ser o de esgotar todos os recursos na esfera da Justiça Esportiva antes de recorrer à Justiça Comum. Tratava-se de mera precaução processual, pois não se mantinha nenhuma expectativa de vitória nos tribunais esportivos, que o jogador define da seguinte forma, narrando, além disso, o primeiro julgamento:

Justiça entre aspas, de justiça não tem nada. Tribunal unilateral, embora depois a gente viesse a saber que havia pessoas honradas e tal. Mas é uma coisa viciada. Então foi julgado primeiro pelo Tribunal de Justiça da Federação (Carioca), foi uma coisa escandalosa, que eu saí revoltado ... A regra do julgamento, o juiz é obrigado a justificar o voto dele, quer dizer, vota a favor ou contra e diz por quê. Então, teve um argumento que o cara disse que votava contra, como votava a favor da medida que tava se pensando na época, que alguns jogadores valorizados tinham tido acidente de carro, tinha havido dois acidentes no Santos ... e eles pensavam na hipótese de proibir o jogador de usar carro ... É absurdo mas o cara argumentou no voto dele contra me liberar pra ir trabalhar, entendeu, comparando.

Com efeito, já em pleno milagre econômico do regime militar, os carros incrementados que os jogadores dos principais clubes exibiam pelas ruas das cidades tornavam-se objeto de acirrado debate nos meios esportivos. Esta discussão, porém, contém um significado bastante elucidativo das relações de poder que se constituíam nesse momento no futebol brasileiro. Dito de forma brutal, não era o jogador que deveria dirigir a máquina mas, pelo contrário, era ele que deveria deixar-se conduzir enquanto máquina natural, mera peça na engrenagem de poder na qual achava-se inserido. Na maquinaria de poder que o sonho militar no futebol vinha construindo, aguardava-se a docilidade automática

Parte I _____ Afonsinho

por parte daqueles que deveriam ser conduzidos. A rebeldia contra o poder de governo sobre os jogadores, porém, aflorava com toda a veemência na fala de Afonsinho nessa época:

Sabe, muitas pessoas não me aceitam como sou. Gostariam que eu seguisse as normas da sociedade. Não entendem que eu não sou máquina para ser dirigido (*Folha de S. Paulo,* 16/2/72).

Por causa dessa insubmissão o jogador vira-se punido com a pena de banimento do futebol. Agora, na Justiça, ele lutava pelo direito de exercer a profissão. Contudo, no primeiro julgamento, ocorrido no Tribunal da Federação Carioca, não havia expectativa de vitória pelos motivos expostos por Afonsinho em sua fala, aos quais o jogador acrescenta mais este: "... quando nós fomos pedir a composição do júri, na própria CBD eles indicavam até a procedência: fulano do Vasco; fulano do Flamengo; fulano do Botafogo, os juizes vão ser esse, esse, esse aqui, é assim". Nem ao menos a aparência de neutralidade em face das partes em litígio o Tribunal preocupava-se em ostentar. Dessa maneira, consumada a derrota no primeiro julgamento, o jogador entraria com recurso ao Superior Tribunal de Justiça Desportiva da CBD. Entre um julgamento e outro, porém, a luta de Afonsinho alcançara uma repercussão inesperada que ia muito além do universo do futebol, expondo, no final das contas, esse próprio universo à apreciação crítica de outros setores da sociedade, além de mergulhá-lo num debate pouco conveniente às estruturas de poder, quando menos porque, através da discussão da Lei do Passe, tanto a dominação política quanto a exploração econômica do jogador de futebol emergiam sem subterfúgios. Assim, por exemplo, o jornalista Ricardo Serran, de *O Globo,* ponderava num rasgo de franqueza inusual:

O passe é a garantia da sobrevivência do futebol profissional, por odiosa que seja a idéia de que escraviza o atleta. Até agora não foi inventada fórmula melhor, e sem o passe os clubes há muito estariam francamente dominados pelos jogadores. Imaginem se o critério fosse o mesmo de outros artistas, como cantores e atores, que assinam por prazo fixo e não têm obrigações maiores depois do término do contrato. Daí os cachês elevados, que, se aplicados ao futebol, não permitiriam que os portões dos estádios se abrissem para o espetáculo (*Placar,* 10/12/71, n. 91, p. 18).

A Rebeldia no Futebol Brasileiro _____ J.P. Florenzano

A Lei do Passe significava para o sistema de dominação, na verdade, muito menos e muito mais do que indicava o jornalista. Muito menos porque sem ela a dominação sobre o jogador continuaria existindo, pois esta também se desenvolve ao nível material do investimento político dos corpos pelos mecanismos disciplinares. Muito mais, porém, porque sem ela o atleta profissional talvez viesse a manter e aprofundar a autonomia dentro de sua esfera de atividade. Detenhamo-nos nesta questão estabelecendo um rápido paralelo entre o trabalho do operário e o do jogador, cuja analogia talvez permita-nos apontar a finalidade à qual se prestava a Lei do Passe. Com efeito, o contexto histórico do século XIX, na Inglaterra, onde surge o futebol contemporâneo (Murad, 1996) caracteriza-se pelo duplo processo de expropriação ao qual o operário achava-se submetido desde o início da Revolução Industrial: expropriação dos meios de produção mas também do saber sobre a produção. Ora, nesse mesmo contexto histórico, o jogador de futebol mantinha-se na condição do artesão que detinha o saber sobre a produção. Não havia como o clube se apropriar desse saber. Esta impossibilidade, por sua vez, assegurava ao jogador uma autonomia dentro da atividade esportiva que certamente opunha obstáculos à dominação. Sendo assim, enquanto o capital apropriava-se dos meios de produção e do saber do trabalhador, no futebol a Lei do Passe realizava a apropriação do próprio jogador, isto é, aprisionava-o ao clube retirando-lhe a propriedade sobre a força de trabalho, pois diversamente do que o capital pudera fazer em relação ao operário, no futebol não fora possível ao clube "... libertar-se da habilidade dos trabalhadores" (França, 1996, p. 112). Por conseguinte, ao contrário do que ocorrera com o operário na fábrica, o jogador no clube mantinha "sua capacidade de interferência na gestão da produção" (Idem, p. 112). Em outras palavras, sem poder se apropriar do saber e da técnica do atleta, através do mecanismo do Passe o clube apropriava-se do corpo do jogador garantindo, dessa maneira, a dominação. Feitas estas considerações, vejamos agora como se articula a questão do Passe com os mecanismos disciplinares:

O passe é a arma do dirigente para prender o atleta (...) que obriga o jogador a ficar preso ao clube (O Estado de S. Paulo, 4/10/81). Somos tratados como animais, como escravos e muita coisa tem de ser mudada (O Estado de S. Paulo, 10/2/71, p. 24).

Parte I _____ Afonsinho

São frequentes as declarações de Afonsinho invocando estas expressões, quais sejam, o clube como uma prisão e a condição do jogador como escravo. Ora, como aponta Márco Alves Fonseca acerca dos mecanismo de poder analisados por Foucault:

As tecnologias disciplinares são diferentes da escravidão na medida em que não efetuam uma apropriação dos corpos, no sentido de subjugá-los e impor-lhes algo por meio de uma força exterior à sua própria vontade. O mecanismo das tecnologias disciplinares se traduz por uma apropriação daquilo que o indivíduo produz, dos saberes, sentimentos e hábitos a ele relacionados, sem retirá-lo do meio que lhe é próprio ou em que se encontra (Fonseca, 1995, p. 50).

A Lei do Passe faz do jogador um escravo no sentido de que ela permite que o clube se aproprie da sua liberdade de ir e vir no ramo de produção no qual exerce a profissão (Melani; Negrão, 1995). Entretanto, ao contrário do escravo, o jogador escolhe estar no futebol, esta atividade constitui o meio que lhe é próprio. E, nesse sentido, as disciplinas podem "trabalhar em cima da privação de liberdade" (Fonseca, 1995) à qual a Lei do Passe o submete, reduzindo-lhe a força política em termos de revolta contra os mecanismos disciplinares. Paradoxo terrível do futebol: na esfera de atividade onde o indivíduo escolhe realizar a liberdade, tecendo-a na criação do drible, na invenção da jogada, avançando com sua fantasia pelo campo onírico do futebol; ele se defronta com o caráter repressivo da dominação exercida através do Passe que o aprisiona ao clube; ele se vê como objeto de uma dupla exploração econômica, seja como força de trabalho produtiva, seja enquanto mercadoria-jogador; e finalmente, ele se debate na rede produtiva de poder que o investe no quotidiano de sua atividade, constituindo-o como jogador disciplinar, sujeito dócil submetido à identidade do menino responsável, do soldado obediente, do bom escravo, do bárbaro civilizado, enfim, das imagens que convêm à tutela que a Lei do Passe impõe e justifica.

Geralmente – diz Foucault *– pode-se dizer que existem três tipos de lutas: contra as formas de dominação (étnica, social e religiosa); contra as formas de exploração que separam os indivíduos daquilo que eles produzem; ou contra aquilo que liga o indivíduo a si mesmo e o submete, deste modo, aos outros (lutas contra a sujeição, contra as formas de subjetivação e submissão)* (Foucault, 1995, p. 235).

No gesto de rebeldia do jogador Afonsinho as três formas de luta mencionadas por Foucault encontram-se entrelaçadas. "Deixei de ser

103

dócil e passei a lutar pelos meus direitos" (*O Estado de S. Paulo*, 6/2/72), afirmaria Afonsinho desvelando-nos o caminho percorrido em sua luta: da resistência do jogador contra os mecanismos que objetivavam produzir o jogador dócil e útil exigido pelo futebol moderno até à contestação das formas de dominação e exploração asseguradas pela Lei do Passe. A fala desse neotrovador da rebeldia no futebol brasileiro alvejava indistintamente estes três alvos, expondo-os ao debate do universo esportivo que via-se forçado a discutir tanto a normalização em curso quanto o mecanismo do Passe. Debate incômodo, sem dúvida, ao qual convinha dar um basta o mais depressa possível. Com efeito, voltemos ao processo que se desenrolava na Justiça, no ponto em que o havíamos deixado, isto é, entre o primeiro e o segundo julgamentos:

E aí então foi o recurso ao tribunal da CBD. Bom, aí nesse meio caminho a coisa teve uma repercussão muito grande, um assunto nacional, não sei o quê, opiniões até das 'dondocas', das 'socialites' ... Quer dizer, teve uma repercussão muito grande ... E naquele período eu acabei até obtendo o meu Passe no STJD, porque teve uma conotação mais política do que aquele (primeiro) julgamento. E como era um absurdo tão grande, eu acabei ganhando o Passe, não fui à Justiça Comum que a gente achava que ia ser necessário ir, então a gente tava preparado para essa outra ... Mas resolveram acabar com aquilo, que realmente era uma vergonha, um escândalo ... .

No dia 4 de março de 1971, depois de oito meses proscrito do futebol, Afonsinho conquistava no Superior Tribunal de Justiça Desportiva da CBD o Passe Livre, infligindo aos diretores do Botafogo uma derrota que não deixava de surpreender o mundo do futebol. "Pelo menos por uma vez foi derrubado o domínio dos dirigentes" (*O Estado de S. Paulo*, 16/2/72), diria com razão o jogador, cujo gesto de rebeldia vinha questionar o sistema de dominação existente no futebol brasileiro por dois motivos interligados: em primeiro lugar, porque, ao lutar na Justiça contra a Lei do Passe, contestava o instrumento que permitia aos dirigentes esportivos o exercício de um poder discricionário sobre o atleta; mas em segundo lugar, porque manifestava resistência à normalização disciplinar, confrontando o exercício do poder voltado para a gestão da vida do jogador de futebol. Todavia, como assinala Gilles Deleuze:

Parte I _____ Afonsinho

A vida se torna resistente ao poder quando o poder toma como objeto a vida (Deleuze, 1988, p. 99).

Com efeito, no momento em que Afonsinho deixava o Tribunal de Justiça, a rebeldia entrava em campo e operava uma inversão, ainda que por breve lapso de tempo, no jogo de poder que vinha se desenrolando contra a dominação militar-disciplinar. Nos gramados esportivos, nas mais diversas praças de futebol do país, a rebeldia passaria a exibir os símbolos da contestação extraídos da luta de Afonsinho:

Venci e agora minha barba e meus cabelos compridos são um símbolo de liberdade (*O Estado de S. Paulo*, 16/2/72).

A rebeldia entra em campo

Quando o confronto entre Afonsinho e o Botafogo achava-se apenas na preliminar do jogo que logo seria disputado no âmbito da Justiça Esportiva, Paulo César Lima, seu companheiro de equipe, manifestava-lhe solidariedade em tom de irreverência: "Esta tua barba está um barato. Talvez deixe a minha crescer também" (*O Estado de S. Paulo*, 27/8/70). Um ano depois, com efeito, Paulo César também se transformava em mais um companheiro de rebeldia, como permite entrever a reportagem da revista *Placar* que abordava a possível transferência do craque carioca para o Corinthians. Sob uma foto na qual ele aparece vestindo a camisa do clube do Parque São Jorge, lemos a seguinte legenda:

Com seu cabelo Black Power e sua barba, Paulo César vai introduzir no Corinthians uma nova imagem: a do jogador bem ligado às coisas do seu tempo, não apenas à boêmia. Mas essa imagem também é falsa: Paulo César é apenas um menino (*Placar*, 5/11/71, n. 86, p. 6).

A mudança de cara e cabelo do jogador Paulo César expressava o caráter estético do qual se revestia a rebeldia nos anos 70 e refletia o questionamento da condição de minoridade à qual os jogadores estavam submetidos:

Vou para São Paulo (...) Lá mudo até a minha imagem. Ninguém mais vai me chamar de moleque (Idem, p. 7).

A Rebeldia no Futebol Brasileiro _____ J.P. Florenzano

Afonsinho obtivera a vitória na Justiça em março de 71. Ao final desse mesmo ano, o jogador Raul, goleiro do Cruzeiro, entrava na Justiça requerendo Passe Livre, expondo-se à mesma acusação de moleque imputada a Paulo César e sofrendo a mesma ameaça da qual fora objeto Afonsinho, como podemos notar na reação dos dirigentes do clube mineiro:

Raul é uma criança (Carmine Furletti, diretor de futebol). *Raul nunca mais jogará futebol* (Felício Brandi, presidente do Cruzeiro) (*Placar*, 19/ 11/71, n. 88, p. 23).

Ao que parece, a iniciativa de Afonsinho não estava fadada a se tornar um gesto solitário, conforme se depreende da matéria da revista *Placar*. Sob o título "Raul entra na luta do Passe Livre" a reportagem acrescenta ainda: "Mais um jogador consegue pegar o clube em descuido e vai à Justiça pedir passe livre"(Idem, p. 22). Mais ou menos à mesma época outro jogador, o armador Spencer, que também atuava no futebol mineiro, conquistava o Passe Livre ao vencer a causa movida na Justiça contra o Cruzeiro. Em 74, numa entrevista concedida à revista *Placar*, Spencer recordaria os motivos que haviam-no levado ao confronto com os dirigentes:

Passei a conviver com os dirigentes e me insurgi contra tudo, pois as atitudes deles me chocavam demais. Eu era tratado como um objeto a ser vendido com bons lucros no futuro (...) O resultado foi que consegui meu passe na Justiça (*Placar*, 5/7/74, n. 224, p. 26).

Nesse ano de 71, ao que tudo indica, muitos jogadores partiram para a ação direta contra a Lei do Passe, estivessem inspirados ou não na atitude de Afonsinho. Seja como for, na conclusão da reportagem sobre Spencer podemos divisar o que em boa parte também se apresenta como legado do gesto de rebeldia de Afonsinho:

Barbado, pinta de hippie, bolsa enorme a tiracolo, roupas extravagantes – é assim que Spencer anda pelas ruas de Belo Horizonte (Idem, p. 27).

Enquanto a batalha de Afonsinho desenrolava-se nos Tribunais Esportivos, os campos de futebol pouco a pouco iam sendo invadidos pelos Novos Bárbaros. Nem todos entrariam na Justiça contra a Lei do Passe, mas todos eles, de uma maneira ou de outra, lançavam-se na luta contra a dominação disciplinar-militar em curso no futebol

Parte I _____ Afonsinho

brasileiro. Esta se mostrava, por exemplo, na exortação feita em 68 pelo técnico do Flamengo, Walter Miraglia, ao mundo do futebol:

Ver como o profissional se comporta na sociedade, – e não apenas em campo nos jogos ou treinamentos – é de grande interesse do ponto de vista prático, e útil ao trabalho que se realiza (in: Pedrosa, 1968, p. 168).

O trabalho realizado pelas disciplinas desde meados dos anos 60 traduzia-se na vasta obra de produção do jogador moderno, projeto ambicioso em decorrência do qual buscava-se situar o jogador no quadro de uma vigilância mais estrita que permitisse o controle constante da conduta, tanto dentro quanto fora da esfera profissional, configurando um processo de disciplinarização extensiva. Esta refletia-se numa série de prescrições morais que desaconselhavam o fumo e a ingestão de álcool, a vida boêmia, o "excesso" na atividade sexual, mas que igualmente propugnava a boa aparência, imposição esta que excluía decerto o uso da barba, dos cabelos longos, das roupas extravagantes, enfim, tudo o que infringisse os bons costumes. O esboço do jogador normal, não tenhamos dúvidas, provinha do modelo militar de disciplina e, nesse sentido, a disciplinarização apontava para o jogador-soldado enquanto padrão normativo. Mas se o poder empenhava-se em apagar as fronteiras que separavam as esferas da vida profissional e privada, o jogador lutava para demarcar o limite entre os dois campos, bem como reivindicar o direito à diferença.

Ademais, devemos levar em conta que tal confronto desenvolvia-se no contexto histórico no qual o futebol achava-se sob a influência de duas forças antagônicas: por um lado, a influência militar sobre os clubes do país, proporcionando-lhes o modelo disciplinar; por outro lado, a propagação da revolução cultural, ou mais especificamente da contracultura para dentro do universo esportivo imprimindo a rebeldia nos gestos, nas falas, nas atitudes, nos comportamentos, em suma, em tudo aquilo que se tornava o alvo das disciplinas.

Sendo assim, no campo das relações de poder do futebol brasileiro, enquanto a influência do regime militar sobrecarregava o exercício do poder de um caráter repressivo, a influência da contracultura oferecia à resistência a via estética como forma de manifestação da luta. Dessa maneira, quando os Novos Bárbaros irrompem na cena militar do futebol, o fazem trazendo no semblante as insígnias da rebeldia, quais

A Rebeldia no Futebol Brasileiro _____ J.P. Florenzano

sejam, a barba e os cabelos compridos, transformadas por Afonsinho em símbolos da liberdade contra o instrumento repressivo da Lei do Passe mas igualmente contra a normalização disciplinar. Nesse sentido, afirmava a revista *Placar* sobre Didi Duarte, jogador do Atlético PR:

Seus cabelos são longos, a barba de um profeta, o rosto de um anjo. Com tais feições ele não parece um jogador *(grifo nosso) já disseram que ele tinha mais jeito de hippie do que de jogador de futebol (Placar,* 5/4/74, n. 211, p. 20/21).

No contexto da militarização do futebol brasileiro, exibir-se pelos gramados com a barba e os cabelos longos constituía-se numa manifestação da intransigência da liberdade em sujeitar-se às relações de poder. A imagem do jogador-hippie, com efeito, evocava no futebol o movimento de revolta que abalava a sociedade moderna desde os anos 60. Ora, conforme assinala Olgária Matos a propósito da revolta estudantil na França, havia nela ...

"... um elemento estético na contestação (que) se encontra ainda no caráter ao mesmo tempo erótico e belicoso das canções de protesto, na sensualidade dos cabelos longos e dos corpos que se recusam a uma assepsia artificial" (Matos, 1981, p. 15).

No futebol, a luta de resistência dos jogadores contra os mecanismos de poder voltados para a produção do corpo dócil e útil expressava-se no uso da barba e dos cabelos compridos, difundidos pela contracultura mas também disseminados desde o momento em que Afonsinho, após reapresentar-se ao Botafogo em meados de 70, recusara-se a cortá-los para adequar-se à norma do jogador-soldado, sendo por isso ridicularizado como tocador de guitarra e punido como atleta rebelde pelos dirigentes e pelo treinador do clube. Todavia, a partir dessa punição inúmeros jogadores passariam a jogar sob o som estridente da sua música, sob os acordes dissonantes da rebeldia e a entoar as canções de protesto contra a Lei do Passe, contra o poder da norma e a disciplinarização extensiva.

Sendo assim, no Flamengo, onde o técnico Iustrich através dos métodos repressivos de trabalho procurava impor a disciplina militar, os jogadores desobedeciam abertamente às ordens do treinador, reivindicando o direito à liberdade na esfera da vida privada, conforme podemos ver na reportagem seguinte: "Doval não corta os cabelos. Arílson não rapa o cavanhaque. E Iustrich não os coloca no time"

Parte I _____ Afonsinho

(*Placar,* 19/2/71, n. 49, p. 26). De forma idêntica a Afonsinho, que nesse momento, não nos esqueçamos, estava afastado no Botafogo , os jogadores do Flamengo insurgiam-se contra às ordens disciplinares:

Não aceito interferência na minha forma de trajar fora do clube – Doval. Sou contra quem impede os jogadores de usarem roupas coloridas, pois ninguém tem esse direito. Cada um é senhor de si – Dionísio (Idem, p. 26).

No Palmeiras, em novembro de 71, o centroavante César também expressava sua revolta contra o controle exercido sobre a conduta do jogador fora da atividade profissional: "Eu treino e jogo, me empregando. Fora do campo, que me deixem em paz" (*Placar,* 19/11/ 71, n. 88, p. 17). Mas dentro de campo o jogador também lutava para ser deixado em paz. Na verdade, se por um lado o poder buscava apropriar-se do corpo do jogador dentro e fora da atividade profissional, através do processo de disciplinarização extensiva; em contrapartida, a rebeldia voltava-se não somente contra o governo da conduta na esfera da vida privada, mas de igual modo contra o controle exercido sobre o corpo nos gramados.

Nesse sentido, Paulo César Lima, depois de ser recriminado pela crítica esportiva pelos dribles e embaixadas feitos durante uma partida entre Flamengo e Botafogo, reagia invocando o direito à fantasia: "Acho que futebol sem alegria, sem liberdade, não existe" (*Placar,* 30/4/71, n. 59, p. 16). Na equipe do Botafogo, o jogador Nei também questionava a concepção do futebol moderno: "Futebol não é pulmão, é arte; e um artista não pode ser metódico. Futebol não é força física ..." (*Placar,* 10/8/73, n. 178, p. 22) Em 71, Afonsinho, depois de obter na Justiça o Passe Livre, disputava o Campeonato Carioca pelo Olaria conquistando com a equipe de Leopoldina o terceiro lugar na competição. Porém, o jogador celebrava outra vitória na campanha do pequeno clube do subúrbio carioca:

E aquela idéia (...) de eu não poder jogar com o Gerson ... eu vim derrotar essa idéia quando fiz um meio-campo com Roberto Pinto e até com Pirulito, que os dois conseguem ser pior do que eu, mais fraco, mais magro, entendeu. Só que com a gente os caras não viam a bola. É isso aí. Começaram com um volante, Zagallo fez a solução clara, um pra bater, combater, outro para armar e tal, depois transformou dois cabeças-de-área, agora três, quatro, esse horror aí.

A Rebeldia no Futebol Brasileiro _____ J.P. Florenzano

A rebeldia dos corpos que se exibiam pelos gramados do futebol brasileiro nos anos 70 recusava a normalização da alma, resistia à disciplinarização dos gestos, das atitudes e da conduta tanto dentro quanto fora de campo, mas sobretudo corria atrás da utopia de um outro futebol concebido enquanto arte:

Com o futebol, eu boto as coisas pra fora. Se não fosse ele, talvez eu fosse músico (...) A gente sabe que é quase tudo a mesma coisa. É só botar pra fora: com pincel, caneta ou bola (Afonsinho/*Folha de S. Paulo,* 4/4/77).

A concepção do futebol moderno, porém, baseada na força-física do corpo, na racionalização dos sistemas de jogo, na obediência do jogador ao comando do técnico-disciplinador possuía como modelo outra arte, mais precisamente a arte militar. A militarização do futebol havia transposto as linhas do gramado. Ela emergeria quatro anos depois na Copa da Alemanha. O horror havia chegado aos campos de jogo.

A Laranja Mecânica

Se em 1966, na Copa da Inglaterra, o Brasil fora surpreendido pelo advento do futebol-força, em 1974, na Copa da Alemanha, o Brasil e o mundo seriam assombrados pelo advento do futebol-total posto em prática pela seleção da Holanda, cuja atuação no mundial deixaria perplexos jogadores, técnicos, críticos e o próprio público. Nesse sentido, como observa Eduardo Galeano:

O Mundial de 74 girou em torno da Laranja Mecânica, invenção fulminante de Cruyff, Neeskens, Rensenbrink, Krol e outros incansáveis jogadores impelidos pelo técnico Rinus Michels (Galeano, 1995, p. 163).

A perplexidade diante da invenção do futebol holandês encontrar-se-ia refletida na fala de um jogador argentino, após passar pela terrível experiência de enfrentar a "Laranja Mecânica": *Eu não pensei que se pudesse jogar futebol dessa maneira, temos que aprender tudo de novo* (*Folha de S. Paulo,* 26/6/74 – grifo nosso). Nas páginas da imprensa esportiva colhiam-se opiniões para desvendar o enigma do novo futebol apresentado pela Holanda, mas "... nem todos os técnicos e teóricos que assistem a esta Copa do Mundo conseguiram ainda explicar coerentemente como joga o time da Holanda" (*Folha de S. Paulo,* 3/7/74). Com efeito, a comissão

110

Parte I _____ Afonsinho

técnica da seleção brasileira designaria o treinador Paulo Amaral para assistir ao jogo entre Holanda e Argentina com a incumbência de explicar o mecanismo através do qual movia-se dentro de campo a Laranja Mecânica. O observador, porém, retornaria trazendo apenas a sua perplexidade:

Eu pretendia marcar aqui, de modo compreensível, as deslocações de todos os holandeses. Mas elas foram tantas que, aos 10 minutos do primeiro tempo, eu já não entendia mais nada (*Placar,* 5/7/74, n. 224, p. 8 – grifo nosso).

A desorientação também aflorava na entrevista do técnico Zagallo aos jornalistas esportivos: "Vocês todos estão falando muito da Holanda, como se ela estivesse praticando um futebol maravilhoso. Eu não acho. Acho que os holandeses jogam um *futebol de diversão* (grifo nosso), para divertir o público, mas nunca um futebol de competição, para ganhar a Copa" (*Placar,* 28/6/74, n. 223, p. 18). Se na Copa de 70 o Brasil conquistara a imaginação do mundo com o futebol-arte, agora, quatro anos depois, ele decepcionava a todos com um futebol considerado defensivo, violento e despojado de fantasia, refletindo "a imagem do antifutebol" (*Folha de S. Paulo,* 20/6/74). Em contrapartida, a Holanda emergia como a vanguarda do futebol mundial, exibindo nos gramados da Alemanha uma forma de atuar revolucionária, ofensiva e criativa. Nesse sentido, Eduardo Galeano faz a seguinte objeção à expressão pelo qual se designava a equipe da Holanda:

A seleção holandesa era chamada de Laranja Mecânica, mas nada tinha de mecânico aquela obra da imaginação, que desconcertava todo mundo com suas mudanças incessantes. Como A Máquina do River, também caluniada pelo nome, aquele fogo laranja ia e vinha, impelido por um vento sábio que o trazia e levava: todos atacavam e todos defendiam, espalhando-se e unindo-se vertiginosamente em leque, e o adversário perdia as pistas diante de uma equipe onde cada um era onze (Galeano, 1995, p. 164).

Todavia, passado o vendaval holandês que incendiara a imaginação do universo esportivo na Copa de 74, restaria apenas o horror na paisagem do futebol moderno. A fantasia da seleção de Cruyff revelar-se-ia apenas como uma breve fulguração num cenário obsedado pelo sonho da equipe-máquina e do jogador-peça, sonho para o qual desde os anos 60 os mecanismos de poder estavam voltados. Nesse sentido, uma breve incursão pelas páginas da imprensa esportiva nos mostra que, em última instância, a experiência levada a cabo pela seleção holandesa encerrava todos os ensinamentos ministrados desde a Copa da Inglaterra, bem como realizava no campo de jogo o imaginário do futebol-máquina.

Antes de mais nada, a Holanda cumpria plenamente a exigência da preparação física posta pelo futebol moderno, sem a qual, de resto, não se poderia compreender "uma equipe onde cada um era onze". Conforme a declaração de um dos preparadores físicos da Holanda, para tanto, fazia-se necessário "que os jogadores (estivessem) muito bem fisicamente" (*Placar,* 28/6/74, n. 223, p. 22). O técnico Zagallo, já agora curvando-se ao fascínio exercido pela Laranja Mecânica, também enfatizava o "preparo físico excelente" (*Folha de S. Paulo,* 21/6/74) dos holandeses, condição sine qua non para atender duas outras exigências do futebol moderno apontadas pelo próprio Zagallo: "Atacando e se defendendo em massa, sempre com muita velocidade. Essa é a fórmula que a Holanda adotou para surpreender o mundo" (Idem). Ora, quando abordamos o advento do futebol-força no mundial da Inglaterra tivemos oportunidade de sublinhar todas estas questões: a importância decisiva conferida à preparação física; a prevalência do grupo em detrimento do indivíduo; o imperativo para que dentro da equipe todo jogador exercesse a dupla função de atacar e defender; e a velocidade que se deveria imprimir ao ritmo da partida. A Holanda, na verdade, concretizava todas estas exigências sintetizando-as numa fórmula revolucionária que rompia com os sistemas de jogo convencionais, pois abolia a idéia da posição fixa para os jogadores substituindo-a por "movimentos rápidos, bem coordenados e maciços" (*Folha de S. Paulo,* 6/7/74) direcionados para a busca do gol:

É uma máquina *que funciona em alta velocidade e afoga não só a bola mas também a defesa adversária (Folha de S. Paulo,* 3/7/74- grifo nosso).

A imprensa esportiva retratava o jogo ofensivo da equipe como "a massacrante *máquina* de ataque holandesa" (*Placar,* 28/6/74, n. 223, p. 21 – grifo nosso) da qual o goleiro Carnevalli tinha sido uma das vítimas: "Os holandeses nos trituraram como um rolo compressor" (*Folha de S. Paulo,* 28/6/74). A revolução tática implantada pela 'nova e prodigiosa *máquina*' (*Folha de S. Paulo,* 6/7/74 – grifo nosso) fascinava os críticos. Xavier Domingo, da agência internacional de notícias AF*Placar,* escrevia

Parte I _____ Afonsinho

um artigo no qual procurava traduzir a concepção que presidia a revolução da Laranja Mecânica:

Cada futebolista holandês desdobra sua função no campo, o que dá valor real operativo de 20 elementos móveis (...) É claro que esta idéia de futebol exige um tipo de atleta especializado e educado unicamente em função desse esporte que, tal como jogam os holandeses, pode ser classificado como 'arte', no mesmo sentido em que se fala de 'arte militar' (*Folha de S. Paulo,* 28/6/74 – grifo nosso).

Eis o ponto essencial que nos permite agora reunir os diversos fios delineados até aqui. A Holanda de 74 comportava duas leituras contraditórias: por um lado, o futebol que resgatava a fantasia, o lúdico e a alegria de jogar; por outro lado, o futebol concebido como máquina-militar, mecanismo composto por um novo tipo de jogador e movido por meio de uma nova articulação dos jogadores dentro do esquema tático implantado pelo treinador. Sob este último aspecto, a seleção da Holanda retomava, aprofundava e inovava a concepção do futebol moderno surgida nos anos 60, colocando a questão da composição das forças individuais de modo semelhante como esta problemática se apresentara na modernidade para diversas instituições, dentre as quais a do exército. Ora, como nos mostra Foucault, as disciplinas iriam ocupar-se precisamente da exigência apresentada às multiplicidades humanas na sociedade moderna:

Surge (...) a exigência nova a que a disciplina tem que atender: construir uma máquina cujo efeito será elevado ao máximo pela articulação combinada das peças elementares de que ela se compõe. A disciplina não é mais simplesmente uma arte de repartir os corpos, de extrair e acumular o tempo deles, mas de compor forças para obter um aparelho eficiente (Focault, 1987, p. 147).

A multiplicidade humana formada por uma equipe de futebol, *mutatis mutandis,* enfrentava uma problemática semelhante à descrita por Foucault, pelo menos desde o advento do futebol-força na Copa da Inglaterra e agora explicitada no discurso da imprensa esportiva acerca da revolução tática criada pela Holanda, qual seja, a da equipe organizada como máquina eficiente cuja força residia exatamente na coordenação de movimentos dos jogadores. Porquanto a composição das forças individuais sempre estivera presente nesse esporte coletivo, o futebol moderno a recolocava agora em novas bases, situando-a no centro das

A Rebeldia no Futebol Brasileiro _____ J.P. Florenzano

preocupações da equipe concebida como uma máquina cuja eficiência dependia do encaixe das peças:

O novo estilo europeu não é para principiantes ou time amadores, porque o jogador *(...) tem de ser experiente para se* encaixar no sistema (*Folha de S. Paulo*, 24/6/74 – grifo nosso).

No futebol moderno, o jogador encontrar-se-á reduzido à condição de peça a ser inserida no funcionamento da engrenagem da equipe, assim como no exército moderno o soldado vira-se fabricado enquanto um "corpo (que) se constitu(ía) como peça de uma máquina" (Foucault, 1987, p. 148). E do mesmo modo como ocorre com o soldado, o corpo do jogador também "torna-se um elemento, que se pode colocar, mover, articular com outros" (Foucault, 1987, p. 148), como num tabuleiro de xadrez, conforme a lição que a seleção da Holanda ensinava:

... jogar o futebol-xadrez, estudado e entabulado dentro de um campo como se os seus jogadores fossem reis, rainhas, bispos e torres em constantes movimentos em busca do xeque-mate (Folha de S. Paulo, 28/6/74).

A estratégia que regia o movimento das peças dentro do gramado de jogo inspirava-se, segundo o correspondente da AF*Placar,* na arte militar: "Rinus Michaels, antigo militar (...) diz ser leitor de Clausewitz. De SungTse, grande teórico da arte militar (...) A beleza geométrica de um quadro de Mondrian, a mobilidade precisa, engenhosa e diabólica dos profissionais da guerra moderna nos corpos de elite são as armas de Rinus Michaels " (*Folha de S. Paulo,* 28/6/74). Sendo assim, não devemos nos surpreender quando, na Copa de 78, o técnico-militar da seleção brasileira, capitão Cláudio Coutinho, formular a seguinte definição da equipe de futebol:

Usamos (no futebol) táticas que aprendemos no Exército, pois entre comandar um time de futebol, um pelotão ou um regimento existem muitas semelhanças quanto à organização, disciplina, entendimento e cooperação (Revista *Repórter,* 1978 – grifo nosso).

A militarização do futebol talvez não seja uma invenção brasileira mas reflita a própria concepção e estrutura do futebol moderno, pois o modelo que preside a organização tática das equipes, o movimento do jogador dentro do sistema de jogo, as funções às quais deve cumprir, a disciplina requerida para desempenhá-las, em síntese, boa parte da temática moderna no futebol se apresenta baseada no modelo da tropa

Parte I _____ Afonsinho

militar no campo de batalha. Nesse sentido, quando Foucault descreve o papel da disciplina militar, podemos reconhecer nessa descrição alguns dos temas postos pela revolução da Laranja Mecânica:

A disciplina militar (...) torna-se uma técnica de base para que o exército exista, não mais como uma multidão ajustada, mas como uma unidade que tira dessa mesma unidade uma majoração de forças; a disciplina faz crescer a habilidade de cada um, coordena essas habilidades, acelara os movimentos, multiplica a potência de fogo, alarga as frentes de ataque sem lhes diminuir o vigor, aumenta as capacidades de resistência etc. (Foucault, 1987, p. 185).

Ora, o futebol-total explicitava a idéia segundo a qual, como no exército moderno, a força da equipe passara a residir não mais nos talentos individuais mas na articulação ideal dos indivíduos dentro do esquema tático, na velocidade com a qual o grupo atuava dentro de campo, na resistência física de cada um para exercer as múltiplas funções designadas pelo esquema, mas também na resistência da própria equipe em relação aos adversários, pois a Holanda chegaria à final da Copa com o saldo de 14 gols marcados contra apenas 1 sofrido. A perfeição do mecanismo fascinava o universo do futebol pelo caráter de máquina-militar invulnerável da Laranja Mecânica.

No entanto, convém observar que a influência do modelo militar no futebol antecede o período sobre o qual nos debruçamos (Sevcenko, 1992, 1994), assim como a apreensão do futebol como uma guerra, e do jogador como soldado, origina-se muito antes do advento do futebol moderno no decorrer dos anos 60. Porém, no que concerne especificamente à história desse esporte no Brasil, será apenas a partir da década de 60, quando o universo do futebol estiver investido pelos mecanismos disciplinares, que a equipe poderá ser organizada como máquina-militar e o jogador reduzido à condição do soldado-peça dentro de sua engrenagem.

Nesse sentido, quando na segunda metade dos anos 60, sob os auspícios do regime militar, a CBD adotar a resolução de impor ao futebol brasileiro uma estrutura militar, esta decisão encontrará o campo propício semeado pela própria concepção do futebol moderno e já investido pelas técnicas disciplinares gestadas a partir da vida cotidiana dos clubes. Portanto, a decisão tomada de cima para baixo no sentido de militarizar esse esporte se dará em completa convergência com um

115

processo que antecede esta deliberação e que se refere ao processo de disciplinarização do jogador brasileiro, amplamente baseada em técnicas de poder oriundas da instituição militar. Em outras palavras: a partir da segunda metade dos anos 60 a militarização de baixo para cima coincide com a militarização imposta de cima para baixo, ambas apoiando-se no futebol moderno que concebe o jogo com base no modelo da guerra, e, por conseguinte, o jogador à feição do soldado.

Não por acaso, assim como o soldado moderno, o jogador moderno comporta três aspectos fundamentais: em primeiro lugar, força-física, imperativo posto pelo avanço da preparação física e da ciência esportiva dentro do esquema de poder-saber desenvolvido no futebol; em segundo lugar, inserção funcional no grupo, imperativo posto pela organização da equipe enquanto aparelho eficiente; em terceiro lugar, disciplina, compreendida como docilidade automática no cumprimento da ordem e submissão à autoridade, imperativo posto pelas relações de poder, cuja importância decisiva se traduz no fato de assegurar a consecução do dois objetivos precedentes, pois, como assinala Foucault a propósito da noção de docilidade:

[é ela] ... *que une ao corpo analisável o corpo manipulável. É dócil um corpo que pode ser submetido, que pode ser utilizado, que pode ser transformado e aperfeiçoado* (Foucault, 1987, p. 126).

E, com efeito, a Copa de 74 daria um novo ímpeto à obra de produção do jogador-disciplinar no Brasil, aprofundando todas as exigências dos anos 60. O vendaval da Holanda de Cruyff arrastaria em sua passagem a fantasia, deixando apenas o avanço da racionalização dos sistemas de jogo expressa no mecanismo perfeito da Laranja Mecânica, a máquina de jogar futebol à qual todas as equipes deveriam adequar-se. De fato, o legado da Holanda iria acentuar a tendência do próprio futebol moderno, qual seja, a "de um jogo no qual a racionalidade dos esquemas aplicados em campo comporta(va) necessariamente o total sacrifício da espontaneidade e da inventividade dos indivíduos a favor de uma disposição tática prudente e calculada, baseada numa estratégia solidária, preestabelecida e utilitária" (Roversi, 1990, p. 84). Nesse sentido, o mundial da Alemanha colocaria o drible e a magia do futebol brasileiro no banco dos réus. Assim, por exemplo, profetizava o ex-técnico Ernesto Santos:

Parte I _____ Afonsinho

Essa Copa pode ser um marco na história do futebol. A beleza, os dribles, os toques mágicos na bola foram substituídos por um ritmo intenso, uma correria louca. A luta pela posse da bola agora é impressionante. E o preparo físico, indispensável (Folha de S. Paulo, 2/7/94).

O futebol do jogador brasileiro transformava-se no alvo privilegiado das críticas: "Como fazer o jogador brasileiro aceitar e compreender que o drible, a firula, as paradinhas de bola, o jogo lateral e para trás, só deixam de ser o antifutebol em ocasiões e situações deveras especiais e específicas" (A. Mendes, in: *Folha de S. Paulo,* 5/7/74). O drible considerado como nada mais nada menos do que o antifutebol! Seja como for, não deixa de ser significativo a conclusão do treinador da seleção brasileira, Zagallo, depois de ser eliminado pela equipe da Holanda:

Perdemos de uma seleção taticamente perfeita e por isso temos que enxergar: é preciso começar tudo de novo, mudar nosso futebol (Folha de S. Paulo, 5/7/74).

Todavia, não se partiria da estaca zero para reconstruir o futebol brasileiro. O trabalho consistiria em impulsionar a grande obra cujos alicerces já haviam sido estabelecidos na segunda metade da década de 60, o momento a partir do qual o jogador brasileiro começara a ser normalizado, transformado de sub-raça em super-homem, aperfeiçoado sob o ponto de vista físico quanto à velocidade, resistência e força muscular; aperfeiçoado ainda sob o ponto de vista tático quanto ao desempenho das novas funções de ataque e defesa, deslocamentos, combate ao adversário e disputa pela posse da bola por todo o campo; e, finalmente, inserido e utilizado como peça funcional na equipe organizada enquanto máquina-militar preparada para o futebol concebido como guerra. Eis, em suma, os elementos que compõem o quadro do futebol moderno no Brasil com todas as suas exigências. Contudo, desse quadro emerge a figura do jogador-problema, a categoria inventada pelo poder no futebol para estigmatizar a luta de resistência contra estas exigências e contra esta concepção de futebol.

Na verdade, desde os anos 60 o jogador brasileiro que não se adequava as exigências do futebol moderno vinha sendo classificado na categoria do jogador-problema, invenção do poder para neutralizar a luta de resistência às práticas disciplinares voltadas para a produção do corpo útil e dócil. Com efeito, de que outro modo poderia ser designado o jogador que não se enquadrava como peça dentro da engrenagem da equipe, que através da rebeldia instaurava a desordem dentro da máquina-militar de jogar futebol?

"Afonsinho vai voltar a ser titular? (...) Afonsinho vai parar de jogar futebol? O que está acontecendo com Afonsinho? São perguntas de respostas quase impossíveis. Perguntas que procuram explicar o comportamento (de) um dos poucos jogadores donos do próprio passe, o cabeludo e barbudo que veio para o Santos como uma solução, mas até agora só conseguiu *ser um problema* para o time" (*Folha de S. Paulo,* 18/8/72 – grifo nosso).

Afonsinho, com efeito, seria um dos primeiros a cair sob o estigma do jogador-problema no futebol brasileiro. Mas assim como ocorrera com Afonsinho, a todos os jogadores classificados na categoria do poder serão formuladas perguntas sem respostas. Com efeito, o comportamento do jogador-problema não terá explicação pois desvelar-se-á enquanto comportamento contrário à razão e conduta afastada da norma. Por contrariar a racionalidade que rege a equipe-máquina e por desviar-se da norma que guia a conduta do jogador-peça, o atleta estigmatizado como problemático defrontar-se-á, na verdade, com o questionamento que está por trás de todas as perguntas que lhe são endereçadas sem que ele as possa responder: *Afinal, que tipo de louco é ele?* (*Placar,* 16/5/75, n. 268, p. 12). O grande ardil do poder no futebol, com efeito, será o de associar a rebeldia à loucura, ou de forma mais abrangente, situá-la no campo da anormalidade.

Jogador-problema

Em 1971, a conquista do Passe Livre na Justiça Eportiva representava uma vitória na luta empreendida por Afonsinho contra o mecanismo jurídico que aprisionava os jogadores aos clubes, mas, simultaneamente, a conquista do direito de jogar com barba e cabelos compridos significava uma vitória na luta de resistência ao processo de normalização disciplinar. Se indiscutivelmente a rebeldia de Afonsinho impulsionaria as lutas dos jogadores brasileiros nestas duas frentes, contra o Passe e contra a disciplinarização, em contrapartida, a reação do poder consistiria em transformar o exemplo de Afonsinho num anti-exemplo,

Parte I _____ Afonsinho

submetendo-o à uma discriminação velada por ter contestado o Passe, e estigmatizando-o como jogador-problema por ter questionado a normalização disciplinar. Nesse sentido, o testemunho de Leivinha faz-se emblemático do isolamento de Afonsinho numa estrutura assentada na Lei do Passe:

... houve um boicote e ele sempre foi considerado uma pessoa 'não grata' pela maioria dos clubes que ele foi [6].

De fato, após obter o Passe Livre, a carreira de Afonsinho estaria marcada por breves passagens pelos mais diversos clubes do país: Olaria (1971); Vasco (1971); Santos (1972); Flamengo (1973); Bonsucesso (1975); América MG (1975); Madureira (1980) e Fluminense (1981). A relação, porquanto incompleta, permite-nos compreender o boicote do qual o jogador tornara-se objeto a partir da conquista do Passe Livre. Com efeito, avaliando em retrospecto a sua trajetória no futebol brasileiro, Afonsinho nos declarava:

É claro que o Passe Livre era a relação mais justa (...) mas eu era um *estranho no ninho.*

Embora a iniciativa de Afonsinho não se constituísse num fato isolado, inspirando algumas ações diretas contra a Lei do Passe, o jogador pagaria o ônus do boicote por adquirir uma liberdade numa estrutura que não a comportava. Sobretudo, Afonsinho pagaria o preço representado pelo estigma de jogador-problema devido à intransigência da liberdade face às relações de poder voltadas para a disciplinarizacão do corpo e a normalização da alma. Nesse sentido, ele afirmava numa entrevista concedida em 1973:

Já ouvi falar que o Afonsinho é um rebelde, um jogador que quer ser mais que os outros. Sei também que muitos clubes têm medo de me contratar, pensando que eu poderei criar problemas para o clube (Folha de S. Paulo, 17/9/73).

Na verdade, o boicote ao qual Afonsinho estaria exposto nos anos 70 afigurava-se como a conseqüência da sua contestação tanto ao poder que aprisionava o jogador ao clube, quanto ao poder que pretendia gerir a vida do jogador, mas também e não menos importante como decorrência do seu questionamento à concepção moderna do futebol que despojara o jogo da fantasia:

[6] Entrevista concedida pelo jogador Leivinha em 28/03/96.

A Rebeldia no Futebol Brasileiro _____ J.P. Florenzano

Futebol é uma brincadeira. Por isso que muitos não entendem até hoje o Garrincha. Futebol é alegria, não é coisa fechada, marcial. *Isso é loucura* (*Folha de S. Paulo,* 4/4/77 – grifo nosso).

A rebeldia no futebol brasileiro manifestava-se na luta travada dentro de campo para resgatar a magia do futebol-arte que Garrincha simbolizara. Com efeito, os principais expoentes da luta de resistência à normalização disciplinar vão citar e inspirar-se na Alegria do Povo. Nesse sentido, Paulo César Lima, respondendo as acusações de que atuava de forma irresponsável, evocava, dentre outros jogadores, a figura de Garrincha:

Dizem que zombo dos adversários. Eu juro que não zombo, como não zombaram Garrincha, *Pelé, Rivelino, Jair, Tostão, Didi, Zizinho e tantos outros que conseguiram jogar um futebol bacana* (*Placar,* 30/4/71, n. 59, p. 16 – grifo nosso).

Contudo, enquanto a rebeldia tomava como referência o célebre camisa 7 do Botafogo, os adeptos da modernização do futebol brasileiro transformavam-no no antimodelo do jogador moderno. Assim, por exemplo, às vésperas da Copa do Mundo do México, o técnico Zezé Moreira criticava o atacante Jairzinho traçando a seguinte e significativa comparação:

Vou dizer uma coisa: eu não acredito muito no Jairzinho como um excelente ponta-direita, porque ele freia a velocidade do jogo. Ele tem o espírito do Garrincha (*Placar,* 1/5/70, n. 7, p. 5/6 – grifo nosso).

A magia de Garrincha tornara-se disfuncional na equipe organizada enquanto máquina-disciplinar regida pelo imperativo da eficácia produtiva, cujas exigências de objetividade, funcionalidade e velocidade chocavam-se com o estilo que consagrara o camisa 7 do Botafogo como a Alegria do Povo. Com efeito, se o advento do futebol-força, na Copa de 66, iniciara o processo contra ele, a irrupção do futebol-total, na Copa de 74, pronunciaria a sentença final, exigindo a exorcização do espírito de Garrincha dos gramados brasileiros. Assim, assinalava Artur Vogel:

Ninguém pode parar a evolução. Elba de Pádua Lima (Tim) é o técnico brasileiro que notou a decadência do nosso futebol, há dez anos. Em 1964, ele disse: 'Devemos convencer-nos de que o estilo Garrincha *está terminando. O futebol de hoje não pode ser mais lento; tem de ter saúde e velocidade'* (*Folha de S. Paulo,* 28/6/74 – grifo, nosso).

Parte I _____ Afonsinho

A "evolução" do futebol brasileiro exigia que Garrincha fosse sacrificado no altar da modernidade. Nesse sentido, nos anos 90 a resistência do jogador em cumprir de forma obediente os esquemas táticos transformava-se num indício de anormalidade:

... *a limitação mental de (...) Garrincha, que era incapaz de entender direito as orientações do técnico antes do jogo (Veja,* 23/10/96, n. 43, p. 110).

No futebol moderno onde organiza-se a equipe como uma máquina na qual o jogador deve se encaixar como peça, e, dentro dela, atuar em favor do correto funcionamento da engrenagem movida pelo técnico-disciplinador, não chega a ser surpresa a construção da imagem de Garrincha enquanto o anti-modelo do jogador-disciplinar para cuja produção os mecanismos disciplinares estão voltados. Não surpreende porque, sob todos os aspectos aqui apontados, a conduta de Garrincha, tanto dentro quanto fora de campo, confronta-se com as exigências da maquinaria de poder. Sobretudo, esta não pode tolerar a liberdade de jogar que a rebeldia reivindica inspirada na magia da Alegria do Povo. Nesse sentido, operando uma inversão na fala de Afonsinho citada mais acima, no quadro das novas relações de poder a loucura consistirá no questionamento da concepção do futebol moderno. A reivindicação de um futebol concebido enquanto arte e no qual o lúdico, a fantasia e a liberdade do corpo estejam presentes no campo de jogo constituirá uma das faces do jogador-problema, e, tanto quanto o questionamento do exercício do poder, esta reivindicação cairá sob o anátema da anormalidade.

Em meados dos anos 80, Afonsinho avaliava a sua trajetória no futebol brasileiro, sobretudo no que se refere a luta empreendida ao longo da década de 70:

Não fui um Don Quixote. *Fiz tudo consciente. Lutar pela liberdade foi uma opção de vida (Folha de S. Paulo,* 10/6/84 – grifo nosso).

No campo de forças inaugurado pela modernização nos anos 60, Afonsinho não lutara contra moinhos-de-ventos tomando-os por gigantes num campo de batalha. Conforme ele nos dissera em sua entrevista, quando discorria acerca das mudanças introduzidas pela militarização do futebol brasileiro: "Não foram quimeras, foram coisas objetivas que eles tentaram impor no funcionamento do futebol". Contudo, o estigma que o acompanhara, desde o momento em que

A Rebeldia no Futebol Brasileiro _____ J.P. Florenzano

fora incluído na categoria do jogador-problema o transformara no Don Quixote da rebeldia cuja batalha afigurara-se como o produto de uma razão entregue 'a todas as complacências do imaginário' (Foucault, 1993, p. 39), procedendo como a personagem de Cervantes.

A vinculação entre a rebeldia e a loucura, sob a forma do desregramento da imaginação, emergia de modo emblemático nos anos 60, no momento em que eclodia a modernização. O retrato do jogador Fausto da Silva construído pelo jornalista João Máximo contém e expressa tal vinculação. Retratando um dos principais expoentes da rebeldia no futebol brasileiro, cuja trajetória de luta incluiria, na década de 30, a luta contra a Lei do Passe e contra os sistemas de jogo destinados a disciplinar a arte, (Santos, 1981), o jornalista descrevia nos seguintes termos a queda do jogador-rebelde, determinada em conseqüência da tuberculose, do poder exercido pelos dirigentes com base na Lei do Passe e do estigma que recaía sobre a figura de um jogador negro e proveniente das classes populares:

E Fausto já dormia mais cedo, não tanto por precaução, mas porque o cansaço começava a dominá-lo. Cansaço de lutar contra coisa alguma, cansaço das decepções que ele mesmo criara em sua imaginação de homem rebelde (grifo nosso), *cansaço que dois pulmões minados aumentavam, dia a dia, cada vez mais, até o fim que o próprio Fausto previa* (Máximo, 1965, p. 63).

O futebol moderno inventaria uma personagem para encarnar a verdade expressa de forma paradigmática no texto do jornalista, qual seja, a de que a revolta destrói o jogador conduzindo-o seja à loucura seja à morte. Com efeito, a invenção do jogador-problema estaria destinada a conviver com o espectro que esta verdade encerrava. Assim como Fausto, a imagem do Don Quixote explicitada na fala de Afonsinho continha a noção segundo a qual a rebeldia o condenara a lutar contra os fantasmas que ele próprio forjara em sua imaginação desregrada.

Nos anos 90, a rebeldia de Edmundo recebia veredicto semelhante ao de Fausto e Afonsinho: *Edmundo vê fantasmas*[7], nos declarava o jornalista Wanderley Nogueira. Contudo, no decorrer dos anos 70, quando se começava a delinear os contornos da figura do jogador-problema, os jogadores já aprendiam a conviver com os fantasmas, sobretudo no casarão da rua Augusta, em São Paulo, onde os militares contribuíam para traçar a fisionomia dessa nova personagem. Com

Parte I _____ Afonsinho

efeito, ali, segundo a revista *Placar*, "... realiza(va)-se um dos trabalhos mais importantes do futebol brasileiro" (*Placar*, 15/6/73, n. 170, p. 27). Por certo, a criação do jogador-problema revelar-se-ia de importância decisiva para as relações de poder. Sendo assim, acompanhemos a matéria do semanário, cujo título já nos permite entrever a importância do trabalho realizado no casarão da rua Augusta:

QUEM PODE JOGAR FUTEBOL? estampava em manchete a revista exaltando o trabalho que se desenvolvia na Policlínica da Aeronáutica, onde os jogadores de futebol eram submetidos aos mesmos exames rigorosos dos pilotos, evitando, dessa maneira, que os clubes contrata(ssem) qualquer jogador com contusão ou problema clínico grave (Idem, p. 27). Mas além dos exames destinados a esquadrinhar o corpo, existiam também os exames encarregados de perscrutar a alma, incluindo-se os psicotécnicos e até psiquiátricos (Idem, p. 27). Os primeiros destinavam-se a determinar o quociente de inteligência (QI) do atleta, enquanto o segundo tipo de exame prestava-se a detectar não um problema mas uma personagem:

... *o exame psiquiátrico (...) ajuda os clubes a resolverem* (sic) *problemas de jogadores que são craques mas têm instabilidade emocional* (Idem, p. 27).

O jogador-problema no futebol brasileiro, com efeito, será sempre um craque com instabilidade emocional, com desequilíbrio psicológico, alma atormentada a exigir a intervenção normalizadora dos especialistas da alma, não somente dos psicólogos e psiquiatras, mas também e sobretudo dos mestres da disciplina. Com efeito, a "... expansão da normalização funciona através da criação de anormalidades ..." (Rabinow; Dreyfus, 1995, p. 214) A invenção da categoria do jogador-problema estará a serviço da expansão do poder da Norma no futebol moderno.

Na verdade, a loucura da rebeldia revelar-se-á enquanto loucura moral, produto de uma vontade má que se recusa à sujeição escolhendo o caminho temerário da contestação. E, de fato, o jogador-problema também será designado como jogador-maldito. Não por coincidência, talvez os dois principais expoentes da rebeldia nos anos 70, quais sejam, Afonsinho e Paulo César, estariam transformados em personagens malditas. Nesse sentido, sob o título OS MALDITOS a revista *Placar* incluía Paulo César numa relação de cinco jogadores (*Placar*, 5/1/79, n. 454, p.

[7] Entrevista concedida pelo jornalista Wanderley Nogueira em 6/10/95.

123

19). Afonsinho, conforme assinalaria um jornal, "... transformou-se num *maldito personagem* do futebol na década de 70 ..." (*Folha de S. Paulo,* 10/11/75 – grifo nosso).

Nos anos 90, porém, a rebeldia continuaria a espalhar a sua maldição pelos gramados de futebol.

Parte II

Edmundo

Anjo e demônio

Quando a Parmalat assinou o acordo de co-gestão com o Palmeiras, em março de 92, a conquista de um título de campeão constituía-se no objetivo precípuo, pois o clube passava por uma estiagem de dezesseis anos. Conforme admitiria, tempos depois, José Carlos Brunoro, diretor de esportes da empresa na América do Sul: "Quando assinamos o contrato de co-gestão, a prioridade era a conquista de um título" (*O Estado de S. Paulo,* 10/4/94, p. E. 10). Para tanto, em janeiro de 93, somando-se ao investimento já realizado no ano anterior, a Parmalat investiria a quantia de US$ 7 milhões na formação do que a imprensa esportiva chamaria, daí em diante, por "Dream Team". Dentre todas as contratações feitas, a de maior impacto seria a do jovem atleta Edmundo, 21 anos, cujo passe exigiria o desembolso de US$ 1,8 milhão, o mais alto investimento em um só jogador realizado pela Parmalat na ocasião.

Edmundo havia iniciado a carreira profissional na temporada de 92, disputando o Campeonato Brasileiro pelo Vasco da Gama, onde formara ao lado de Bebeto a dupla de ataque da equipe. No segundo semestre, com a transferência de Bebeto para a Espanha, Edmundo passaria à condição de principal ídolo da torcida vascaína, sobretudo devido à conquista do campeonato carioca. Com efeito, no transcorrer desse ano o jogador viria a ser considerado a principal revelação do futebol brasileiro, chegando nessa condição à seleção nacional. Sendo assim, quando a Parmalat manifestara interesse em contratá-lo, defrontara-se com a decidida oposição de Eurico Miranda, o todo-poderoso vice-presidente de futebol do clube carioca, que chegaria a declarar: "enquanto eu estiver no Vasco, o Edmundo não sai" (*Folha de S. Paulo,* 14/1/93). O jogador, em contrapartida, entusiasmado com a proposta financeira da multinacional italiana, que o clube de São Januário não tinha como cobrir, externava abertamente o desejo de transferir-se para o Palmeiras: "Não quero mais ficar aqui, e acho que ninguém vair querer me segurar à força" (*Jornal da Tarde,* 15/1/93).

No centro do confronto entre o dirigente e o jogador estava a Lei do Passe, o instrumento jurídico que ensejava ao primeiro proferir a sentença senhorial expressa em sua fala. Mais de vinte anos depois de Afonsinho enfrentar os dirigentes na Justiça Esportiva, a luta contra o Passe continuava, embora por outros meios e com outras estratégias. Esta luta emergia antes de tudo na fala dos próprios atletas: "Cansei de ser chamado de craque e passar fome" (*Jornal da Tarde,* 13/1/93, p. 16), protestava Edmundo. Um ano depois, Dener afirmava: "Ninguém vai ficar rico às minhas custas" (*O Estado de S. Paulo,* 13/1/94). O paralelo entre ambos mostra-se pertinente à discussão. Assim como Edmundo, Dener possuía uma proposta de trabalho do Corinthians, mas a Portuguesa, o clube que detinha a propriedade do seu Passe, recusava-se a negociá-lo para outra equipe brasileira, preferindo aguardar uma oferta mais lucrativa do exterior. Exasperado com a situação, diversas vezes frustrado na tentativa de deixar o Canindé, ele lançaria mão de um recurso extremo: "Dener ameaça parar se não sair da Portuguesa" (*O Estado de S. Paulo,* 13/1/94). Não era a primeira vez que um jogador de talento ameaçava com o auto-sacrifício da própria carreira para driblar a Lei do Passe.

Edmundo, por sua vez, colocaria em prática outra estratégia de luta, qual seja, a criação do fato consumado. Através de declarações à imprensa, de atitudes tomadas em público, ou mesmo mediante um simples gesto, como por exemplo vestir a camisa do clube no qual pretendia jogar, ele estabelecia uma situação sem volta, não deixando outra alternativa à direção do clube que pretendia prendê-lo senão negociar o Passe. Esta estratégia, utilizada pela primeira vez contra o Vasco, voltaria a ser usada em todas as futuras transferências ao longo da carreira do jogador, mas nem sempre com o mesmo êxito. Na verdade, ele pagaria um preço alto por recorrer à esta forma de luta, pois a cada vez que a empregava a imagem de jogador-problema ficava mais cristalizada na percepção do público e da imprensa esportiva.

Parte II _____ Edmundo

Em janeiro de 93, porém, ele sairia vitorioso do confronto com Eurico Miranda. No dia 22 desse mês o consórcio Palmeiras/Parmalat anunciava a contratação do atacante vascaíno. No dia 24, o atleta apresentava-se com a camisa do novo clube na sala de troféus, trazendo o estigma que já o acompanhava nesse momento. Com efeito, na imprensa esportiva de São Paulo as reportagens que tratavam da sua apresentação no Parque Antártica mencionavam a fama de jogador polêmico, construída na sua breve passagem pelo futebol profissional do Rio de Janeiro.

No segundo semestre de 92, os jornais cariocas já publicavam reportagens associando o jogador à violência. Desse modo, depois de conquistar o campeonato estadual invicto pelo Vasco, decidido numa partida contra o Flamengo na qual seria expulso de campo, o jornal *O Globo* estampava a manchete: "Edmundo promete abandonar a violência para se tornar ídolo" *(O Globo,* 8/12/92). No começo de janeiro de 93, porém, um episódio ocorrido quando o jogador encontrava-se de férias reforçava a vinculação dele com a violência. Conforme relato do jornalista de *O Globo:* "Na partida de futebol de salão em benefício da Sociedade Amigos do Deficiente Físico (...) ele aprontou. Driblou todo mundo e fez seu gol. Depois distribuiu pontapés até ser eliminado com cinco faltas" *(O Globo,* 10/1/93). No *Jornal do Brasil,* sob o título "Anjo ou demônio?", o jornalista Gilmar Ferreira estabelecia os contornos da imagem que, em São Paulo, seriam retomados com cores ainda mais fortes. Sendo assim, detenhamo-nos um pouco mais na abordagem dessa matéria, transcrita em parte no que segue abaixo:

"Por vezes ele tem o brilho do craque: é ousado, dribla fácil e conclui jogadas fantásticas. Um atacante bendito. Em outros momentos, assume o gênio irascível dos medíocres: se irrita com facilidade, espalha violência e estraga os espetáculos. Um atleta maldito. Amado e odiado, o jovem Edmundo (...) divide opiniões (...) e abre espaço para um questionamento: quem é afinal essa revelação do futebol brasileiro?" *(Jornal do Brasil,* 10/1/93)

A matéria do jornalista expressa uma das formas de que se reveste, no futebol, o que Foucault designa por "práticas divisoras", as quais implicam a objetivação do "sujeito (...) dividido no seu interior e em relação aos outros" (Foucault, 1995, p. 231). Dessa maneira, cindir a

A Rebeldia no Futebol Brasileiro_____J.P. Florenzano

alma do jogador na dualidade composta pelo Bem e o Mal, fazê-lo ingressar no universo moral da normalização onde o mal recobre todos os atos condenados pelas disciplinas, tais como propagar a violência nas partidas, traduz precisamente uma das estratégias do poder que perpassa o discurso da imprensa esportiva. Retomaremos esta discussão mais adiante. Agora, devemos retornar ao texto do jornalista, pois ele nos esclarecerá a origem da maldição da qual Edmundo se faz o portador:

Para entender Edmundo é preciso saber parte de sua história. Filho de pais separados, gente humilde (...) Em um ano, fez fama, ganhou algum dinheiro e acumulou inimigos – muitos, por suas atitudes em campo – 'Ele é agressivo, provocador e em campo, não respeita nem o pai', entrega o zagueiro do Flamengo, Júnior Baiano, um dos primeiros a revidar, com um soco no olho, à estranha violência do atacante vascaíno... (Jornal do Brasil, 10/1/93)

A reportagem começa por estabelecer o contraste entre o talento e a violência do jogador. De fato, ao longo de sua carreira, a imagem de Edmundo oscilará, num movimento pendular, de um extremo ao outro. Contudo, o enigma contido nesta imagem se desfaz, e essa também será uma constante no discurso da imprensa esportiva, quando nos voltamos para a origem pobre e humilde do atleta, como se ela contivesse a chave-explicativa dessa incógnita, dessa estranha violência que pressagia a irrupção do mal na modernidade do futebol. Veremos adiante com qual intenção se associa a origem pobre com o comportamento violento do jogador. Antes disso, a fim de desdobrarmos um outro aspecto presente na reportagem, vale a pena sublinharmos a fala do zagueiro do Flamengo, Júnior Baiano. Evocada como prova da violência de Edmundo, ela permite ao jornalista qualificar tal violência de "estranha". Ora, no decorrer dessa mesma matéria, deparamos com a declaração (intermeada pela emblemática observação do repórter) do então técnico do Vasco, Joel Santana, que afirma a propósito do comportamento de Edmundo:

"É o meu guerreiro. Um jogador que incomoda os zagueiros adversários por não ter medo de pancadas", analisa, destacando, porém, *o lado humano*. "É um rapaz maravilhoso, sem maldades" *(Jornal do Brasil, 10/1/93 – grifo nosso)*

130

Parte II _____ Edmundo

Confrontando-se as falas do jogador do Flamengo com a do técnico do Vasco, depreende-se que o mesmo comportamento é interpretado de modo diametralmente oposto: enquanto o adversário de Edmundo em campo qualifica a sua atitude como violenta, o treinador do atleta a valoriza como sinal de coragem. Também aqui cabe notar que ao longo de sua carreira o comportamento de Edmundo oscilará entre estas duas imagens, prevalecendo ora a do jogador violento, ora a do jogador guerreiro, isto é, corajoso. De fato, a intrepidez do atacante consistiria precisamente em enfrentar, sem hesitação, a violência dos zagueiros adversários. Portanto, a "violência" do atleta só provoca estranhamento uma vez omitindo-se que ela, no futebol, afigura-se como um dado constante, um meio ao qual se recorre para obter a vitória. Nesse sentido, como observa A.M. de Carvalho:

A verdade é que, de forma mais ou menos clara, mas sempre implícita, se considera que a violência e a violação das regras em próprio benefício são táticas 'legítimas' a que o jogador e o treinador devem recorrer (...) Na realidade, o treinador hábil e manhoso no emprego da violência e o jogador que se impõe 'virilmente' são admirados secreta ou abertamente consoante as situações (Carvalho, 1985, p. 201).

Com efeito, dependendo da posição dos demais atores envolvidos na trama do futebol, se adversários ou companheiros dentro do campo de jogo, as atitudes de Edmundo serão simultaneamente execradas como violência e exaltadas como demonstração de coragem. Contudo, mais adiante desenvolveremos a análise sobre a violência no futebol moderno. Cabe-nos ainda destacar um último, mas não menos importante, aspecto contido na matéria do *Jornal do Brasil*. Trata-se da vinculação do jogador Edmundo à duas personagens marcantes da história do futebol brasileiro, e que seria retomada posteriormente pela imprensa paulista. Eis a associação estabelecida pela reportagem:

"A história do futebol é repleta de gênios malditos que de anos em anos se reproduzem pelos campos. Heleno de Freitas e Almir 'Pernambuquinho' dois bons exemplos aos quais alguns já comparam Edmundo. *Ele tem a boa colocação de um e a explosão, o ímpeto, do outro*, compara Ademir Marques de Menezes" *(Jornal do Brasil*, 10/1/93).

A Rebeldia no Futebol Brasileiro _____ J.P. Florenzano

A rigor, a comparação de Edmundo com estes dois atletas remonta ao segundo semestre de 92. No mesmo *Jornal do Brasil*, uma reportagem, desta vez assinada pelo jornalista Oldemário Touguinhó, dizia:

Ontem o Vasco entrou campeão. Edmundo não mudou nada. Correu, brigou, entrou duro nas divididas, peitou os marcadores, saiu de maca e voltou correndo. Nada o amedronta. Abre sorriso até quando é expulso. Chega a lembrar o gênio Heleno de Freitas na forma de provocar marcadores... (Jornal do Brasil, 7/12/92).

Um pouco antes, em outubro, numa entrevista concedida ao jornal *O Globo*, Edmundo já respondia a pergunta que daí em diante nunca mais deixaria de lhe ser feita. Indagando ao atacante se a comparação com o "problemático" Almir o perturbava (os termos são da reportagem), eis a resposta de Edmundo:

"Não conheci esse Almir, nem me inspirei nele. *Quero seguir o meu caminho*, confio em mim" *(O Globo,* 1/10/92 – grifo nosso).

Edmundo, no entanto, seguiria, ao menos em boa parte, o caminho que a própria imprensa esportiva estava lhe traçando. Almir 'Pernambuquinho', um jogador que atuou no Vasco, Santos, mas que ficou celebrizado ao envolver-se numa briga campal na final do campeonato carioca de 1966, disputada entre Flamengo, o clube que jogava, e o Bangu, viria a morrer assassinado em conseqüência de uma briga no calçadão de Copacabana. Heleno de Freitas, estrela do futebol carioca na década de 40, jogaria sua última partida em 04 de novembro de 51, na partida de estréia pelo América RJ, percorrendo, daí em diante, um longo calvário por hospitais psiquiátricos e sanatórios, até sua morte em 08 de novembro de 59, na Casa de Saúde São Sebastião, em Barbacena, interior de Minas Gerais. Conforme assinala a antropóloga Alba Zaluar:

"Uma das expressões da dominação é a construção da identidade do dominado pelo dominador. E uma das técnicas repressivas é a estigmatização de quem se quer reprimir. O espelho que se constrói agora no Brasil é este: pobre, criminoso, perigoso" (Zaluar, 1994, p. 168).

A imagem que a imprensa esportiva carioca havia construído de Edmundo já continha todos os traços que, em São Paulo, seriam exacerbados a ponto de o próprio jogador, anos mais tarde, acusá-la de haver criado um "monstro". Se no Rio de Janeiro a associação de

Edmundo com Almir e Heleno restringia-se ao campo de jogo (ele teria o ímpeto do primeiro e faria as provocações do segundo); em São Paulo a vinculação transcenderia tais limites, veiculando-se um discurso no qual despontava no horizonte da carreira do jogador tanto a morte quanto a loucura caso não modificasse o seu comportamento problemático. A rebeldia do jogador de origem pobre estava novamente confrontada com o espelho que o discurso de poder no futebol lhe apresentava. Edmundo deveria se reconhecer nesse espelho, reconhecer a verdade nele refletida, a saber, o de que a rebeldia conduz à destruição, seja mediante a morte ou através da loucura. De fato, a estigmatização de Edmundo como jogador-problema passaria a girar ao redor das imagens da violência, da loucura e da minoridade. Como síntese e expressão das várias faces com as quais ele apareceria no discurso de poder no futebol – a palavra Animal.

Retornemos, por uma última vez, ao texto do jornalista Gilmar Ferreira, do *Jornal do Brasil*, na passagem em que citava o elogio do treinador do Vasco ao atacante. Nesse momento, recordemos, ele mencionava o "lado humano" de Edmundo. Pois bem, o que era apenas sugerido na reportagem será explicitado na trajetória do jogador pelo futebol de São Paulo. No período compreendido pelos anos de 93 a 95, o outro lado de Edmundo, a face oculta, a "verdade" que desde sempre estivera presente nele, na sua origem pobre, na sua natureza demoníaca, no seu comportamento problemático de jogador rebelde, esta verdade construída pelo poder virá à lume através do discurso da imprensa esportiva e do imaginário das torcidas organizadas, e será expressa, não sem a cumplicidade do próprio atleta – pela figura do "jogador-animal". Porém, quando Edmundo, tempos depois, olhar no espelho que a imprensa esportiva, as torcidas organizadas e a publicidade lhe construíram, será talvez tarde demais. Quando olhar no espelho verá refletido, com razão, a imagem de um monstro.

O bandido entra em campo

No dia 27 de janeiro de 93, Edmundo fazia sua estréia no Palmeiras jogando contra o Marília, no Parque Antártica, para um público de quase 30.000 pessoas. No dia 7 de fevereiro já disputava o primeiro

A Rebeldia no Futebol Brasileiro_____J.P. Florenzano

clássico paulista contra a equipe do Santos, no Morumbi, marcando também o seu primeiro gol na vitória por 2 x 1. No dia posterior à realização do clássico, o Jornal da Tarde, em seu caderno de esportes, estampava a manchete: "O Bom Bandido", acompanhada da foto de Edmundo. Na reportagem do jornalista Cosme Rímoli, lemos a justificativa para o título:

"No Morumbi, no Parque, em Piracicaba. O início do campeonato já deixou claro que, com Edmundo, o Palmeiras passa a ter um 'bandido' em campo (grifo nosso) Tranqüilo, o carioca nega que vai para o jogo disposto a acabar com a paciência de quem se dispuser a marcá-lo (...) Se Garrincha chamava seus marcadores na Copa de 58 de 'João', Edmundo apela para o ofensivo 'negrão' (Jornal da Tarde, 8/2/93).

A razão para qualificar Edmundo como "bandido" fundamentava-se, portanto, na provocação considerada preconceituosa dirigida aos zagueiros adversários, como vemos abaixo na fala do jogador, citada e comentada pelo jornalista:

" – 'Você é muito ruim, negrão. Vem que eu vou te humilhar' – provoca quando a bola chega. 'Não falei que você era ruim pra cacete?, pergunta, abusado, depois que o drible dá certo" (Jornal da Tarde, 8/2/93).

A reportagem do *Jornal da Tarde* pode ser considerada como o ponto de partida na construção da imagem de Edmundo como jogador-bandido. De fato, ao longo desse ano de 93 o mesmo jornal voltaria a se referir por duas vezes a Edmundo como bandido, mas já então despreocupando-se de empregar a palavra entre aspas. No entanto, devemos nos perguntar por que bandido. Afinal de contas, atuando há menos de um mês no futebol de São Paulo, Edmundo não havia se envolvido em nenhum problema de ordem disciplinar ou mesmo policial, tanto dentro quanto fora da atividade profissional, motivos mais do que suficientes para a imprensa esportiva imputar ao jogador o anátema de marginal.

Na verdade, a análise dessa questão nos remete às primeiras décadas deste século quando se implantava o futebol no país. Conforme demonstra Anatol Rosenfeld, a introdução desse esporte no Brasil reveste-se, inicialmente, de um caráter elitista, pois ele estará circunscrito aos grupos privilegiados, excluindo-se de sua prática as classes populares. Esboçando o quadro histórico da evolução desse esporte no país, afirma

Parte II _____ Edmundo

o autor: "Enquanto o futebol organizado foi cultivado essencialmente pelas camadas superiores da juventude e, em conseqüência disso, pôde conservar o seu caráter puramente amador, fez parte, de forma comparável talvez ao tênis atual, das competições freqüentadas pela 'boa sociedade'..." (Rosenfeld, 1993, p. 80). Entretanto, pouco a pouco o futebol acabaria difundindo-se através da sociedade, lançando raízes profundas na cultura popular e, num movimento de retorno, incorporando os principais elementos dessa cultura e adquirindo a feição inconfundível expressa no estilo brasileiro de jogar futebol (Murad, 1994), do qual, aliás, Edmundo é um típico representante. Mas o ingresso das classes populares na prática desse esporte será marcada, como aponta Joel Rufino dos Santos, pelo "...preconceito contra o jogador profissional, sobretudo de origem pobre..." (Santos, 1981, p. 34)

Com efeito, quando o futebol se transforma em esporte de massas, a passagem do amadorismo para o regime profissional impõe-se como uma necessidade, conforme a observação de Rosenfeld: "Quanto maiores eram as multidões que aderiam ao futebol, tanto mais a popularidade e a importância de um clube dependiam do desempenho de suas equipes de futebol (...) Levar em consideração a 'classe' dos jogadores (...) tornou-se afinal um empreendimento quixotesco. Evidenciou-se que nas camadas inferiores, entre os negros, mulatos e brancos pobres, havia um grande número de jogadores de primeira classe" (Rosenfeld, 1993, p. 84). Ora, a partir do momento em que os grandes clubes, curvando-se a evidência mencionada por Rosenfeld, passam a admitir jogadores provenientes das classes populares, opera-se uma transformação na imagem do atleta, conforme demonstra Waldenyr Caldas:

"Este esporte, que então era visto como um lazer de grã-finos, passa a ter também sua imagem ligada à periferia e, por extensão, às camadas pobres da sociedade – Por conseguinte, esclarece o autor mais adiante: – Em pouco tempo, o futebolista perde a imagem de homem fino, de elite e passa a ser visto quase como um marginal da sociedade" (Caldas, 1990, p.51/52).

A imagem do jogador-bandido remonta, portanto, ao processo deslanchado ao longo das décadas de 20 e 30, quando se dá a passagem do amadorismo para o regime profissional, e traduz o preconceito da "boa sociedade" em relação à profissão do atleta de futebol, à medida

A Rebeldia no Futebol Brasileiro_____ J.P. Florenzano

que esta atividade cada vez mais passa a ser exercida pelos indivíduos provenientes das classes populares. Nesse sentido, o testemunho de Gilmar dos Santos Neves, o goleiro bicampeão mundial em 58 e 62, revela-se ilustrativo: "Antes de 58 um jogador de futebol, no entender de muitos, era um 'bandido'. Não era gente..." (*A Gazeta Esportiva,* 9/1/83, p. 4). Com efeito, Gilmar atribui à conquista do primeiro título mundial, e a ascensão de Pelé no cenário esportivo, o momento a partir do qual ocorre a reviravolta na imagem do atleta profissional. Contudo, logo após a conquista do tricampeonato, Tostão voltava a mencionar o tema, permitindo entrever que talvez até meados dos anos 60 a imagem da profissão ainda continuasse envolta pelo preconceito social:

"Quando comecei o jogador de futebol era tido como um malandro (...) As pessoas não entendiam que era uma profissão tão digna quanto qualquer outra (...) Hoje, felizmente, já não somos vistos como malandros. E já respeitam a nossa profissão" (*Placar,* 24/7/70, n. 19, p. 29).

Todavia, se por um lado parece inquestionável que a imagem do atleta profissional de fato adquire uma valoração positiva a partir dos anos 60, por outro lado defrontamo-nos com uma plêiade de jogadores aos quais o preconceito social ainda se aplica. Assim, por exemplo, em 71 a revista *Placar* indagava a respeito do artilheiro do Coritiba: "Zé Roberto, Anjo ou Bandido?" (*Placar,* 7/3/71, n. 51, p. 31). Em 75, o mesmo semanário comentava a disputa entre César, Roberto e Geraldão pela posição de centroavante do Corinthians: "Dos três, César é o bandido. Uma imagem criada por sua rebeldia e pelo espalhafato de suas atitudes" (*Placar,* 5/9/75, n. 284, p. 8). Em 82, o bom comportamento de Serginho na seleção brasileira despertava a atenção dos jornais, entretidos em desvendar a "...servilidade do 'ex-marginal arrependido' como o cham(ara) uma revista tempos atrás" (*A Gazeta Esportiva,* 10/6/82, p. 7).

Se efetivamente houve uma mudança na imagem do atleta profissional, ela não eliminou o estigma do atleta-marginal que se manteve e, agora, passava a designar uma categoria bem configurada de jogadores. Com efeito, não se trata de mera causalidade o fato de Zé Roberto, César, Serginho e Edmundo, para ficarmos nos exemplos citados, terem sido classificados na categoria do jogador-problema, nem

Parte II _____ Edmundo

tampouco o fato de todos eles compartilharem a mesma origem social, qual seja, o mundo da pobreza. A partir dos anos 60, nem todo jogador oriundo de tal universo social seria rotulado de bandido, mas todo o jogador classificado como bandido seria proveniente do mundo da pobreza, ou mais precisamente de sua parte maldita. Para compreendermos este ponto faz-se necessário uma breve digressão sobre a emergência, na modernidade, do campo de valoração ética no qual a pobreza estará situada.

Conforme mostra Foucault, o movimento da Reforma protestante, na Europa do século XVI, propicia o advento de uma nova sensibilidade social acerca da miséria: "Ela passa de uma experiência religiosa que a santifica para uma concepção moral que a condena" (Foucault, 1993, p. 59) A miséria "não remete mais à milagrosa e fugidia presença de um deus" (Idem, p. 62), como no catolicismo, mas, pelo contrário, "sua existência traz o sinal de sua maldição" (Idem, p. 57). Discorrendo acerca desta mesma questão, afirma, por sua vez, Alba Zaluar: "A pobreza, nessa visão calvinista ou reformista, passa a ser entendida como uma maldição: parente da indolência e da vagabundagem que levam ao vício" (Zaluar,94, p. 60). Ora, segundo Foucault, o "mundo católico logo vai adotar um modo de percepção da miséria que se havia desenvolvido sobretudo no mundo protestante" (Foucault, 1993, p. 60), e que se expressa na apreensão maniqueísta de um universo social repartido entre o Bem e o Mal:

"De um lado, haverá a região do bem, que é a da pobreza submissa e conforme à ordem que lhe é proposta. Do outro, a região do mal, isto é, da pobreza insubmissa, que procura escapar a essa ordem" (Idem, p. 61).

No futebol, mutatis mutandis, a lógica que preside a classificação do jogador proveniente das camadas pobres da sociedade como jogador-bandido inscreve-se numa dialética do Bem e do Mal semelhante àquela apontada por Foucault. Com efeito, o jogador-bandido invariavelmente se revela como portador da maldição que pesa sobre a pobreza, que para o discurso de poder se reflete nos vícios de uma vida desregrada, na indolência demonstrada no trabalho, na insubmissão às normas disciplinares e, sobretudo, na introdução da desordem no universo do futebol. Em contrapartida, o bom jogador, no sentido moral da expressão, revela-se enquanto seguidor da ética do trabalho, obediente às regras disciplinares e respeitador da boa ordem. A bipartição do universo da pobreza em duas esferas antagônicas emerge no artigo do jornalista Dalmo Pessoa, escrito por ocasião do conflito campal envolvendo os jogadores do Palmeiras e do São Paulo, em outubro de 94. Comparando Juninho e Edmundo, ambos provenientes da mesma condição social, o jornalista os diferencia situando cada um num determinado campo moral:

"Juninho tem boa formação. É de família humilde, mas de gente correta. Por isso sua carreira tem sido um sucesso. Nada fora do campo atormenta a vida do menino Juninho. Edmundo teve outra formação. Sem entrar no mérito, porque não cabe fazer o julgamento das pessoas, temos a lembrar os episódios familiares de Edmundo (...) Juninho (...) nunca ocupou manchetes policiais. Como profissional limitou-se a cumprir seus deveres. Edmundo envolveu-se em vários problemas. Dentro e fora de campo" (*A Gazeta Esportiva*, 19/10/95).

O exercício de comparação ao qual se entregava a imprensa esportiva também aparece noutra reportagem do jornal *A Gazeta Esportiva*, desta vez tecendo um paralelo entre Edmundo e Marcelinho Carioca, igualmente oriundos das camadas pobres da sociedade. Sob o título "O Bem e o Mal se encontram no Parque", afirma a matéria:

A dupla é o próprio avesso. Marcelinho (...) procura ser agradável em suas declarações, foge de polêmica e dedica sua vida extra-campo a sua fé. Evangélico, não perde a chance de catequizar um companheiro. Edmundo é de pouca conversa. Não faz questão de agradar ninguém para melhorar a imagem. Está em tantas polêmicas que parece ter nascido para semear a discórdia [grifo nosso]. *Para reforçar a imagem de 'Bad Boy', não nega que adora a noite* (*A Gazeta Esportiva*, 11/2/96, p. 8).

Os textos supracitados nos proporcionam exemplos eloqüentes da objetivação do jogador de futebol através do que Foucault designa por "práticas divisoras" e que se traduzem nos seguintes exemplos: "o louco e o são, o doente e o sadio, os criminosos e os 'bons meninos'" (Foucault, 1995, p. 231). Num caso, o "criminoso" Edmundo se acha confrontado com o Bom Menino Juninho. Noutro caso, ele encarna o Mal enquanto Marcelinho Carioca expressa o Bem. Embora todos provenham da mesma condição social, os dois últimos são inscritos no campo simbólico da pobreza bendita à medida que se mantêm como

Parte II _____ Edmundo

jogadores-humildes, enquanto Edmundo é localizado na metade maldita desse universo social à medida que se revela como jogador-problema.

No futebol, as "práticas divisoras" opõem, de um lado, o jogador-problema ao jogador-humilde, e, de outro lado, estabelecem a divisão na alma do jogador-problema tomando-a como sede do conflito entre o Bem e o Mal. Sendo assim, do mesmo modo que a reportagem do *Jornal do Brasil* questionava Edmundo como anjo ou demônio, também Zé Roberto seria objeto de tal questionamento numa matéria da revista *Placar:* "Anjo, demônio ou malandro?" (*Placar,* 21/12/73, n. 197, p. 8). No jornal *A Gazeta Esportiva,* sob o título "As Duas Faces de Serginho", a primeira linha da reportagem esclarece: "O anjo e o demônio" (*A Gazeta Esportiva,* 15/10/82, p. 10). Ora, devemos considerar mera coincidência o fato de Zé Roberto, Serginho e Edmundo serem provenientes das camadas pobres da sociedade, terem demonstrado um comportamento julgado como problemático dentro e fora da atividade profissional, e, num momento ou noutro da carreira, terem sido classificados de jogador-bandido?

Na verdade, assim nos parece, no questionamento ao qual a rebeldia se acha exposta subjaz uma das estratégias utilizadas pelo poder para disciplinar os corpos no futebol, pois, como assinala Foucault, a alma "...é ela mesma uma peça no domínio exercido pelo poder sobre o corpo" (Foucault, 1987, p.31/32). No contexto do futebol moderno, a transformação da alma do jogador no palco em que se desenrola o contínuo conflito entre o Bem e o Mal atende precisamente a estratégia de normalizá-lo, abrindo o campo de intervenção para o poder voltado a extrair o máximo em termos de rendimento e reduzir ao mínimo possível a resistência política dos corpos. O testemunho definitivo do técnico e preparador físico A. P. Beltrão, dado nos anos 60 quando estas práticas de poder iniciavam a produção do jogador moderno, desvela a investida do poder sobre a alma. Discorrendo acerca da importância da Psicologia para o futebol, ele afirmava:

"Um sem número de aspectos poderá ser atacado pelo técnico no sentido do aproveitamento das reservas psíquicas do seu jogador. Se de um lado terá que colaborar para amenizar determinados sentimentos perniciosos à produtividade do atleta, por outro deverá da mesma forma fortalecer, por estímulo, sentimentos positivos postos a serviço de melhor produção. 'De anjo e demônio, todos temos um pouco'.

139

A Rebeldia no Futebol Brasileiro _____ J.P. Florenzano

Pois estimulando este anjo interior e procurando erradicar o demônio, é que aumentar-se-á o saldo de positividade colocado a favor do papel que nos propusemos desempenhar no grupo social" (*in* Pedrosa, 1968, p. 42 – grifo nosso).

Se a preparação física deve fortalecer a musculatura e a resistência do corpo os profissionais da normalidade devem fortalecer a musculatura da alma, intervindo na luta que se trava no interior desta entre o Bem e o Mal. Com efeito, a modernização do futebol brasileiro, embora caracterizada pela aplicação da ciência ao esporte, curiosamente preserva a figura tradicional do demônio. Na verdade, quando nos anos 90 a imprensa esportiva celebrar o modo pelo qual "uma avaliação física científica aplicada a uma equipe de futebol pode transformar músculos em títulos" (*O Estado de S. Paulo,* 18/8/96), devemos levar em conta que esta transformação passa necessariamente pelo exorcismo do demônio que habita a alma do jogador, impedindo-o de funcionar corretamente.

No futebol, a encarnação do Mal se apresenta sob diversas figuras, uma das quais a do jogador-bandido egresso das camadas pobres da sociedade. Nesse sentido, a vinculação de Edmundo com a violência, já firmada desde o Rio de Janeiro, vinha sendo retomada e enfatizada em São Paulo, sobretudo evocando-se a procedência do atleta. Assim, no final de seu primeiro ano no futebol paulista, o *Jornal da Tarde* explicava aos leitores de forma didática:

"Talvez esteja no começo de sua vida problemática em Niterói a explicação para seu gênio difícil. Passagens pelo Botafogo também sugerem o início da fama de jogador-bandido*"(Jornal da Tarde,* 20/12/93, p. 6B – grifo/nosso).

Fama que boa parte da imprensa esportiva de São Paulo vinha construindo desde fevereiro de 93, quando pela primeira vez o referido jornal designara o jogador como bandido. Em julho, o periódico voltaria a carga por ocasião da primeira partida das finais do Torneio Rio-São Paulo, vencida pelo Palmeiras por 2 X 0 sobre o Corinthians, com dois gols de Edmundo. No segundo tempo de jogo, porém, numa disputa de bola com Marcelinho Paulista, que se achava no chão, Edmundo acertava um chute no adversário e era expulso de campo, levando o jornal à seguinte constatação: "O Palmeiras ainda não sabe se trata Edmundo como herói ou *bandido*" (*Jornal da Tarde,* 6/8/93 – grifo nosso).

Parte II _____ Edmundo

A insistência com a qual o periódico designava o jogador como marginal passava pela associação que se estabelecia entre ele e o grupo social do qual provinha. As alusões à origem pobre de Edmundo eram constantes na imprensa esportiva paulista, que antes mesmo do episódio acima descrito já o estigmatizara como o "'Bad Boy da Baixada Fluminense" (*O Estado de S. Paulo*, 6/6/93). De fato, como aponta Alba Zaluar, existe no Brasil uma "...imagem negativa dos moradores de locais considerados como antros de marginais e de bandidos" (Zaluar, 1994, p. 154) como a Baixada Fluminense ou as favelas brasileiras em geral, as quais, "...nas representações de alguns setores da sociedade mais ampla (são apreendidas pela) noção que Louis Chevalier chamou de classes perigosas" (Idem, p. 168).

Em fevereiro de 95, depois da partida contra o Grêmio realizada no Parque Antártica, pela Libertadores da América, na qual mais uma vez se destacara, Edmundo acusaria abertamente a imprensa esportiva de tê-lo estigmatizado devido à sua condição social. Nessa entrevista convém acompanharmos a fala do jogador entremeada pela observação do jornal que a registrou:

"Não tenho paz de espírito aqui' (em São Paulo). *Pouco mais perturbado emocionalmente, lembrou ter sido criado em favela e sugeriu sofrer por isso um tratamento preconceituoso. 'Mas em favela também tem gente boa', afirmou"* (*O Estado de S. Paulo*, 23/2/95).

Por certo, o universo do futebol moderno não discriminava o jogador oriundo das favelas e bairros pobres, desde que se comportasse de acordo com a ordem implantada pelas disciplinas, ou, dito de outra forma, se comportasse como o Bom Pobre cuja identidade se revela na figura do jogador-humilde. Ora, à medida que Edmundo afastava-se da norma, recaía sobre ele não somente o atávico preconceito social contra as camadas mais desfavorecidas, que no futebol se traduz na imagem do jogador-bandido, como principalmente captava-se esta imagem por intermédio do espelho que refletia o mito das classes perigosas das quais Edmundo tornar-se-ia o ilustre representante no futebol deste fim de século.

Ainda no Rio de Janeiro, Edmundo havia se deparado com o espelho que a imprensa esportiva lhe mostrava e no qual refletia-se a associação da pobreza, do criminoso e da violência. Mas os contornos mal-

141

A Rebeldia no Futebol Brasileiro_____ J.P. Florenzano

definidos da imagem mantinham-na dentro duma moldura de ambigüidade, na qual ora acreditava-se contemplar o anjo, ora os traços subitamente redesenhados apresentavam a clara percepção do demônio. Em São Paulo, porém, a reversibilidade das imagens cessaria, emergindo no espelho em nítidos contornos a figura do jogador-bandido, egresso da Baixada Fluminense, da favela de Niterói, e a imprecisão quanto a exata procedência do atleta pouco importava, pois bastava sabê-lo oriundo das classes perigosas.

A noção de classes perigosas revive no século XX o que Foucault designa como "mito da classe bárbara", mito mediante o qual o século XIX fora levado a determinar o crime como "...coisa quase exclusiva de uma certa classe social", determinando também "...que não é o crime que torna estranho à sociedade, mas antes que ele mesmo se deve ao fato de que se está na sociedade como um estranho, que se pertence àquela 'raça abastardada' (...), àquela 'classe degradada pela miséria cujos vícios se opõem como um obstáculo invencível às generosas intenções que querem combatê-la'" (Foucault, 1987, p.242/243).

Na modernidade na qual o futebol paulista acreditava estar prestes a ingressar, na primeira metade dos anos 90, Edmundo afigurava-se como um estranho, cujos crimes logo ganhavam as páginas policiais da imprensa esportiva. Assim, por exemplo, em fevereiro de 93, nos clássicos contra o Santos e o Corinthians, o estranhamento provocado pelos dribles desconcertantes com os quais envolvera os zagueiros adversários, quando as partidas já estavam decididas em favor do Palmeiras, exigiram de Edmundo justificativas:

"A gente tem de fazer alguma coisa para deixar a galera feliz. É bom fazer uma gracinha quando o jogo está definido pra galera gritar e sair com a garganta rouca do estádio', disse Edmundo, lembrando que no Rio essas atitudes são bem comuns" (Jornal da Tarde, 15/2/93).

Mas em São Paulo estas ousadias ocasionavam escândalo a ponto de o *Jornal da Tarde* estampar a manchete "O Bom Bandido", conforme vimos anteriormente. Porém, há muito tempo que o futebol moderno concedera ao drible um lugar marginal e o tornara coisa de marginais:

"Driblar é crime? Não. Passar a bola entre as pernas de um camaradinha é crime? Claro que não (...) Detesto o futebol cheio de esquemas, gosto mesmo é do futebol de cobras (...) Gosto do futebol sem posição fixa, futebol com liberdade (...)

Parte II _____ Edmundo

Futebol em que um drible é combatido com outro drible, não com um pontapé ou uma crítica injusta e ofensiva" (*Placar*, 30/4/71, n. 59, p.16/17).

O desabafo de Paulo César Lima, feito em pleno processo de militarização do futebol brasileiro, permite-nos concluir que, embora os militares tenham se retirado de cena no esporte, o drible continuava sendo considerado como crime, e o seu autor julgado como bandido. Na modernidade tolera-se o drible dentro dos limites da objetividade que rege as esquipes e desde que ele seja funcional. No entanto, indaga Eduardo Galeano: "Jogar a sério e em série, é jogar? Segundo os entendidos na raiz e no sentido das palavras, jogar é caçoar, gracejar, e a palavra saúde expressa a máxima liberdade do corpo. A eficiência controlada das repetições mecânicas, inimiga da saúde, está adoecendo o futebol" (Galeano, 1995, p. 199). Sendo assim, talvez haja mais do que um simples paradoxo no fato de Edmundo também ter sido rotulado de doente. Talvez as suas atitudes tenham sido interpretadas como uma ameaça à lógica doentia que rege o futebol moderno e que o embrutece a ponto de proscrever a fantasia como crime.

As atitudes incomuns de Edmundo comportavam, porém, outras ameaças, invocavam temidas fantasmagorias que já então rondavam o universo do futebol. A estranha violência do jogador, como apontada na reportagem do jornalista Gilmar Ferreira, do *Jornal do Brasil*, não tardaria em manifestar-se no futebol paulista. O episódio da expulsão contra o Corinthinas, nas finais do Rio-São Paulo, constitui-se num momento importante para a consolidação da imagem do jogador como violento e marginal, como se depreende das declarações de Edmundo, tentando justificar o chute desferido no adversário:

"Se fosse outro jogador ele não teria expulsado (...) Mas como foi o Edmundo, que é tachado de mau-caráter e indisciplinado, ele deu o cartão (E mais adiante, afirma na entrevista) Quem me conhece sabe que não sou esse marginal que querem fazer" (*Folha de S. Paulo*, 6/8/93).

Com efeito, a imagem de jogador-bandido estava sendo construída desde o início do ano, e, ao que tudo indica, não era apenas o *Jornal da Tarde* que se desincumbia dessa tarefa. Seja como for, em meados de 93 esta imagem parece razoavelmente consolidada e a manifestação da violência dentro de campo desempenha um papel importante. Em abril, durante a partida realizada em Salvador da Bahia, contra o Vitória,

143

A Rebeldia no Futebol Brasileiro_____ J.P. Florenzano

Edmundo acabaria expulso ao final do jogo, e, conforme registrado pelas câmeras de televisão, antes de deixar o campo empurraria com a mão o rosto do árbitro. Três dias depois, atuando no Parque Antártica contra o Mogi Mirim, Edmundo novamente sairia de campo expulso. Na matéria do correspondente de *O Globo* em São Paulo, jazia a advertência: "Duas expulsões numa mesma semana (...) é um fato raro no futebol e o próprio atacante começa a ficar preocupado. Ele teme ficar marcado definitivamente como um jogador indisciplinado" *(O Globo,* 18/4/93). Mas em junho, no segundo jogo da final do Campeonato Paulista contra o Corinthians, um novo episódio de violência: pouco antes do intervalo da partida, Edmundo se projetava com os dois pés sobre as pernas de Paulo Sérgio, com quem estava em conflito há algum tempo, deixando de ser expulso apenas por condescendência do árbitro.

Em linhas gerais, são esses os fatos que permitiam a imprensa esportiva vincular o jogador à violência e, a partir daí, reforçar a imagem de marginal. Pois bem, o importante aqui é assinalar que nem todo o jogador considerado violento é rotulado de bandido, que não consiste no recurso à violência dentro de campo o fator que torna possível aquele rótulo. Nesse sentido, como observa Eduardo Galeano a respeito do futebol: "O fim justifica os meios, e qualquer sacanagem é boa, embora convenha executá-la dissimuladamente" – como, aliás, ensina um jogador citado pelo autor – *'Eis aqui a primeira lição: bata antes que te batam, mas bata discretamente'"* (Galeano, 1995, p.204/205). Na verdade, como aponta de forma lapidar A.M. de Carvalho, o uso da violência no futebol constitui uma técnica:

"...os processos de superação violenta do adversário constituem autênticas técnicas que devem ser completamente dominadas pelo jogador *e utilizadas tacticamente quando a vitória está em causa"* (Carvalho, 1985, p. 118 – grifo nosso).

Ora, a estranha violência de Edmundo, como a chamou o jornalista do JB, estava no fato de contrariar a lei que preside o bom uso da violência nas partidas de futebol. Ao invés de manifestá-la de forma dissimulada, ele a utilizava à vista de todos, fracassando sempre em ocultá-la da arbitragem e das câmaras de televisão. Nesse sentido, na partida entre Palmeiras e Portuguesa pelo Campeonato Paulista de 95,

Parte II _____ Edmundo

o jogador Norberto provocaria a expulsão de Edmundo depois de acertar-lhe uma cotovelada:

"'Ele não tem cabeça para ser jogador de futebol. Foi só provocá-lo e o tirei do jogo', comemorava Norberto, que escapou de ter a perna quebrada com um carrinho dado pelo palmeirense no seu joelho. 'Coitado, ele pensa que é malandro', dizia, sorrindo" (*Jornal da Tarde*, 30/1/95, p. 8B).

O uso da violência pelo jogador que domina a técnica da dissimulação pode transformá-lo num jogador violento, mas não necessariamente num jogador-bandido e jamais num jogador-problema. Mas Edmundo não somente dava visibilidade à violência que empregava, como sobretudo empregava-a em circunstâncias inadequadas, pois pode-se compreender que um jogador, devido à derrota, descontrole-se recorrendo a ela; compreende-se da mesma forma que um jogador a utilize como meio para impedir a derrota ou obter a vitória; entretanto, salvo talvez o episódio da agressão ao árbitro na Bahia, quando o Palmeiras perdia o jogo por 2 x 1, todos os demais episódios que contribuíram para a vinculação de Edmundo com a violência ocorreram em circunstâncias nas quais a sua equipe vencia, ou ao menos empatava, ou de qualquer modo quando o recurso a tal instrumento parecia injustificado, caracterizando dessa maneira o emprego da violência não como um meio mas como um fim em si mesmo.

Mas talvez Edmundo já estivesse incumbindo-se de cumprir a profecia que desde o Rio de Janeiro a imprensa esportiva lhe fizera, comparando-o ao jogador-bandido Almir Pernambuquinho e ao jogador-louco Heleno de Freitas. Seja como for, recolocando a questão em outros termos, também podemos divisar nas atitudes, gestos e palavras do jogador a luta de resistência às práticas de poder no futebol. Nesse sentido, talvez o jogador-bandido apenas estivesse debatendo-se nas malhas da rede carcerária, pois se obviamente o futebol, sob o ponto de vista formal, não se assemelha à prisão, em contrapartida no contexto da modernização ele ingressa na rede através da qual difundem-se, para além dos muros da prisão, os efeitos de poder, as técnicas corretivas, os sistemas de vigilância, os controles normalizadores, os mecanismos punitivos da instituição penal. Nesse sentido, a "generalização do sistema carcerário por todo corpo social" (Fonseca,

A Rebeldia no Futebol Brasileiro_____J.P. Florenzano

1995, p. 74) constitui o que Foucault denomina "um grande continuo carcerário que difunde as técnicas penitenciárias até as disciplinas mais inocentes (...) e fazem pesar sobre a menor ilegalidade, sobre a mínima irregularidade, desvio ou anomalia, a ameaça da delinqüência" (Foucault, 1987, p. 260). Sob esta perspectiva, começamos a compreender melhor por que sobre o comportamento de Edmundo, à medida que escapava à norma, pairava a ameaça da delinqüência.

De fato, como assinala Foucault, por intermédio dos canais da rede carcerária "...um certo significado comum circula entre a primeira das irregularidades e o último dos crimes: não é mais a falta, não é mais tampouco o ataque ao interesse comum, é o desvio e a anomalia; é a sombra que povoa a escola, o tribunal, o asilo ou a prisão (...) O adversário (...) transformou-se em desviador, que traz consigo o perigo múltiplo da desordem, do crime, da loucura. A rede carcerária acopla, segundo múltiplas relações, as duas séries, longas e múltiplas, do punitivo e do anormal" (Foucault, 1987, p. 262). Ora, o entrelaçamento destas duas séries aflora claramente no futebol brasileiro.

Na primeira metade dos anos 90, Edmundo será transformado no adversário por excelência da boa ordem no futebol, a encarnação do Mal que "propaga a violência" e "semeia a discórdia", que traz, em suma, a terrível ameaça da desordem, do crime e da loucura. O futebol moderno também está povoado de fantasmas e a demonização da rebeldia indica-nos qual a ameaça que eles comportam. De fato, no processo de modernização deslanchado ao longo dos anos 60, a rebeldia cada vez mais cai num campo de apreensão que a toma simultaneamente como anormalidade e delinqüência, transformando o jogador rebelde num caso patológico que deve ser objeto tanto de cura quanto de punição, ou melhor, de cura através da punição (Foucault, 1987, p. 265).

A trajetória do jogador Edmundo permite-nos mostrar, assim acreditamos, o aprisionamento da rebeldia na identidade do jogador-problema, esta personagem que, no contexto da modernização do futebol brasileiro, irrompe no cenário provindo das regiões malditas da pobreza insubmissa e da imaginação desregrada, personagem envolta no embate interior entre o Bem e o Mal, cuja alma transforma-se no campo de intervenção dos que buscam "estimular o anjo e erradicar o

Parte II _____ Edmundo

demônio". Mas vejamos qual a salvação que os profissionais do futebol prometem a esta alma atormentada.

Quando o Brasil preparava-se para disputar a Copa do Mundo da Espanha, o técnico da seleção, Telê Santana, de passagem por São Paulo, concedia entrevista na qual discorria acerca do tipo de jogador que pretendia ter no grupo. *A Gazeta Esportiva*, com base nessa entrevista, destacava em manchete na primeira página: "Telê: sou contra os 'Bandidos'". Criticando os jogadores indisciplinados, o técnico afirmava:

"Não quero onze padres, mas também não posso aceitar onze bandidos. Sou contra os bandidos. *Quero homens normais, com reações normais, com desejos normais, com emoções normais...*" (*A Gazeta Esportiva*, 11/1/82, p. 8 – grifo nosso)

Dessa maneira, não devemos nos surpreender quando, dez anos depois, a imprensa esportiva indagar ao atacante do Palmeiras: "Edmundo, você é normal?".

O jogo das máquinas

Por ocasião de sua apresentação aos jornalistas e torcedores do Palmeiras, em janeiro de 93, ocorrida na sala de troféus do clube no Parque Antártica, Edmundo dava uma entrevista na qual destacava a primazia do futebol de São Paulo em relação aos demais centros esportivos do país:

"Vou disputar o campeonato mais difícil do país. Há quatro anos que o futebol paulista deixou para trás todos os outros. E o futebol aqui é diferente do do Rio. Lá só se pensa na técnica. Aqui, além dessa habilidade, se dá muito valor ao preparo físico. O futebol paulista é mais de chegada. É o que (o) diferencia dos demais" (*Folha de S. Paulo*, 25/1/93).

Com efeito, a ênfase na preparação física dos atletas ganhava importância cada vez maior no futebol paulista, sobretudo quando, em meados dos anos 80, o São Paulo, através de um convênio estabelecido com o setor de Patologia Neuromuscular da Escola Paulista de Medicina, criava o Centro Médico Fisioterápico Aplicado à Fisiologia do Esforço. A inauguração desse centro, em novembro de 86, representava um passo adiante na modernização do futebol, em especial do Departamento Médico que, conforme vimos, desde

147

A Rebeldia no Futebol Brasileiro_____ J.P. Florenzano

meados dos anos 60 tornara-se um setor-chave para o sucesso das equipes no campo de jogo.

O idealizador do projeto criado no São Paulo, o médico Marco Auréleo Cunha, enfatizava o avanço: "A preparação física, que sempre foi tratada de forma genérica, vai ser individualizada aqui no centro" *(Veja,* 26/11/96). Aprofundava-se a tendência da preparação física já delineada nas décadas anteriores. Escorada no avanço da ciência esportiva, ela deixava de ser ministrada para o grupo tomado indistintamente e passava a focalizar cada vez mais o indivíduo, levando em consideração as singularidades do corpo de cada jogador. Sendo assim, pode-se dizer que no futebol "...a individualidade torna-se um elemento pertinente ao exercício do poder" (Foucault, 1979, p. 107) colocando-se, através do instrumento do exame, a possibilidade da "...constituição do indivíduo como objeto descritível, analisável (mas mantido) em seus traços singulares, em sua evolução particular, em suas aptidões ou capacidades próprias, sob o controle de um saber permanente..." (Foucault, 1987, p. 169)

Com efeito, a partir das informações obtidas nos testes físicos e nos exames de laboratório, e depois arquivadas num banco de dados de um computador, torna-se possível um trabalho minucioso sobre o corpo, desenvolvendo-se as potencialidades de cada atleta no que concerne à velocidade, à resistência física ou à força muscular, corrigindo-se ao mesmo tempo, e tanto quanto possível, as deficiências que cada qual eventualmente possa apresentar face aos requisitos do futebol moderno.

A preparação física aplicada de forma específica e diferenciada, com base no conhecimento cada vez mais detalhado e profundo que a ciência médica proporcionava, ampliava as possibilidades de rendimento mas também elevava o patamar de exigência acerca do desempenho dos jogadores dentro de campo. No contexto do futebol moderno, como observa A.M. de Carvalho: "O jogador passa a ser tratado cada vez mais como um trabalhador que deve 'render' permanentemente 'vendendo' a sua força de jogo (de trabalho)" (Carvalho, 1985, p. 36). O esquadrinhamento do corpo do atleta pela ciência esportiva não somente permitia extrair o máximo de rendimento e produtividade de cada jogador na partida, como acabava, em última

Parte II   Edmundo

instância, interferindo na dinâmica e na estética da partida, conforme assinala Eduardo Galeano: "O futebol profissional, cada vez mais rápido, cada vez menos belo, tende a se transformar numa competição de velocidade e força, que tem como combustível o pânico de perder" (Galeano, 1995, p. 198).

Em meados dos anos 80, com a modernização do Departamento Médico a equipe do São Paulo teria como características a velocidade e a força física, expressando a nova estética do futebol. Nesse momento, o tricolor paulista assumia a vanguarda do futebol no Brasil, arrebatando daí em diante diversas conquistas, demonstrando, dessa maneira, como a ciência aplicada ao futebol podia "transformar músculos em títulos". Não por acaso, uma das primeiras medidas tomadas pelo consórcio Palmeiras/Parmalat seria justamente a de priorizar a reestruturação do Departamento Médico do clube, espelhando-se na experiência bem-sucedida do São Paulo. Já em 93, a imprensa esportiva noticiava a mudança: "Pela primeira vez na sua história, o time poderá chegar à final de um campeonato com o considerável reforço da programação científica (...) A nutrição orientada, os suplementos vitamínicos, o treinamento individualizado e as avaliações físicas bimestrais..." (*O Estado de S. Paulo,* 23/5/93)

Com efeito, no primeiro semestre de 93, já no contexto da modernização de seu Departamento Médico, o Palmeiras submetia à avaliação física os jogadores e o resultado obtido por Edmundo o transformava numa grande promessa da ciência esportiva: "Com base nos testes, descobriu-se (...) que Edmundo é o jogador do elenco com maior capacidade de força e explosão, além de possuir uma extraordinária coordenação neurovascular, o que explica a facilidade para o drible em velocidade" (*O Estado de S. Paulo,* 23/5/93). Edmundo correspondia plenamente aos requisitos exigidos pelo futebol moderno, e, mais ainda, demonstrava potencialidades físicas acima da média apresentada pelos demais atletas. O seu corpo, submetido à programação científica que o Departamento Médico do clube estava implantando, tornar-se-ia uma máquina irresistível para os zagueiros adversários. Reunindo todas as condições para o sucesso, bastava trilhar o caminho que inúmeras outras "máquinas" vinham seguindo nos anos 90:

A Rebeldia no Futebol Brasileiro _____ J.P. Florenzano

"O estilo (...) não é humano. Ele tem mais o jeito de um extraterrestre. É uma motoniveladora com o motor de uma Ferrari que leva o gol incorporado ao chassi. É frio, demolidor, desconcertante" (Jorge Valdano,*in VEJA*, 23/10/96, n. 43, p. 111).

O fascínio dos anos 90 pelo jogador-máquina viria a ser expresso na ascensão e glória de Ronaldinho no cenário futebolístico mundial. Mas não nos deixemos iludir quanto à procedência extraterrestre do atleta, pois ela deve ser procurada antes na formação do regime de saber-poder no futebol: "Ronaldinho, um ídolo planejado no computador" *(O Globo,* 20/10/96), anunciava em primeira página o jornal carioca, esclarecendo em seguida:

Maior fenômeno do futebol mundial (...) Ronaldinho é um exemplo típico do craque criado na era do computador. Com ajuda de um aparelho de musculação informatizado (ele) mudou por completo sua força física nos últimos dois anos: passou de 76 para 80 quilos e cresceu de 1,76m para 1,82m (O Globo, 20/10/96).

Contudo, a celebração do jogador-máquina pela imprensa esportiva comportava outro aspecto decisivo: além da força física, da capacidade técnica, exaltava-se simultaneamente a normalidade:

"Bem-comportado, obediente às instruções dos técnicos (...), ele faz o gênero oposto ao de muitas celebridades rebeldes. Ronaldinho não sai arrebentando carrões de madrugada (como Edmundo, o animal)...nem se mete com drogas (como Diego Maradona)" (Veja, 23/10/96, n. 43, p. 110).

A imagem do fenômeno mundial veiculada pela imprensa esportiva atendia a todas as exigências do futebol moderno: excelência na preparação física, estrita obediência ao esquema tático e bom comportamento dentro e fora da atividade profissional. E se por um momento o atleta pareceu desviar-se do caminho, causando apreensão nos juízes da normalidade, logo os tranqüilizou: "...quero que saibam que sou um bom menino" *(Jornal do Brasil,* 4/1/97, p. 21). O jogador-máquina exaltado pela crônica esportiva não poderia ser outro senão o Bom Menino ou o Bom Pobre. Com efeito, embora menos espalhafatosa, nesse mesmo momento exaltava-se a figura de um outro jogador: "Rivaldo é o mais completo jogador brasileiro. Sua modernidade agrada a qualquer treinador no mundo inteiro" *(Jornal da Tarde,* 3/6/96, Especial,

Parte II _____ Edmundo

p. 4), declarava Zagallo, com o qual concordava o jornalista Matinas Zuzuki Jr., destacando as qualidades do jogador: "Que o pernambucano Rivaldo seja hoje o jogador mais moderno do Brasil, reunindo habilidade, disciplina tática, vocação para marcar, atacar e fazer gols (...) permite ver que, no seio do lado desajustado da sociedade brasileira, pode brotar o melhor, e até o melhor de todos" (*Folha de S. Paulo*, 20/4/96, Esporte, p. 14). Detenhamo-nos por um instante nesses elogios.

Rivaldo "...um nordestino que poderia ter sido um sem-terra, um retirante do quadro de Portinari..."(Idem, p. 14), poderia também ter sido um jogador rebelde, e nesse caso certamente teria sido um desajustado no futebol. Porém, no retrato esboçado pelo jornalista, ele enquadra-se perfeitamente na moldura da modernização desse esporte, que desde o princípio pretendera tornar o jogador brasileiro um disciplinado, sob os pontos de vista tático (desempenhar múltiplas funções no esquema de jogo), físico (adquirir o preparo necessário para desempenhá-las) e moral (a conduta regrada dentro e fora de campo). Sendo assim, para que a lição estivesse completa, o artigo logo entregava-se às práticas divisoras, opondo Rivaldo à Romário:

"Quando, em meio ao miserê geral, alguém, graças ao seu talento particular, consegue se destacar, a tendência é adotar um comportamento que não só reforça, como torna reluzente, o individualismo (caso Romário, por exemplo). Rivaldo é o oposto. Habilidoso, tem muita *consciência da sua funcionalidade no conjunto*" (Idem, p. 14 – grifo nosso)

O Rivaldo que sai do artigo do jornalista reflete a imagem do jogador-disciplinar, máquina que defende, marca, ataca e faz gols, inserindo-se como uma peça na engrenagem da equipe. Nesse mesmo momento, em que apresentava-se Rivaldo como o símbolo do jogador moderno, *A Gazeta Esportiva* estampava em letras garrafais a manchete: "Rivaldo é a Máquina" (*A Gazeta Esportiva*, 20/4/96). Claro está que passava-se por cima da luta do próprio jogador contra as práticas de poder que pretendiam coisificá-lo enquanto jogador-peça ou corpo-máquina. Mas importa-nos assinalar o quanto os anos 90 estavam inebriados pelo imaginário que conciliava-se com os mecanismos de poder no futebol.

Assim, por exemplo, tornar-se-ia um lugar-comum na imprensa esportiva as metáforas utilizadas pelos preparadores físicos e fisiologistas para explicar o corpo do jogador: "O jogador é como o carro: se você não faz a revisão periódica, o carro roda até quebrar. Com o jogador é a mesma coisa: se você trabalhar seu corpo para eventuais problemas de contusão, fortalecendo-o, ele só vai ter problema por acidente, do que ninguém está livre" (*A Gazeta Esportiva,* 23/1/97, p. 14). A utopia contida nessa metáfora emergia na frase com a qual o *Jornal da Tarde* retratava o jogador Cafu: "A máquina que não quebra" (*Jornal da Tarde,* 3/6/96, Especial, p. 8).

Todavia, faz-se pertinente a pergunta: o que ocorre quando a máquina quebra ou deixa de funcionar? Em meados dos anos 70 o técnico da seleção brasileira, Zagallo, já possuía a resposta:

"Sabe, um time de futebol é que nem um carro: quando ele quebra, você não troca seu carro por um outro, e sim troca a peça que está quebrada. É assim" (*Placar,* 19/4/74, n. 213, p. 7 – grifo nosso).

Na modernidade, o discurso sobre o futebol estará impregnado pelo imaginário da máquina. Quando um clube vender o Passe de alguns jogadores, tratar-se-á da reposição das peças para a equipe; quando o futebol apresentado por uma equipe estiver aquém das expectativas, tratar-se-á de fazer com que as peças se encaixem; quando a equipe deixar de vencer uma partida, será porque as peças não funcionaram como deveriam. Assim, por exemplo, uma reportagem analisava os motivos da desclassificação do Corinthians no Brasileiro de 83 e concluía nos seguintes termos: "Portanto, vemos a situação apenas como um *reajuste das peças* [grifo nosso] e da conscientização de trabalho" (*A Gazeta Esportiva,* 3/5/83, p. 3). Conforme a observação acurada de Afonsinho a respeito do futebol moderno:

"Você vê mudar jogador como se muda peça de carro. Chegou um ponto, que houve treinadores que anunciaram: 'Quando der 20 minutos eu vou botar...'Como se o jogo fosse uma coisa mecânica simplesmente, entendeu, um fliperama".

O futebol moderno, submetido à racionalidade da empresa moderna, com as mesmas exigências de eficácia produtiva e lucratividade, prossegue e aprofunda o processo de coisificação do jogador como máquina. Nesse sentido, atentemos para o questionamento feito por Castoriadis:

Parte II _____ Edmundo

Tratar um homem como coisa ou como puro sistema mecânico não é menos, mas mais imaginário, do que pretender ver nele uma coruja, isso representa um outro grau de aprofundamento no imaginário; pois não somente o parentesco real do homem com uma coruja é incomparavelmente maior do que o é com uma máquina, mas também nenhuma sociedade primitiva jamais aplicou tão radicalmente as conseqüências de suas assimilações dos homens a outra coisa, como o faz a indústria moderna com sua metáfora do homem-autômato. As sociedades arcaicas parecem sempre conservar uma certa duplicidade nessas assimilações; mas a sociedade moderna toma-as, na sua prática, ao pé da letra da maneira mais selvagem (Castoriadis, 1982, p.189/190).

No futebol moderno, dominado pelo imaginário da equipe-máquina e do jogador-peça, que os mecanismos disciplinares procuram construir ao nível microfísico da vida quotidiana dos clubes e do investimento político dos corpos, qualquer comportamento, ato, gesto ou palavra que interfira no funcionamento dessa engrenagem, que resista à "lógica da eficácia produtiva" que a rege e à "racionalidade intrínseca" que ela reivindica (França, 1996, p. 140) obviamente só poderiam ser tidos na conta de um problema de ordem técnica decorrente da conduta disfuncional do jogador-peça ou da reação irracional do corpo-máquina. Não por acaso, o futebol moderno inventará uma personagem para traduzir esta disfuncionalidade e esta irracionalidade, designando-o através de uma expressão que não lhe poderia ser mais conveniente: o jogador-problema.

Nos anos 90, Edmundo transformar-se-á no jogador-problema por excelência do futebol brasileiro, em parte devido à sua recusa em funcionar como peça a serviço da equipe-máquina, em parte devido ainda à sua obstinação em não deixar-se governar como corpo-máquina, mas sobretudo por introduzir a desordem num universo que banira a fantasia da mecânica do jogo. Aos técnicos do comportamento e aos juízes da normalidade não restará outra alternativa senão tentar domesticar o "Animal".

A chave do problema

Nos primeiros meses de 93 a equipe do Palmeiras encontrava-se envolvida por uma crise de relacionamento entre alguns dos principais jogadores do elenco, crise no centro da qual se achava Edmundo. Em abril, a expulsão do atacante alviverde no jogo contra o Vitória, em Salvador, o colocava sob a ameaça de uma drástica punição: "Edmundo pode ser suspenso por 1 ano" (*Folha de S. Paulo*, 24/4/93). Além de perder a partida pela Copa do Brasil, o Palmeiras via-se na iminência de perder também o jogador cujo Passe representara o maior investimento feito pela Parmalat. A nova derrota da equipe e a segunda expulsão de Edmundo, ocorrida três dias depois daquela de Salvador, elevava a temperatura a um nível insuportável.

A crise na equipe do Palmeiras, assim, tinha como desfecho a queda do treinador Otacílio Gonçalves considerado incapaz de impor disciplina ao grupo que a imprensa esportiva vinha retratando como uma constelação de estrelas milionárias, esnobes e egoístas e no seio da qual sobressaía o indisciplinado Edmundo. É nesse quadro que no dia 20 de abril o clube anunciava a contratação de Wanderley Luxemburgo para o cargo de técnico. Os critérios que pesaram em sua escolha encontram-se registrados tanto no comentário da imprensa esportiva quanto na própria fala do novo treinador:

"Ontem, o treinador foi apresentado à imprensa na sala de troféus do clube e confirmou a fama de disciplinador. *Treinador comanda e jogador é comandado*. Sempre lutei pelos direitos dos atletas, mas exijo dignidade e respeito por parte deles" (*Folha de S. Paulo*, 21/4/93, Esporte, p. 4 – grifo nosso).

No futebol, o momento da contratação de um técnico disciplinador possui o caráter de um ritual: ao caos representado pela indisciplina segue-se o restabelecimento da ordem natural das coisas. "'Disciplina, união e tranquilidade' são os 'mandamentos' da 'era Luxemburgo' no Parque Antártica" (*Folha de S. Paulo*, 2/5/93, Esporte, p. 4). Indagado se estava adotando "linha dura", o treinador esclarecia: "Olha, se gostar das coisas certas é ser 'linha dura', então eu sou (...) Só acho que é necessário ter hierarquia dentro do grupo"(Idem, *p.* 4) Conforme observa Castoriadis, "...há milhares de anos, faz-se incutir nas mentes

Parte II _____ Edmundo

das pessoas, desde sua mais tenra idade, a idéia de que é 'natural' que alguns mandem e outros obedeçam" (Castoriadis, 1983, p. 212). A forma pela qual a imprensa esportiva celebra a personagem do técnico-disciplinador reforça esta evidência apontada por Castoriadis, tornando a rebeldia algo antinatural, irracional face à racionalidade que preside a organização da equipe de futebol, tornando-a, no limite, sintoma de uma grave patologia. Com efeito, Luxemburgo chegava ao Palmeiras para restaurar a disciplina como um general que comanda a tropa, o pai que dirige a família, mas também como o técnico-psicólogo encarregado de restituir a razão à alma do jogador incapaz de compreender "as coisas certas":

"Luxemburgo afirmou que quer cumprimento de suas ordens táticas e respeito a horários. Pediu união: 'Aqui é nosso segundo lar'. É contra contratar psicólogo: 'Eu faço este papel', afirmou, depois de começar o seu 'tratamento de choque'" (*Folha de S. Paulo*, 22/4/93).

Que em meados de abril se especulasse sobre a conveniência de um psicólogo no Palmeiras permite-nos depreender que já nesse momento Edmundo, além de jogador-bandido, ou talvez por isso mesmo, começava a ser questionado em relação à sua sanidade mental. As reportagens da imprensa esportiva retratando os conflitos envolvendo o jogador já insinuavam a questão da anormalidade, retomando, dessa maneira, o que estava sugerido na comparação feita no Rio de Janeiro entre ele e Heleno de Freitas.

Em maio, quando Palmeiras e Corinthians realizaram o segundo confronto pelo returno do Paulista, com uma vitória sensacional do alvinegro por 3 a 0, ocorreria um episódio esclarecedor quanto ao comportamento "anormal" do atacante alviverde. Após a partida, Paulo Sérgio daria declarações aos jornalistas acusando Edílson e Edmundo de provocarem os jogadores do Corinthians durante o jogo, afirmando que ganhavam U$ 20 mil enquanto os salários dos jogadores alvinegros não chegavam a metade desse valor. (*Jornal da Tarde*, 3/5/93). Posteriormente, Paulo Sérgio voltaria atrás, afirmando que teria sido "mal interpretado" (*Jornal da Tarde*, 5/5/93). Seja como for, importa-nos o relato feito pela reportagem sobre a reação de Edmundo ao ser informado das acusações, ainda no estádio do Morumbi:

A Rebeldia no Futebol Brasileiro_____J.P. Florenzano

"*Edmundo deixou o vestiário completamente transtornado. 'Isso é cascata, não falei nada disso. Estão querendo me complicar'. Uma repórter da rádio Gazeta insistiu com o atacante palmeirense falando que quem estava fazendo a acusação era o Paulo Sérgio e não ela. 'Por que ele não vem falar isso na minha cara? Não vem porque senão leva porrada. Não devo nada a eles. Manda aquele atleta de Cristo tomar no...' disse Edmundo aos berros até entrar no ônibus do Palmeiras*" (*Jornal da Tarde*, 3/5/93).

São frequentes os relatos apresentando Edmundo "completamente transtornado" ou "perturbado emocionalmente" nas entrevistas concedidas após os jogos ou por ocasião de algum desentendimento. Nesta do conflito com Paulo Sérgio estão reunidas tanto a imagem do marginal violento quanto a do jogador psicologicamente descontrolado. Em outubro, os fantasmas que estavam por trás dessas imagens e que acompanhavam Edmundo desde o Rio de Janeiro eram novamente evocados em virtude da quinta expulsão do atleta na temporada de 93. Sob o título "Rebeldes encantam e dividem opiniões", o jornal *O Estado de S. Paulo* incluía Edmundo numa relação que, dentre outros jogadores, destacava as duas figuras com as quais o atacante do Palmeiras vinha sendo comparado com insistência, a saber: Almir e Heleno (*O Estado de S. Paulo*, 3/10/93).

Em outubro, o jornal *Folha da Tarde*, sob o título: "Meia tem pavio curto e é rei da confusão", apresentava aos leitores um sumário contendo os conflitos de Edmundo no Palmeiras: "Em quase dez meses de Verdão, o ex-vascaíno arrumou encrenca com companheiros, adversários, juízes, treinadores e imprensa" (*Folha da Tarde*/10/10/93). Sendo assim, a comparação com as carreiras de Almir e Heleno afigurava-se lógica e autorizada pelos fatos, os quais não cessavam de produzir-se um após o outro numa seqüência vertiginosa. Em setembro, a quinta expulsão do atacante alviverde na temporada levava Luxemburgo, segundo a imprensa, "...a chamar Edmundo de desequilibrado emocional" (*Jornal da Tarde*, 30/9/93). Em outubro, ao ser substituído na partida contra o Vasco, no Parque Antártica, o jogador manifestava publicamente o descontentamento com a decisão do técnico, abrindo nova crise no relacionamento entre ambos.

Ao que parece, a intenção inicial do treinador Luxemburgo de incumbir-se também da função de psicólogo cedera vez nesse momento

Parte II _____ Edmundo

a sugestão da diretoria do clube que propunha a contratação de um especialista da alma. Mas o jogador responderia à oferta de ajuda de forma negativa:

"Não sou louco (...) Se o clube arrumar (um psicólogo) *vai me ofender"* (*O Estado de S. Paulo,* 12/10/93).

Ora, a decisão dos dirigentes do Palmeiras e da Parmalat em contratar um psicólogo mostrava o fracasso do exercício do poder do técnico-disciplinador. Até então, Luxemburgo acreditara-se capaz de controlar a indisciplina de Edmundo, sobre o qual ponderava: "É um jogador talentoso (...) Cabe a mim administrá-lo dando dessa forma a minha contribuição ao futebol brasileiro" (*Jornal da Tarde,* 29/9/93). Contudo, a cada novo episódio de rebeldia tornava-se patente a dificuldade em administrar o corpo-máquina. Em vão Luxemburgo bradava: "Edmundo tem de entender que aqui há comando. E que esse comando sou eu" (*Jornal da Tarde,* 11/10/93, *Esporte,* p. 3). Por não se submeter ao comando, por desrespeitar a hierarquia, por não se deixar administrar, Edmundo transformava-se num caso patológico, o que não tem nada de surpreendente no contexto da modernização do futebol, como assinala Eduardo Galeano:

Agora os clubes europeus, e alguns latino-americanos, têm psicólogos, como as fábricas: os dirigentes não lhes pagam para que ajudem às almas atribuladas, mas para que azeitem as máquinas e aumentem seu rendimento (Galeano, 1995, p. 238).

Com efeito, logo às primeiras manifestações de indisciplina de Edmundo, o diretor de esportes da Parmalat, José Carlos Brunoro, elaborava um manual de conduta para o grupo de jogadores ao mesmo tempo que anunciava: "Estamos traçando o perfil de jogador ideal para o Palmeiras, pra facilitar as contratações futuras" (*Folha de S. Paulo,* 2/3/93). Três anos depois o técnico Luxemburgo contaria o trabalho realizado com a colaboração da psicologia esportiva. A citação é um pouco extensa mas nela o treinador sublinha o que se espera e qual a função da psicologia aplicada ao futebol empresarial:

"Nós fizemos no time do Palmeiras uma experiência, o São Paulo já fez, (...) nós fizemos o perfil psicológico de cada atleta, e nós fizemos um trabalho direcionado pra isso, pra melhorar a performance do atleta...Eu acho importantíssimo a presença do psicólogo, desde que ele trabalhe como psicólogo para melhorar o atleta em geral

157

A Rebeldia no Futebol Brasileiro_____ J.P. Florenzano

(como ser humano). Tem atleta que não consegue acordar cedo, ele tem preguiça de acordar cedo pra vir treinar e você tem como melhorar isso, dá o estímulo pro atleta. O Roberto Carlos foi uma coisa fantástica. Roberto Carlos disse que só se ligava no jogo quando a bola tava próxima dele, quando a bola não tivesse próxima dele ali, ele tava fora do jogo. E tem como você trabalhar isso, como você melhorar isso aí"(Programa Cartão Verde/Rede Cultura/25/2/96).

Conforme assinala Eduardo Galeano, trata-se de extrair o máximo de rendimento do jogador, curando-o da preguiça em trabalhar, da falta de concentração no jogo, dessas pequenas patologias que perturbam o correto funcionamento do corpo-máquina. Mas a psicologia pode contribuir de forma ainda mais decisiva para a busca da eficácia e o aumento da produtividade, como ensina o técnico Luxemburgo:

"Eu tava lendo um livro de psicologia (...) e ele dizia o seguinte: que o atleta brasileiro, tanto faz ser do basquete, do volei ou do futebol, esporte coletivo, ele tem prazer em atacar. Então é o que eu quero criar no meu time: o prazer de defender, da mesma forma como você ataca. Então a bola que ele tira do adversário ele tem que sentir orgasmo, ele tem que sentir um prazer muito grande de tá tirando, impedindo o adversário de fazer o gol (...) Eu quero criar nele esse prazer..." (Programa Cartão Verde/Rede Cultura/25/2/96)

Há exatamente dez anos atrás, por estar situado na contracorrente das mudanças de um futebol que passava a privilegiar a destruição ao invés da criação, o atacante Enéas Camargo, ídolo da Portuguesa nos anos 70 e atuando no Palmeiras em 83, via-se na contingência de explicar por quê "dentro de campo sempre parec(ia) distante do jogo":

"Eu sou assim mesmo (...) até admito que no futebol de hoje a excessiva preocupação com a defesa tira a força de criação dos ataques. Quando comecei a jogar, os pontas eram pontas, os atacantes atacavam. Agora trabalha-se mais com os laterais indo à frente do que com a habilidade dos próprios ponteiros. Obriga-se o jogador a defender, defender, numa pressão incrível" (*A Gazeta Esportiva*, 12/10/83, p. 13 – grifo nosso).

Dez anos depois, os ponteiros já haviam desaparecido por completo do desenho tático das equipes, os atacantes já desimcumbiam-se da função de defender como algo inerente à posição e o que Enéas nomeara como obrigação o treinador Luxemburgo, com o prestimoso recurso da psicologia, transformava agora em deleite. O jogador

158

Parte II _____ Edmundo

brasileiro, seduzido pela arte da criação, nutrido por uma cultura futebolística assentada na fantasia, tornava-se agora cortejado pelas técnicas de poder que o incitavam a sentir prazer na destruição das jogadas, a regozijar-se em combater o adversário por todo o campo, da mesma forma como anteriormente vimos estas técnicas incitarem o jogador a adquirir o preparo físico indispensável ao cumprimento dessas funções.

No processo da modernização do futebol brasileiro, a resistência em aceitar as mudanças que a filosofia do defensivismo impunha fazia do jogador que a manifestava uma anomalia (Santos, 1981, p. 91). Em 83, o técnico do Palmeiras argumentava a respeito do atacante Enéas: "Minelli já chegou a dizer que se Enéas perdesse esse tipo de resistência psicológica seria um atleta completo" (*A Gazeta Esportiva*, 12/10/83, p. 13). Com efeito, os profissionais do futebol entregavam-se a tarefa de elucidar o enigmático problema que acompanhava o atacante ao longo de sua carreira: "Quais os verdadeiros motivos que evitaram uma real afirmação de Enéas dentro do futebol brasileiro?" (*A Gazeta Esportiva*, 25/4/83, p. 4). Atentemos para as hipóteses aventadas pela reportagem:

"Dorminhoco para alguns, moleirão para outros, jogador acima da média para tantos torcedores. Enéas é polêmico e ainda é um grande mistério o motivo que impede este jogador 'desligado' de não firmar-se definitivamente no futebol" (*A Gazeta Esportiva*, 25/4/83, p. 4).

Não nos admiremos que no altar da modernidade mais um talento tenha sido sacrificado em nome e honra das suas exigências. A imperiosa necessidade de fazer do jogador um corpo-máquina capaz de atacar e defender com eficiência e constância criava o mito do jogador-sonolento, a expressão cunhada para estigmatizar Enéas, ou mais precisamente a sua resistência em submeter-se às práticas de poder voltadas para a produção do jogador-disciplinar. "Seu mal crônico não era outro que não o alheamento. De repente, de maneira inexplicável, desligava-se do jogo como se tudo à sua volta não fosse com ele (daí porque) a fama de 'dorminhoco'..." (*A Gazeta Esportiva*, 15/12/96, p. 6). O diagnóstico coincide quase palavra por palavra com a fala de Luxemburgo a respeito do lateral-esquerdo Roberto Carlos, embora a deficiência deste último estivesse distante do problema crônico do qual

159

padecia Enéas. Mas ouçamos o testemunho do ex-jogador e hoje também técnico-disciplinador Emérson Leão a propósito do insondável problema daquele atacante dos anos 70:

Ele parece ter uma chave embutida dentro dele; uma chave que liga e desliga. E quando ela está ligada ele vira um inferno (*A Gazeta Esportiva,* 15/12/83, p. 6).

A psicologia aplicada ao futebol, seja pelo especialista da alma seja pelo próprio treinador, objetiva precisamente consertar o defeito técnico do corpo-máquina de sorte a manter a chave permanentemente ligada durante a partida, como de resto o exemplo bem-sucedido de Roberto Carlos, invocado pelo técnico Luxemburgo, demonstrava. No caso de Enéas, infelizmente, não fora possível dobrar-lhe a resistência psíquica. A máquina continuaria por toda a carreira funcionando a espasmos, apresentando altos e baixos no rendimento, comprometendo a produtividade da equipe. "Há quem o qualifique como gênio, outros preferem mostrá-lo como displicente, ou sonolento, gélido e até mesmo irresponsável" (*A Gazeta Esportiva,* 25/11/83, p. 20). Enéas, porém, não adormecia em campo mas apenas sonhava com outro futebol, movido não pelos domesticadores de cães nem pelos administradores do corpo-máquina, e sim pela liberdade da fantasia.

Esta breve incursão através do mito do jogador-sonolento pode agora nos ajudar a entender por que se oferecia a Edmundo a oportunidade de um tratamento psicológico. Pois de modo semelhante a Enéas, o problema do atacante carioca, segundo o diagnóstico do treinador Luxemburgo, também se referia a um defeito na chave que acionava os movimentos do corpo-máquina: "Ele é uma excelente pessoa. Mas, de vez em quando, ele perde o juízo por 15 segundos em campo e faz besteiras" (*Jornal da Tarde,* 30/9/93). No futebol moderno, ao que parece, o grande desafio residia em ajustar corretamente a chave do corpo-máquina, pois se no caso de Enéas ela desligava e ocasionava o alheamento do jogador na partida; no caso de Edmundo ela desligava e provocava o descontrole do jogador, expresso nas mais diversas atitudes que iam desde a agressão aos adversários, passando pelo conflito com os próprios companheiros até o desacato à autoridade do técnico. Detenhamo-nos neste último aspecto.

Parte II _____ Edmundo

O tribunal da norma

O primeiro ato de indisciplina de Edmundo ocorreu em fevereiro de 93: ao perceber que o técnico providenciara a sua substituição, na partida contra a Portuguesa, ele abandonara o gramado com o jogo ainda em andamento. Com a chegada de Luxemburgo, sempre que Edmundo era escolhido para ser substituído, de um modo ou de outro, manifestava o seu descontentamento. Em torno desse momento por demais ordinário no futebol criara-se, então, o combate entre o técnico-disciplinador e o jogador-rebelde. Tratava-se de dobrar a resistência de Edmundo na ocasião que ele escolhera para externá-la. Mas em outubro, depois de mais uma vez reagir à sua substituição, Luxemburgo exasperava-se com o jogador:

Edmundo foi punido por desrespeitar o técnico Wanderley Luxemburgo, ao ser substituído no jogo contra o Vasco, no sábado retrasado. Irritado com um gesto de desagrado feito pelo jogador, Luxemburgo impôs sua autoridade, criticando publicamente o atacante. 'Ele não pode contestar o meu poder', *disse* (Folha de S. Paulo, 14/10/93 – grifo nosso).

O jogador de futebol que comete a temeridade de contestar o exercício do poder no futebol sente o chão abrir-se sob os seus pés, abismando-se no inferno onde ele solitariamente depara-se com o espelho no qual contempla a loucura do seu gesto. Com efeito, a obstinação de Edmundo em questionar o poder do técnico-disciplinador recolocava em discussão a idéia da contratação de um psicólogo para o jogador, que reagia dizendo não ser louco. Na verdade, daí em diante ele teria que conviver com a constante suspeita acerca da sua normalidade. Um mês depois, os jornalistas ainda lhe indagavam: "Por que você rejeitou com tanta raiva a idéia de se consultar com um psicólogo?" Vejamos a resposta do jogador:

"Porque eu sou completamente normal, totalmente lúcido. Será que é loucura ter vontade de vencer?" (Folha de S. Paulo, 28/11/93).

Edmundo invocava a vontade de vencer para explicar porque não aceitava ser substituído ou entrava em conflito com os próprios companheiros de equipe ou ainda acabava expulso das partidas. Para o universo do futebol, contudo, a loucura encontrava-se na vontade

A Rebeldia no Futebol Brasileiro_____ J.P. Florenzano

que se recusava à sujeição, que resistia às ordens disciplinares, que rompia com a hierarquia de comando, permitindo em conseqüência disso situar o jogador na parte maldita da pobreza insubmissa e cuja insubmissão desvelava-se enquanto "loucura moral". Com efeito, quando Foucault procede à análise do momento em que "a loucura lança raízes no mundo moral" (Foucault, 1993, p. 141), durante a experiência da Era Clássica, ele nos coloca diante do seguinte paradoxo:

"Num ponto extremo, o racionalismo poderia paradoxalmente conceber uma loucura onde a razão não seria perturbada, mas que seria reconhecida pelo fato de toda vida moral ser falsificada, da vontade ser má. É na qualidade da vontade, e não na integridade da razão, que reside finalmente o segredo da loucura" (Foucault, 1993, p.136/137).

Convém insistirmos um pouco mais quanto à questão da loucura moral no futebol. Para tanto, talvez seja eloqüente o exemplo de um outro jogador insuspeito de pertencer à maldita categoria do jogador-problema. Em novembro de 96, o Corinthians realizava uma campanha abaixo de todas as expectativas no Campeonato Brasileiro. Na reta final, a equipe alvinegra tropeçava em suas próprias limitações, deixando escapar a classificação para a fase decisiva. Sob a pressão inevitável da torcida, dos dirigentes e da imprensa esportiva, o técnico-disciplinador Nelsinho Batista mandava para a reserva o jogador Souza, o talentoso meia-esquerda do Corinthians, responsabilizado em parte pela maus resultados da equipe. Inconformado com a condição de reserva, e com a forma pela qual Nelsinho o repreendera, às vésperas da partida contra o Goiás o atleta abandonava a concentração sem dar satisfações. Pois bem, uma vez deflagrada a crise, ele via-se na obrigação de justificar o que a imprensa esportiva chamava de "fuga da concentração". Souza então atribuía à discussão com o treinador o motivo desta atitude:

"É chato você ouvir um cara chamá-lo de louco. Não sou louco, louco é ele..." (*Diário Popular*, 19/11/96, *Esporte*s, p. 1).

Souza nunca havia se notabilizado por qualquer problema de ordem disciplinar que merecesse algum destaque. Mas bastara questionar o comando do técnico-disciplinador para que as páginas da imprensa esportiva trouxessem à tona uma figura até então insuspeitada, um

Parte II _____ Edmundo

jogador criador de casos e capaz de atitudes tresloucadas. Nesse sentido, replicava o técnico: "Ele sempre foi preservado aqui no Corinthians, fez o que quis com outros técnicos. Mas sou um profissional, não admito isto. Falam que ele é louco, para ter cuidado. Se for assim, sou mais louco do que ele" (*Jornal da Tarde*, 18/11/96, *Esportes*, p. 2B). Subitamente, somos alertados sobre a periculosidade do jogador corinthiano, sobre o qual até o ano anterior, quando participara de forma decisiva das conquistas da Copa do Brasil e do Campeonato Paulista, não pesara nenhuma acusação. Agora, porém, urgia arrostar a sua loucura e dar um basta em sua indisciplina, como de resto clamava o jornalista Celso Kinjô:

"No Corinthians, a briga entre Nelsinho e Souza demonstra, uma vez mais, a incompetência da diretoria, incapaz de enquadrar seus funcionários num código disciplinar mínimo (...) Para quem conhece o meio, Souza nada fez senão mirar-se no exemplo de Edmundo e apostar fichas na impunidade. Só não esperava bater de frente com Nelsinho, profissional de folha limpa que exerce comando firme" (*Jornal da Tarde*, 18/11/96, *Esportes*, p. 2B).

O regime de caserna ainda fornece o modelo para o futebol moderno. Se cada vez mais ele se aproxima do modelo empresarial de gestão, o sonho que anima esta nova fase continua a ser o da máquina-militar de jogar futebol, na qual desponta o técnico-disciplinador com o exercício do comando firme e incontestável ao qual deve corresponder a obediência automática dos comandados: "Corinthians quer implantar linha-dura" (*Folha de S. Paulo*, 18/11/96). Sempre veremos esta urgência da disciplina militar, sempre a premência de enquadrar o jogador de futebol dentro de uma estrutura hierárquica que não comporta contestação e onde qualquer questionamento passa a ser classificado como insubordinação ou, no limite, como loucura. Nesse sentido, dir-se-ia que não foi Souza quem mirou-se no exemplo de Edmundo, mas que lhe foi evocado o exemplo da loucura de Edmundo para que o jogador alvinegro pudesse reconhecer o seu gesto como insensatez. De fato, não subestimemos os efeitos de poder que perpassam o discurso no futebol, como revela a manchete estampada em letras garrafais por um jornal de São Paulo: "Souza pede perdão":

A Rebeldia no Futebol Brasileiro_____ J.P. Florenzano

"Souza está arrependido de ter fugido da concentração e quer ser perdoado pela mancada. O jogador pretende pedir perdão hoje cedo diretamente ao técnico Nelsinho Batista" (*Diário Popular*, 19/11/96, *Esportes*, p. 1).

A confissão do jogador, a admissão da culpa, a promessa de corrigir-se, eis os elementos que compõem o enredo da peça encenada quotidianamente nas páginas escritas, nos programas de televisão, nos microfones das rádios, a fim de extrair-se a verdade do jogador de futebol. Nesse teatro montado pela imprensa esportiva, no entanto, a principal técnica de poder consiste no que Foucault designa por confessionário:

...a confissão é um ritual de discurso onde o sujeito que fala coincide com o sujeito do enunciado; é, também, um ritual que se desenrola numa relação de poder, pois não se confessa sem a presença ao menos virtual de um parceiro, que não é simplesmente o interlocutor, mas a instância que requer a confissão, impõe-na, avalia-a e intervém para julgar, punir, perdoar, consolar, reconciliar; um ritual onde a verdade é autenticada pelos obstáculos e resistências que teve de suprimir para poder manifestar-se; em fim, um ritual onde a enunciação em si, independentemente de suas consequências externas, produz em quem a articula modificações intrínsecas: inocenta-o, resgata-o, purifica-o, livra-o de suas faltas, libera-o, promete-lhe a salvação (Foucault, 1988, p. 61).

A confissão, uma técnica do poder pastoral cuja origem remonta à existência das ordens cristãs na Antigüidade, passou a ter uma difusão para além das instituições religiosas, ganhando novos domínios na sociedade moderna, transformando-se numa tecnologia geral (Rabinow;Dreyfus, 1995, p. 193). No futebol, a confissão dos jogadores nos programas da imprensa esportiva evidencia o quanto esta participa das relações de poder a despeito da neutralidade que ela reivindica. A naturalidade com a qual o jornalismo submete o jogador ao julgamento moral, propõe punição para o que avalia como indisciplina, arbitra os conflitos envolvendo os jogadores, toma partido no conflito interno a cada jogador, cindido numa personalidade que abriga o Bem e o Mal, distribuindo o perdão e sancionando a culpa; tornam-no uma instância decisiva no exercício do poder.

De fato, o cerimonial do poder no futebol inclui como um de seus principais momentos o pedido de perdão do jogador acusado de indisciplina. A ocasião ganha espaços nos programas de rádio e televisão e nas manchetes de jornais. O script é o mesmo em todas as

Parte II _____ Edmundo

oportunidades. Dessa maneira, em 82, o jornal *A Gazeta Esportiva* noticiava em primeira página: "Polozi pediu perdão". Notemos a semelhança com o episódio envolvendo o meia Souza. Assim como o jogador alvinegro, o zagueiro Polozi é retratado como tresloucado quando reage à hierarquia, mas por certo o pedido de perdão na seqüência o redime da loucura:

A explosão de nervos, o descontrole emocional veio à tona e o desabafo expelido teve toque malcriado e agressivo: 'Esse técnico não é Deus. O que ele fez comigo é safadeza, quer liquidar com a minha carreira'. Vinte quatro horas depois a retratação: '...só peço que compreendam e perdoem o meu ato' (*A Gazeta Esportiva*, 31/1/82).

Em 96, um jovem jogador proveniente da Bahia também passava pelo ritual do poder: "Alex Alves recebe perdão do técnico" (*Diário Popular*, 3/2/96). Revelado no Vitória, contratado em 94 pelo consórcio Palmeiras/Parmalat como uma das grandes promessas do futebol brasileiro, o atleta logo se veria classificado na categoria de jogador-problema. Dispensado do clube de Parque Antártica, dois anos depois ele reapareceria como um dos principais destaques da Portuguesa na campanha do Brasileiro. Mas se dentro de campo o jogador lutava para levar a Lusa às finais, fora das quatro linhas debatia-se contra o estigma que o discurso de poder lhe lançara:

"Estava muito bem no Juventude e tem horas que me arrependo de ter voltado para São Paulo. Mas eu precisava voltar para mudar a imagem de jogador-problema que ganhei" (*A Gazeta Esportiva*, 3/11/96, p. 7).

Na fase decisiva do Campeonato Brasileiro de 96, a cada partida em que se destacava pela atuação e pelos gols marcados, o jogador via-se inquirido acerca do seu comportamento. Nesse sentido, indagava-lhe um jornal: "Não existe mais o Alex Alves rebelde de antes?" A resposta do jogador purificava-o das culpas passadas e permitia prever a sua absolvição:

"...Quando vim do Vitória para São Paulo, não sabia me comportar direito com a imprensa, com os companheiros...Agora, procuro pensar duas ou três vezes antes de falar qualquer coisa. Agora, eu sei que aquilo que eu falo tem grandes consequências. O importante é que estou com a cabeça no lugar" (*Folha de S. Paulo*, 10/12/96, *Esporte*, p. 13).

Os ortopedistas do comportamento e os juízes da normalidade incumbiam-se da tarefa de ensinar a forma correta de se portar e se

A Rebeldia no Futebol Brasileiro_____ J.P. Florenzano

deixar conduzir no universo do futebol. De qualquer modo, fora da disciplina, como recobrar o juízo perdido nas atitudes de rebeldia?

Em novembro de 93, chegava a vez de Edmundo pedir perdão. Na fase decisiva do Campeonato Brasileiro, numa partida contra o São Paulo, ele e o jogador Antonio Carlos trocavam socos no vestiário. O aparente motivo do desentendimento: o zagueiro cobrava do atacante carioca que ajudasse na marcação, não sendo atendido dentro de campo. O episódio levava Luxemburgo a afastar Edmundo do grupo, mas logo em seguida o treinador voltava atrás em sua decisão devido ao pedido de desculpas que o atacante fazia a todos os jogadores do Palmeiras: "Edmundo: humilhação e perdão" estampava em manchete o Jornal da Tarde. Contudo, na legenda que acompanhava a foto do jogador, o periódico acrescentava de forma significativa:

"Edmundo fez papel de comovido diante dos companheiros. E está de volta" (*Jornal da Tarde*, 24/11/93, *Esportes*, p. 2B).

Sobre a atitude do jogador pairava a suspeita da farsa. Edmundo na verdade demonstrava zombar do cerimonial do poder representando o papel de farsante no Tribunal da Norma criado pela imprensa esportiva, pois não fora a primeira vez que pedira perdão para os seus pecados nem seria a última. Enquanto o arrependimento de Souza revelava-se sincero e não por acaso nunca mais se faria alusão à loucura do meia alvinegro, no caso do atacante alviverde o arrependimento mostrava-se quase um escárnio. Definitivamente Edmundo constituía-se num caso patológico. Todos os sintomas apontavam para o diagnóstico da loucura culpada: a reincidência demonstrada em questionar o comando do técnico-disciplinador, a obstinação com a qual desobedecia os mandamentos do futebol moderno, seja insistindo nos dribles excessivos, seja resistindo psicologicamente em exercer a função de marcação, e, coroando todas estas pequenas patologias, a resistência em modificar uma vontade nutrida na fonte do Mal que o fazia semear a violência nos gramados e a discórdia entre os companheiros de equipe.

No Tribunal da Norma, os mestres de disciplina proferiam veredictos contra a indisciplina e clamavam por punição. Na Rede Bandeirantes o comentarista esportivo Juarez Soares faria um dos pronunciamentos mais veementes contra o jogador, retratando o clima de indignação que tomava conta de boa parte da imprensa esportiva face ao

Parte II _____ Edmundo

comportamento de Edmundo. Sendo assim, prestemos atenção à sentença emitida pelo jornalista esportivo da tribuna do programa Esporte Total:

"...Uma maçã podre no meio de uma dúzia de maçãs ou de um caixa de maçãs apodrece as outras...Como é que pode um jogador, no caso Edmundo, fazer o que bem entende no Palmeiras a ponto do treinador dizer: 'Eu estou administrando isso faz oito meses'. Ele brigou com o Luxemburgo, ele brigou com o Evair, ele brigou com o César Sampaio e agora ele brigou com o Antônio Carlos. Quer dizer, ele já arrumou um 'fuzuê' no Palmeiras e ninguém fala nada. Ninguém fala nada! O Brunoro, que é o representante da Parmalat... não toma uma providência; o presidente do Palmeiras não toma uma providência, o diretor de futebol do Palmeiras...não toma providência, ninguém faz absolutamente nada!"

(...)

"O que há na transferência desse jogador que a diretoria do Palmeiras não toma uma providência? Ou então se faz um exame computadorizado, neurológico nesse jogador e diz: 'Olha, o exame prova o seguinte: ele tem um desvio mental'. Porque se não houver isso, não tem cabimento! O seu Brunoro tem que explicar! O presidente do Palmeiras tem que explicar! Eu tô à vontade pra falar porque...em matéria de futebol eu defendi o Edmundo até o último momento. Mas daqui pra frente...Nunca mais os amigos da Bandeirantes vão me ouvir dizer que o Edmundo tem que ir pra seleção brasileira. Nunca mais. Porque jogador que tem esse desequilíbrio não pode jogar nem no Palmeiras quanto mais na seleção..." (Programa Esporte Total/ Rede Bandeirantes/22/11/93)

A fala do comentarista esportivo comporta dois aspectos interligados, quais sejam, a constatação da anormalidade de Edmundo e a exigência de punição para a sua indisciplina. Com efeito, se a indisciplina, sob a forma extrema da rebeldia, traduz a loucura moral do jogador, a punição contém o dom de curá-lo do desatino além de conjurar o perigo da contaminação ao qual o grupo de jogadores se encontra exposto com a presença maléfica de Edmundo. De fato, o entrelaçamento desses dois aspectos não possui nada de surpreendente se levarmos em

A Rebeldia no Futebol Brasileiro_____ J.P. Florenzano

consideração a advertência de Foucault acerca da expansão, na sociedade moderna, da rede carcerária e através dela do poder normalizador:

...a atividade de julgar se multiplicará na medida em que se difundir o poder normalizador – e prossegue Foucault – este poder se tornou uma das funções mais importantes de nossa sociedade. Nela há juízes da normalidade em toda parte. Estamos na sociedade do professor-juiz, do médico-juiz, do educador-juiz, do 'assistente-social'-juiz; todos fazem reinar a universalidade do normativo; e cada um no ponto em que se encontra, aí submete o corpo, os gestos, os comportamentos, as condutas, as aptidões, os desempenhos. A rede carcerária, em suas formas concentradas ou disseminadas, com seus sistemas de inserção, distribuição, vigilância, observação, foi o grande apoio, na sociedade moderna, do poder normalizador (Foucault, 1987, p. 266).

Ora, no futebol moderno cabe a imprensa esportiva um papel de destaque no exercício do poder normalizador, poder que ela exerce controlando o comportamento, os gestos, as atitudes e as falas do jogador, avaliando-os todos, medindo o quanto cada um deles se desvia da norma, extraindo confissões de arrependimento, distribuindo certificados de normalidade ou baixando decretos de anomalia, classificando o jogador consoante a divisão binária entre o Bom Menino e o jogador-maldito, julgando os desempenhos e as aptidões, propondo formas de aumentar o rendimento e a produtividade do atleta e, sobretudo, exigindo punição.

Nos anos 90, o jornalista-juiz, seja através do microfone de rádio, dos programas esportivos da tevê ou das páginas dos periódicos, exigirá punição, entregar-se-á com paixão insuspeitada à tarefa de conjecturar formas de punição destinadas a corrigir o comportamento e aumentar a produtividade do jogador visando à eficácia da equipe de futebol. Na verdade, nos anos 90, o jogador de futebol, ao entrar em campo, estará entrando num campo de vigilância e punição.

A cartilha do jogador-disciplinar

A primeira metade dos anos 90 assinala no futebol brasileiro uma nova fase punitiva, cujo advento o jornalista Armando Nogueira saudava em sua coluna:

Parte II _____ Edmundo

O São Paulo cria um código de conduta. O Flamengo proclama (...) que, acima de tudo, exigirá disciplina. O Palmeiras vai endurecer a linha. Fazem todos muito bem. A coisa anda correndo frouxa demais no cotidiano do futebol. Dentro e fora de campo (E mais adiante acrescenta o jornalista:) Agora, é a vez de enquadrar o jogador num padrão de responsabilidade. De maior consciência profissional (O Estado de S. Paulo, 14/1/96).

Com efeito, nos anos 90 são retomadas e aprofundadas as mesmas exigências do período da militarização do futebol brasileiro, quais sejam: a imposição da disciplinarização extensiva, a necessidade de enquadrar o jogador num regime de trabalho caracterizado pelo autoritarismo, a urgência de debelar a "baderna" vigente nas equipes através da restauração do reino da disciplina. De fato, o futebol empresa com o qual sonham os adeptos da modernização assenta-se no modelo da empresa-militarizada, como revela de modo emblemático o depoimento do ex-jogador Mário Sérgio, depois também técnico-disciplinador e agora comentarista esportivo e representante do Banco Excel no acordo comercial com o Corinthians:

"Eles (os jogadores) são pessoas que são carentes, são boas pessoas mas que precisam de uma voz de comando, de um pulso forte porque quando o técnico perde o comando, esse comando é disputado até inconscientemente por esses jogadores. E aí a desorganização se instala. E todos nós sabemos que a organização não é só dentro do campo não, ela tem que existir fora do campo. A disciplina é fundamental. A hierarquia mais ainda, pode parecer, assim, um depoimento até ditatorial mas não é não. O futebol só funciona dessa forma." (Rádio Gazeta/AM/julho/96).

O funcionamento do futebol de acordo com o modelo empresarial-militar levaria os principais clubes do país à implantação das cartilhas disciplinares. Em janeiro de 96 o São Paulo começava a enquadrar os jogadores no retorno das férias: "O técnico Telê Santana vai adotar linha dura no elenco (...) Ele não quer saber de indisciplina e distribuiu ontem uma cartilha aos jogadores..." (*Folha da Tarde, 9/1/96, Esportes,* p. B1). Conforme advertia o treinador: "Os jogadores serão mais cobrados. Serão tratados como verdadeiros profissionais, como em uma empresa" (*Folha de S. Paulo, 9/1/96, Esporte,* p. 1). Mas vejamos de que forma se pretendia elevar o jogador brasileiro à idade da consciência profissional:

A Rebeldia no Futebol Brasileiro_____ J.P. Florenzano

"...o jogador do São Paulo está proibido de praticar atividades esportivas que não seja o futebol; é proibido jogar cartas ou qualquer jogo de azar dentro das instalações do clube; é proibido frequentar boates e dancings nas horas de folga; é proibido comer na sala de televisão; é proibido entrar ou sair do CCT depois da meia-noite; é proibida a prática de cultos religiosos no clube; o atleta do São Paulo não pode ingerir bebidas alcoólicas" (Diário Popular, 9/1/96, Esportes, p. 1).

A Cartilha Disciplinar do tricolor paulista, composta ao todo por vinte e dois itens, caracteriza a existência no futebol do instrumento de poder que Foucault designa por sanção normalizadora, "...entendida como um conjunto de procedimentos punitivos relacionados a uma infinidade de pequenas atitudes e comportamentos (e que) incide sobre um espaço deixado vazio pelas leis" (Foucault, 1987, p. 159). Como exemplo eloqüente, a cartilha do São Paulo prescrevia ainda que "os jogadores não poder(iam) se vestir inadequadamente" (*Folha de S. Paulo,* 9/1/96, *Esporte,* p. 1). De fato, o manual de conduta adotado pelos clubes brasileiros insere-se no conjunto dos sistemas disciplinares das instituições analisadas por Foucault, compartilhando com estas os mesmos objetivos:

"Na oficina, na escola, no exército funciona como repressora toda uma micropenalidade do tempo (atrasos, ausências, interrupções das tarefas), da atividade (desatenção, negligência, falta de zelo), da maneira de ser (grosseria, desobediência), dos discursos (tagarelice, insolência), do corpo (atitudes 'incorretas', gestos não conformes, sujeira), da sexualidade (imodéstia, indecência)" (Foucault, 1987, p. 159).

No futebol brasileiro, os gestos, comportamentos, atitudes e falas do jogador são objetos de punições tanto por parte dos clubes, quanto por parte dos tribunais esportivos e jornalísticos. Já em 93, o Palmeiras elaborava um manual de conduta para enquadrar os seus jogadores. Como informava a imprensa: "Entre as normas estabelecidas, está o cuidado ao se expressar em entrevistas" (*Folha de S. Paulo,* 2/3/93). Ao contrário do que poderíamos supor, o jogador de futebol, apesar de ser instado a falar o tempo todo nos programas esportivos, só está autorizado a recitar o script elaborado pelas relações de poder. Qualquer improvisação nessa fala o torna passível de punição, como ocorreu com um atleta do São Paulo: "Belletti paga por falar muito" (*A Gazeta Esportiva,* 23/10/96, p. 3). Por ter criticado o treinador Carlos

Parte II _____Edmundo

Alberto Parreira, a diretoria do clube aplicava-lhe uma multa de 25% nos salários e um dos diretores assim explicava a decisão do São Paulo:

"Nós temos hierarquia e ninguém vai desrespeitar isso. É uma tradição de nosso clube que não vai ser quebrada por ninguém"(Idem, p. 3).

Alex Alves, o atacante baiano estigmatizado na imprensa paulista como jogador-problema, numa da inúmeras entrevistas nas quais prometia estar se corrigindo para libertar-se do anátema, dizia: "Estou diferente. Percebi que o jogador de futebol não tem liberdade para falar nada aqui (grifo nosso). Por isso sou fã de Edmundo e Romário. Eles sempre falam o que pensam e agüentam as conseqüências" (*Jornal da Tarde*, 8/12/96, *Esportes*, p. 1B). No Campeonato Paulista de 1992, o goleiro Ronaldo do Corinthians, por falar o que pensava seria repreendido com veemência na Rádio Jovem Pan pelo comentarista Flávio Prado. Discordando da opinião do jornalista que o responsabilizava pelo gol sofrido na partida disputada pelo Corinthians no interior do Estado, Ronaldo ouviria, certamente estarrecido, o jornalista lhe mandar calar a boca porque não possuía diploma superior para discutir com ele. Na imprensa esportiva, os juízes da normalidade e mestres da disciplina também exigiam respeito à hierarquia.

Em janeiro de 96, o Palmeiras seguia o mesmo caminho do São Paulo: "Luxemburgo também adota linha dura..." "Segundo o treinador, os atletas terão que sacrificar a vida pessoal e entrar na sua filosofia" (*Folha da Tarde*, 9/1/96, *Esportes*, p. B4). Pouco depois, em maio de 96, o Corinthians adotava o Manual de Conduta do qual constavam as seguintes normas: "multas por atraso e por faltas injustificadas (...) a obrigatoriedade do uso de uniforme do clube em viagens", proibição de cigarro e álcool (*Folha de S. Paulo*, 18/6/96, *Esporte*, p. 12), além de prever "multa ao jogador que criticasse publicamente qualquer dirigente do clube" (*A Gazeta Esportiva*, 28/6/96, p. 8). As cartilhas disciplinares, impostas em nome da modernidade representada pelo futebol empresa, evocavam o passado de autoritarismo, configurando, sob certos aspectos, um retrocesso em relação à luta dos atletas profissionais movida nos anos 70 e princípio dos 80.

A semelhança dos regulamentos disciplinares com as exigências do período da militarização não comporta dúvidas. Na verdade, desde

A Rebeldia no Futebol Brasileiro _____ J.P. Florenzano

meados dos anos 60 até os anos 90 há uma linha de continuidade, ou melhor, há um avanço nas práticas de poder voltadas para a gestão da vida do jogador de futebol, e as cartilhas disciplinares são a expressão do quanto a necessidade de administrar a conduta do jogador dentro e fora da atividade profissional tornou-se ainda mais premente do que já se fazia sentir nas décadas passadas. Nesse sentido, a inovação que elas trazem não reside nem nas prescrições de ordem moral nem na imposição da ordem disciplinar no trabalho que se desenrola nos treinamentos. Os principais itens dos manuais de conduta dos anos 90 estarão centrados na disciplina do corpo dentro do campo de jogo.

Conforme assinalava a imprensa esportiva a respeito do manual de conduta do São Paulo, "a principal novidade é a punição aos jogadores que forem suspensos com a expulsão ou o terceiro cartão amarelo (...) O jogador punido na quarta feira não será mais liberado para o final de semana. Ele terá que treinar aos sábados e domingos" (*Folha da Tarde*, 9/1/96, *Esportes*, p. B1). No Corinthians, o treinador Valdir Espinosa anunciava o mesmo procedimento: "Qualquer cartão amarelo ou vermelho por reclamação contra o árbitro significará punição" (*Folha de S. Paulo*, 18/6/96, *Esporte*, p. 12). No Palmeiras, em fevereiro de 96, o técnico Luxemburgo advertia: "Não aceito cartão bobo, como bola chutada para longe ou reclamar com o árbitro. Se tomar cartão por um desses motivos o jogador vai ser multado" (*Folha da Tarde*, 11/2/96).

No futebol moderno, no qual as práticas de poder procuram produzir o jogador enquanto corpo-máquina, o aspecto emocional da máquina natural tornava-se um estorvo, mais um problema de ordem técnica do qual os ortopedistas do comportamento, os engenheiros da conduta e os juízes da normalidade deveriam incumbir-se. De fato, à medida que os próprios regulamentos disciplinares do futebol dirigiam-se contra as reações emocionais do jogador, diminuindo-lhes o espaço de manifestação, os mecanismos de poder cuidavam de ajustar os corpos àquelas regulamentações. Em 75, por exemplo, a Comissão Nacional de Arbitragem determinava "que as comemorações do gol (fossem) rápidas, discretas e dentro do gramado" (*Placar*, 16/5/75, n. 268, p. 10). Hoje, já nos habituamos com a cena do jogador sendo advertido com o cartão amarelo por ter transposto os limites do campo para festejar o

Parte II _____ Edmundo

gol. Contudo, a fala de alguns artilheiros permite-nos entrever o custo pago para ajustar-se ao interdito:

"Não vou obedecer. Se fizer três gols, três vezes vou lá e três vezes tomo o cartão amarelo"(Beijoca, então centroavante do Bahia)"Para mim não vale. Continuarei comemorando cada gol junto da torcida" (César, então centroavante do Corinthians). "Se alguém atrapalhar a minha festa, sou capaz de perder a cabeça e partir para uma agressão" (Campos, então centroavante do Atlético MG)(Idem, p. 10)

A partir daí, porém, as normas disciplinares que regem o futebol não cessariam de aumentar o número de reações que passariam a ser objeto de punição. Nos anos 90, as novas medidas da FIFA incidiriam sobretudo no antijogo, elegendo a violência como alvo principal da investida ditada pela estratégia de resgatar o futebol enquanto espetáculo. Como conseqüência dessas medidas, destinadas a impor maior rigor às arbitragens, os cálculos acerca da violência seriam refeitos. Na relação custo-benefício, os adeptos da modernidade iriam contabilizá-la sob a rubrica custo, como procedia o jornalista Matinas Suzuki Jr., enumerando as razões pelas quais acreditava que a violência se revelava agora contraproducente para a equipe:

"A) Quebra de continuidade do trabalho da equipe titular, pelas sucessivas suspensões (além da ineficiência: jogadores recebendo para não jogar); B) Irregularidade nos resultados, conseqüência dessa não continuidade; C) Irregularidade nos resultados é igual a menos torcida e menos arrecadação; D) Além disso, violência em campo significa altos gastos no custeio do departamento médico dos clubes" (*Folha de S. Paulo,* 15/2/96, *Esporte,* p. 2).

O argumento do jornalista ajuda-nos a compreender as medidas punitivas adotadas por Corinthians, Palmeiras e São Paulo contra os jogadores advertidos com cartões amarelos e vermelhos. Com a nova investida contra a violência no futebol, e o aumento das prescrições sobre o comportamento do atleta dentro de campo, multiplicavam-se as ocasiões passíveis de penalização com os referidos cartões de advertência. Os clubes paulistas reagiam submetendo à sanção os jogadores cuja punição fosse classificada como injustificada. O jornalista Armando Nogueira, entusiasmado com a iniciativa das equipes de São Paulo, exortava as demais equipes do país a seguirem o exemplo,

A Rebeldia no Futebol Brasileiro _____ J.P. Florenzano

contribuindo, além disso, com uma sugestão sofisticada para corrigir o comportamento do jogador brasileiro:

"Os outros clubes vão ter que passar a adotar a mesma atitude: jogador expulso por clara e gratuita imprudência, multa pesada nele. Além de beliscar-lhe o talão de cheque, o clube devia ir mais fundo. Quem sabe cortar o barato do domingo dele? Faz um treino só pra ele, no mesmo horário em que o time estiver jogando. Treino, sem bola, naturalmente, que é coisa que jogador detesta" (O Estado de S. Paulo, 13/10/96).

Em outubro de 96, a imprensa esportiva noticiava: "São Paulo multa seis. Direção oficializa multa para Muller, Axel, Denílson e Serginho por expulsões sem justificativa. E desconta 20% dos salários dos rebeldes Válber e André" (*A Gazeta Esportiva,* 18/10/96, p. 9). No Palmeiras, no mesmo mês de outubro de 96, Djalminha, Flávio Conceição e Fernando Diniz recebiam multas em seus salários por expulsões sem justificativa (*A Gazeta Esportiva,* 15/10/96). Entretanto, o essencial na questão que vimos abordando reside em seu desdobramento, quando a expulsão na partida deixa de ser classificada como imprudência ou provocação deliberada para transformar-se em descontrole emocional:

"Parreira combate descontrole emocional" – e no subtítulo informava o jornal: *"...técnico estabelece punição aos jogadores para conter excesso de cartões"* (Folha de S. Paulo, 9/10/96, *Esporte*, p. 13).

A análise das partidas de futebol, subitamente, confunde-se com um diagnóstico médico: "Time mistura apatia e nervosismo, se equivoca no esquema tático e (...) está desclassificado". Dessa forma um jornal de São Paulo explicava a eliminação do Palmeiras no Campeonato Brasileiro de 96, estampando a manchete: "Desequilíbrio emocional abala Palmeiras" (*Folha de S. Paulo,* 2/12/96, *Esporte*, p. 3). Se há pouco vimos Edmundo estigmatizado como um jogador desprovido de equilíbrio psicológico, agora vemos as equipes do futebol brasileiro padecendo de um mal semelhante: "Portuguesa perde controle dos nervos e título inédito" (*Folha de S. Paulo,* 16/12/96, *Esporte*, p. 3).

O discurso médico-psicológico da imprensa esportiva sobre as equipes de futebol, embora envolva outras questões que abordaremos mais adiante, traduz a mudança, iniciada nos anos 60 mas longe de ter-se completado, de um tipo de violência a outro, a necessidade de adestrar os corpos na utilização de uma violência que, conforme assinala Antonio Roversi, faz-se "...mais instrumental e racional" (Roversi, 1990, p. 84). Sigamos o argumento do autor acerca da violência no futebol moderno:

"Não que hoje a violência emotiva esteja totalmente desaparecida dos campos de futebol; entretanto, com o tempo e o mudar das táticas de jogo, o equilíbrio entre os dois tipos se é lentamente movido a favor da violência instrumental, um gênero de violência mais escondida e menos cruenta (...) uma violência menos espetacular e perigosa, mas mais insistente, a ponto de deixar surgir a suspeita que se é transformada em parte integrante da estratégia de jogo e por isso praticada deliberadamente como puro meio para adquirir o escopo – o resultado final – e nunca como casual explosão instintiva" (Idem, p. 84).

Com efeito, a iniciativa de punir os jogadores expulsos de campo sem justificativa, bem como a emergência do discurso relativo ao "descontrole emocional" das equipes, visa coibir a violência emotiva estimulando a violência instrumental. Nesse sentido, Edmundo apresenta-se como um exemplo paradigmático do recurso a uma violência emotiva: "Com instinto desleal, Edmundo chutou a perna do corintiano (...) As imagens da TV aumentaram as evidências da intenção em chutar qualquer coisa que aparecesse pela frente – a bola ou o adversário. 'Agi por impulso – diz Edmundo – tentando chutar a bola para longe...'" (*O Estado de S. Paulo,* 6/8/93, *Esporte*s, p. 3). Ora, conforme apontara Antonio Roversi, trata-se no futebol moderno precisamente de eliminar, tanto quanto possível, tal manifestação de "explosão instintiva" pois ela se revela disfuncional na medida em que prejudica a própria equipe, ao passo que a violência instrumental, já incorporada ao jogo e confundida com a virilidade exigida dos jogadores, nem mesmo como violência se vê apreendida. Voltaremos a esta questão mais adiante.

Para além da mudança relativa ao uso da violência, o discurso médico-psicológico da imprensa esportiva reflete a necessidade de um controle mais estrito sobre a manifestação das emoções do jogador dentro do campo, e talvez, nesse sentido, constitua-se num prenúncio do ingresso triunfal da Psicologia do Esporte numa área onde até o momento sua presença tem sido incerta. De fato, as manchetes acima citadas apontam exatamente para os objetivos desta ciência:

...a Psicologia do Esporte passou a fazer parte do programa geral das Ciências do Esporte, seja na detecção de talento esportivo, seja em treinamentos e competições, *buscando sempre a regulação e o controle das reações emocionais dos atletas e técnicos* (*Folha de S. Paulo*, 19/8/94, *Esporte*, p. 2 – grifo nosso).

A utopia do controle total sobre o corpo-máquina já estava esboçada desde o advento do futebol moderno. Nos anos 70, a imprensa esportiva analisava as partidas recorrendo à emergente ciência do Biorritmo, a qual prometia desvendar o estado d'alma dos jogadores no dia dos jogos:

"O que é o biorritmo? É uma teoria supostamente científica, sem nenhum apelo místico, baseada na existência de três ciclos que governam os destinos do homem (...) São eles; ciclo físico, ciclo emocional e ciclo intelectual (...) Todos ele se dividem em duas fases de duração absolutamente igual: uma negativa e outra positiva (...) O pólo positivo, como o nome indica, predispõe a ótimos desempenhos; o pólo negativo, ao contrário, faz baixar o astral, e as coisas começam a dar errado" (*Placar,* 21/7/78, n. 430, p. 62).

Com base nessa "ciência", poder-se-ia prever o desempenho dos jogadores. Desse modo, prognosticava a revista *Placar*: "Paulo César pode desequilibrar o jogo de quinta: vai estar ótimo em todos os três ciclos (...) Jorge Mendonça, domingo, estará mal de emoção. No resto, ótimo" (Idem, p.62/63). O Biorritmo talvez tenha sido apenas um modismo na imprensa esportiva, contudo, um modismo que traduzia o anseio de tornar a alma do jogador transparente, permitindo antever qual o rendimento que se poderia esperar dele em determinada partida. Nos anos 90, porém, a Psicologia Esportiva não fazia previsões, mas prometia a intervenção capaz de regularizar o funcionamento do estado psíquico e emocional do jogador, de sorte a fazê-lo render em todos os jogos sem perder em nenhum deles o autocontrole.

Seja como for, devemos nos ater na aparente contradição presente no noticiário da imprensa esportiva. Pois ao mesmo tempo em que se menciona o descontrole emocional das equipes de futebol, alude-se ao tratamento punitivo imposto pelos clubes. Sem deixar de recorrer à Psicologia Esportiva, os clubes adotam a receita da punição para equilibrar emocionalmente os jogadores. Mas não se trata de contradição. Conforme mostra-nos Foucault, na sociedade moderna o

Parte II _____ Edmundo

"poder de punir não é essencialmente diferente do de curar ou educar" (Foucault, 1987, p. 265). E, com efeito, tratar-se-á precisamente de reeducar o jogador brasileiro:

"Luxemburgo prega disciplina. Diz que o jogador de futebol brasileiro é mal-educado e que necessita se adaptar à nova realidade (...) O treinador palmeirense diz também que está sendo muito difícil doutrinar os atletas" (*A Gazeta Esportiva*, 17/10/96, p. 5).

Nos anos 90, o jogador brasileiro retornava à condição de Bárbaro, e esperava-se da modernização a nobre missão civilizadora, conforme assinala o jornalista Matinas Suzuki Jr.:

"Está nas mãos das direções técnicas e administrativas dos times a mudança desse sistema. O jogador hoje é formado no clube desde criancinha. Os times não podem fugir a essa responsabilidade educadora e civilizadora: a de formar 'cidadãos do esporte'" (*Folha de S. Paulo*, 15/2/96, *Esporte*, p. 2).

Ora, vimos há pouco em que tipo de cidadão se pretende transformar o jogador brasileiro, qual a consciência profissional que se deseja fazê-lo adquirir. De fato, impõe-se a indagação: que cidadão pode emergir de um universo cada vez mais transformado num campo de vigilância e punição? O cidadão do esporte educado na pedagogia das cartilhas disciplinares, constituído pelos mecanismos de poder enquanto corpo-máquina governada pelo comando rigidamente imposto nas equipes de futebol, normalizado pela sanção disciplinar. O futebol, ao invés de afigurar-se como "espaço público" no qual possa emergir o jogador-cidadão, releva-se antes como uma esfera perpassada pela rede carcerária, o que explicaria a penetração cada vez mais intensa do poder de punir. Nesse sentido, conforme assinala Foucault:

"A generalidade carcerária, funcionando em toda a amplitude do corpo social e misturando incessantemente a arte de retificar com o direito de punir, baixa o nível a partir do qual se torna natural e aceitável ser punido" (Foucault, 1987, p. 265).

Com efeito, devemos recobrar o fôlego pois o espetáculo de vigilância e punição não termina aqui, prosseguindo dentro do campo de jogo. Na verdade, nos anos 90, o próprio estádio de futebol estará transformado numa arquitetura de vigilância sem que, para tanto, tivesse sido necessário redesenhar-lhe a forma, nem sequer mover nenhuma

177

A Rebeldia no Futebol Brasileiro _____ J.P. Florenzano

das pedras ou mesmo instalar uma torre central para vigiar os corpos dos jogadores. Certamente, como veremos, trata-se antes de um trabalho de prestidigitação das disciplinas.

O estádio panóptico

Em abril de 93, sob o título "Edmundo promete se corrigir em campo", a *Folha de S. Paulo* trazia as declarações do jogador que já nesse momento procurava defender-se no processo que, em nome do futebol moderno, o Tribunal da Norma lhe movia. Nos autos de acusação constavam os seguintes crimes assinalados pelo jornalista Ubiratan Brasil: "O gênio irascível irrita adversários e até alguns colegas". Resposta do jogador: "Faz cinco jogos que fico quieto. Nem olho para o árbitro". Prossegue o jornalista: "Outro ponto é se desvencilhar da acusação de individualismo". Atentemos para a réplica do jogador:

"Sempre fui assim, mas já me policio" (Folha de S. Paulo, 18/4/93).

Edmundo começava a se policiar para ter as reações, os desejos e as emoções do jogador-normal. Além disso, prometia corrigir-se durante as partidas, evitando o individualismo que o levava, de acordo com os críticos, a desbaratar o talento em dribles desnecessários. Para realizar estas transformações no comportamento do atleta, normalizando-o e tornando útil e produtivo o seu talento, os mecanismos de poder no futebol contavam também com a transfiguração dos estádios num espaço de vigilância, ou mais precisamente numa "arquitetura que seria um operador na transformação dos indivíduos" (Foucault, 1987, p. 154). Mas o advento do estádio-panóptico não é o produto de um maquinação deliberada contra o jogador. Buscava-se a visibilidade do espetáculo. Chegou-se à vigilância dos corpos.

Como se sabe, o projeto arquitetônico idealizado por Jeremy Bentham na época das Luzes, o Panóptico, consiste numa arquitetura em forma de anel que estabelece uma relação dissimétrica entre os indivíduos a serem vigiados e a vigilância, pois enquanto esta ocupa uma posição central no edifício permitindo-lhe uma visão total da construção, aqueles, ocupando celas individuais distribuídas ao redor da torre central,

Parte II   Edmundo

encontram-se permanentemente expostos à vigilância sem que possam, em contrapartida, vê-la. Tal distribuição espacial assegura a fórmula: "ver sem ser visto" (Foucault, 1987, p. 177) aplicada com sucesso na prisão, mas também nas fábricas, escolas, quartéis e hospitais. Pois bem, no que concerne ao estádio de futebol, porquanto a sua arquitetura se traduza em forma de anel, falta-lhe obviamente a torre central como ponto nodal para o exercício da vigilância. No entanto, no decorrer das últimas décadas, a ubiqüidade das câmeras de televisão acabaria suprindo esta falta, obtendo os mesmos efeitos de poder.

Espalhadas atrás dos gols, nas laterais do gramado, nas cabines de transmissão e situadas ainda em vários pontos nas arquibancadas, as câmeras de televisão expõem o campo de jogo à visibilidade total, certamente para maior deleite do telespectador, mas simultaneamente para maior segurança no trabalho das comissões disciplinares, das comissões técnicas, dos tribunais desportivos e dos programas jornalísticos destinados a vigiar, corrigir e julgar o jogador de futebol:

"Hoje em dia – afirma Eduardo Galenano – o estádio é um gigantesco estúdio de televisão" (Galeano, 1995, p. 195).

O que significa que no gramado onde se desenrola a partida nenhum gesto, ato ou movimento do atleta deveria escapar ao olhar da câmera de tevê do qual jorra o show de imagens destinado a assegurar a audiência. Entretanto, ao mesmo tempo que ela conduz jogadores como Edmundo ao estrelato do futebol, exibindo-lhe os dribles, os gols, as jogadas captadas em close e mostradas sob os mais diversos ângulos, estas mesmas imagens prestam-se para conduzi-lo aos julgamentos e punições impostos pela comissão técnica da própria equipe, pelos tribunais esportivos ou ainda pelos tribunais em que freqüentemente se transformam os programas jornalísticos da televisão e do rádio: "A visibilidade – adverte Foucault – é uma armadilha" (Foucault, 1987, p. 177). Com efeito, quase todos os episódios polêmicos envolvendo Edmundo foram flagrados pelas câmeras de televisão. Porém, dir-se-ia que o jogador, em princípio, negligenciara a máxima do futebol moderno, mencionada por Eduardo Galeano:

"Deve-se bater longe da bola. O árbitro, como as câmeras de televisão, tem os olhos cravados na bola" (Galeano, 1995, p. 205).

A Rebeldia no Futebol Brasileiro_____J.P. Florenzano

No entanto, em muitos dos episódios protagonizados por Edmundo ele não participava da jogada na qual, consoante a observação acima, deveriam estar postas as câmeras. A título de ilustração, podemos invocar a expulsão do jogador ocorrida na partida contra o Santos, em fevereiro de 96. Fora do lance do jogo, com um gesto destinado a se repetir em outras ocasiões, Edmundo dava um tapa no rosto do zagueiro adversário, agressão presenciada pelo auxiliar de arbitragem mas também pelo olhar eletrônico, conforme enfatizava a imprensa esportiva na cobertura do clássico: "As imagens da televisão não deixam dúvidas sobre a agressão de Edmundo em Sandro e o Corinthians decide multar o jogador" (*A Gazeta Esportiva*, 13/2/96, p. 3). Contudo, além da punição imposta pelo clube, as imagens serviam para o Tribunal de Justiça Desportiva estabelecer, por sua vez, outra punição:

"O presidente do TJD (...) viu a cena da agressão pela TV e adiantou que as imagens podem ser usadas como prova, além do próprio relatório do juiz Flávio de Carvalho" (*Diário Popular,* 13/2/96, *Esporte*s, p. 1).

O clássico entre Santos e Corinthians disputado na Vila Belmiro conduziria, porém, outro jogador aos tribunais. Marcelinho Carioca, por ter cometido um gesto flagrado pelas câmeras de televisão, também acabaria alvo de punição:

"Com relação a Marcelinho Carioca, que fez um gesto com as mãos sugerindo que o juiz estava roubando (o presidente do TJD) resolveu puni-lo por meio do Comitê Disciplinar da FPF. Eu vi a cena pela TV e o Marcelinho foi multado em R$ 3 mil', revelou" (*Diário Popular,* 13/2/96, *Esporte*s, p. 1).

No futebol moderno, a vigilância à qual o jogador se acha exposto torna temerário qualquer gesto, atitude ou comportamento. Nem mesmo a fala escapa ao controle. Na Copa América de 97, na partida entre Brasil e Costa Rica, o técnico Zagallo decidia substituir o atacante Romário: "Sacado (do jogo), o baixinho emitiu pareceres pouco elogiosos à mãe do técnico, que foram facilmente 'lidos' pela sua movimentação labial" (*Placar,* 7/97, p. 35). O desabafo do jogador, feito enquanto deixava o campo de jogo, fora flagrado pela câmera de tevê permitindo a leitura do xingamento. Romário saíra de campo sem fazer gestos acintosos, sem esbravejar, apenas movera os lábios para expressar a sua insatisfação. Mas bastara o pequeno movimento

Parte II   Edmundo

labial para que o olhar eletrônico o denunciasse ao treinador, a quem depois faria um pedido de desculpas.

Em outubro de 95, durante o intervalo da partida entre Flamengo e Vasco, no Maracanã, Edmundo reagiria à provocação da torcida cruzmaltina fazendo gestos obscenos endereçados à arquibancada. Contudo, não imaginava que mesmo naquele momento, com o jogo interrompido, as câmeras de televisão continuassem o trabalho de vigilância:

> *Os gestos obscenos de Edmundo (...) poderão custar ao 'Animal' suspensão de até quatro jogos no Brasileiro (artigo 314) ou 60 dias (artigo 337 do Código Brasileiro Disciplinar de Futebol, o CBDF). Mário Pucheau, auditor Especial da CBF, deverá pedir à Rede Manchete o teipe com as imagens dos gestos agressivos do* bad boy *Edmundo (O Globo, 31/10/95, Esportes, p. 38).*

A câmera de televisão, além de conduzir o jogador à punição nos tribunais esportivos, o recolocava em julgamento no Tribunal da Norma. Assim, o jornal *A Gazeta Esportiva* estampava na primeira página a foto do jogador fazendo o gesto imoral acompanhada pela legenda: "Xingado pela torcida do Vasco, ele reagiu como um cafajeste. Nada de novo" (*A Gazeta Esportiva*, 31/10/95). O *Jornal do Brasil*, por sua vez, preocupava-se em colher o diagnóstico dos especialistas:

> "'O *superego de Edmundo não funciona. É ele – o superego – o mecanismo que nos impede de cometer atos que até gostaríamos de cometer, mas são censurados pela sociedade. Edmundo tem uma personalidade psicopática, que não convém rotular',* define Nelson Senise, ex-professor de clínica médica e ex-presidente no Hospital Psiquiátrico do Serviço Nacional de Doenças Mentais, no Rio" (Jornal do Brasil,* 31/10/95, Esportes, p. 27).

As imagens da televisão, além de permitir a identificação da anormalidade impudica que se exibe nos gramados do país, prestava-se a dirimir a dúvida que paraiva sobre os jogadores advertidos disciplinarmente nas partidas, estabelecendo a culpa ou a inocência. No Campeonato Brasileiro de 96, o São Paulo empatava com o Atlético PR no estádio do Morumbi, mas precisava da vitória para manter as chances de classificação para a próxima fase. No segundo tempo, porém, Muller, o principal jogador da equipe tricolor, acaba expulso de campo. A partida terminaria empatada, e, dias depois, o técnico Carlos Alberto Parreira declarava aos jornalistas:

"Vou analisar o vídeo e conversar com o Moracy para decidir se haverá punição. Não quero ser injusto" (Jornal da Tarde, 11/10/96).

Se por um lado a câmera de televisão expõe o jogador a uma vigilância mais estrita, por outro lado ela permite que se puna com mais "justiça". De qualquer modo, a onipresença do olhar eletrônico recomenda maior precaução para o jogador, fazendo com que ele próprio se policie, pois, como sublinha Foucault a propósito do modelo carcerário do Panóptico, faz-se "...ao mesmo tempo excessivo e muito pouco que o prisioneiro seja observado sem cessar por um vigia; muito pouco, pois o essencial é que ele se saiba vigiado; excessivo, porque ele não tem necessidade de sê-lo efetivamente" (Foucault, 1987, p. 178). Ora, a vigilância exercida pelas câmeras de televisão, nas partidas de futebol, faz com que ela seja percebida pelos jogadores como permanente, embora de fato não o seja. Com efeito, ela cumpre o objetivo à medida que o atleta, dentro de campo, passa a se comportar como se estivesse exposto à visibilidade contínua e permanente.

A percepção do campo de futebol enquanto um campo de vigilância viria a ser expressa de forma veemente por um jogador, durante a realização da partida entre Corinthians e Novorizontino, disputada no estádio do Parque São Jorge pelo Campeonato Paulista de 96. No intervalo do jogo, os repórteres, atraídos pela discussão entre Gílson e o auxiliar de arbitragem, foram entrevistar o jogador da equipe do interior. À Rádio Jovem Pan, depois de acusar o bandeirinha de haver debochado dele num dado momento da partida, Gílson pediria punição expondo dessa maneira o seu protesto:

"Se você faz um gesto hoje em dia, a televisão pega, ou a imprensa vê, você é punido..." (Rádio Jovem Pan/6/3/96)

A fala do jogador do Novorizontino traduz a percepção do gramado de jogo enquanto um espaço de vigilância, e, por conseguinte, permite entrever a transformação do jogador em seu próprio policial, cuidando ele próprio em exercer a vigilância sobre os gestos, as atitudes, o comportamento e até mesmo a fala. Ora, conforme assinala Foucault:

"Quem está submetido a um campo de visibilidade, e sabe disso, retoma por sua conta as limitações do poder; fá-las funcionar espontaneamente sobre si mesmo; inscreve em si as relações de poder na qual ele desempenha simultaneamente os dois papéis; torna-se o princípio de sua própria sujeição" (Foucault, 1987, p. 179).

As práticas de poder no futebol, voltadas para extrair do corpo-máquina o máximo de rendimento em termos físicos, táticos e técnicos, têm no estádio-panóptico um instrumento de vigilância eficaz para baixar ao mínimo possível a manifestação do "descontrole emocional" do jogador no decorrer das partidas, evitando assim que tudo o que possa haver de desordem na máquina ponha a perder a vitória, os investimentos, os interesses comerciais que encontram-se em jogo. Punindo os gestos obscenos, as expressões de insolência, as atitudes de indisciplina, os comportamentos violentos, logra-se a reeducação do corpo não apenas para as reações, desejos e emoções normais, mas para a apreensão da nova arte da violência no futebol. Com efeito, discorrendo sobre o futebol italiano na década de 80, Antonio Roversi a menciona nos seguintes termos:

"...uma microviolência repetida que interrompe continuamente o andamento da partida (...) e enquanto tal parece ser um elemento orgânico do futebol dos anos oitenta"(Roversi, 1990, p. 84).

Ao invés da violência aberta e emotiva cuja explosão compromete os fins almejados, a violência instrumental que contribui para alcançá-los, que empregada de forma racional e discreta caracteriza-se como microviolência já devidamente incorporada ao próprio jogo. Nesse sentido, reformula-se a máxima do futebol moderno: deve-se bater mesmo diante do árbitro e das câmeras de televisão, mas com tal técnica que nem aquele nem esta sejam capazes de interpretar e captar a atitude como violência.

Com efeito, há muito o jogador vem sendo instado a adquirir a técnica necessária para recorrer à violência sem ser punido, conforme observa A.M. de Carvalho. No futebol moderno, procura-se "estimular (o jogador) a responder violentamente mas sem se descontrolar" (Carvalho, 1985, p. 116). Com a nova orientação dos organismos encarregados de gerir o futebol, direcionada para o objetivo de coibir a violência, e com a visibilidade total à qual o campo de jogo se encontra exposto desde que o estádio se acha transfigurado num estúdio de televisão, o recurso à violência passou a exigir uma técnica mais apurada e o controle dos nervos passou a ser ainda mais necessário. Com efeito, mais do que nunca o futebol afigura-se como um campo perpassado pelo poder centrado...

"...no corpo como máquina: no seu adestramento, na ampliação de suas aptidões, na extorsão de suas forças, no crescimento paralelo de sua utilidade e docilidade, na sua integração em sistemas de controles eficazes e econômicos..." (Foucault, 1988, p. 131)

Submetendo-se o jogador ao universo de vigilância e punição do futebol moderno não se pode aguardar o advento do "cidadão do esporte", mas sim o controle mais eficaz do corpo útil e dócil, que a onda punitiva dos anos 90 espera dotar de nervos de aço. Nesse sentido, tanto o discurso recente acerca do "descontrole emocional" das equipes, quanto a punição imposta pelos clubes aos jogadores advertidos com cartões amarelos e vermelhos "sem justificativa", bem como os apelos em favor da psicologia esportiva, convergem para a concretização da utopia do jogo das máquinas erradicado da má violência, qual seja, a violência emotiva, visando dessa maneira o estrito controle do corpo, cuja exposição à vigilância panóptica encarrega-se ainda de purgar dos gestos obscenos, das falas insolentes e malcriadas, das atitudes inconvenientes, em suma, do comportamento "delinquente e anormal". Com efeito, discorrendo sobre o advento do Panóptico no século das Luzes, afirmava Foucault:

"O fato de ele ter, até nosso tempo, dado lugar a tantas variações projetadas ou realizadas, mostra qual foi durante quase dois séculos sua intensidade imaginária" (Foucault, 1987, p. 181).

No momento em que o futebol brasileiro prepara-se para ingressar em um novo estágio da modernização, a intensidade imaginária à qual se refere Foucault emerge nos projetos elaborados para os estádios do futuro. Um dos projetos visando à modernização do Maracanã incluía, segundo o seu autor, a seguinte mudança:

"Para começar, um sistema de som que capte o apito do juiz, o grito do atacante derrubado, a pancada do beque. Assim, o estádio passaria a ter um conceito de arena (...) Minha proposta é delirante' – prossegue a matéria esclarecendo por quê – O delírio a que se refere Casé prevê dezenas de câmeras instaladas no teto, capazes de captar todos os detalhes do espetáculo, transmitidos pelos telões" (Jornal do Brasil, 15/12/96, Esportes, p. 42).

No projeto arquitetônico para a modernização do Maracanã não há nenhum delírio, mas tão-somente a concretização do estádio-panóptico

Parte II _____ Edmundo

onde, simultaneamente, proporciona-se ao público um espetáculo de imagens e sons, e aprisiona-se o jogador num campo de visibilidade no qual todos os gestos, atitudes e fala tornam-se transparentes, permitindo uma vigilância que talvez nem mesmo o modelo carcerário de Jeremy Bentham sonhara concretizar. Em todo caso, o projeto parece dar razão a Foucault quando enfatizava a função generalizável do panóptico na sociedade moderna:

"É polivalente em suas aplicações: serve para emendar os prisioneiros, mas também para cuidar dos doentes, instruir os escolares, guardar os loucos, fiscalizar os operários, fazer trabalhar os mendigos e ociosos (...) Cada vez que se tratar de uma multiplicidade de indivíduos a que se deve impor uma tarefa ou um comportamento, o esquema panóptico poderá ser utilizado" (Foucault, 1987, p. 181).

No futebol moderno, o advento do estádio-panóptico, ao mesmo tempo que atende à finalidade de suprir e saturar de imagens um público ávido de fantasia, extraindo-as de um espetáculo que no entanto há muito se encontra despojado de fantasia; presta-se também à finalidade de corrigir, controlar e normalizar o funcionamento do corpo-máquina exposto a um campo de jogo transfigurado num espaço de vigilância e punição, onde as menores condutas, os mais sutis gestos, as palavras quase inaudíveis não devem escapar nem ao espectador nem ao poder. Na verdade, ao jogador-disciplinar que as práticas de poder buscam produzir deve corresponder o espectador-disciplinar, também ele normalizado quanto aos seus desejos, reações e emoções. O projeto-panóptico para a modernização do Maracanã, por sinal, não olvidou esse detalhe:

"A geral também estaria com os dias contados, de acordo com seu projeto. Ele estenderia as cadeiras até a beira do campo. 'Os primeiros lugares teriam uma visão de cinema. Além do mais, acabaria com aquele fosso entre o campo e a geral'"(Jornal do Brasil, 15/12/96, Esportes, p. 42).

No estádio modelado como um shopping center, o fim das gerais prenuncia a exclusão popular dos estádios: "Assistir futebol nos estádios deverá logo ser um programa somente para as classes média e alta, segundo Eduardo José Farah, presidente da Federação Paulista de Futebol (...) 'O povão, diz Farah, vai estar na telinha, assistindo pela tv. A tendência do futebol é preço alto. A classe média deverá ir aos estádios" *(Folha de S. Paulo, 19/7/95).* Modelados como um shopping

A Rebeldia no Futebol Brasileiro_____J.P. Florenzano

center, os estádios projetados para a modernidade voltam-se para um outro público e para outra forma de vivenciar o futebol. Nesse sentido, o fim das gerais representa o ocaso de toda uma experiência gestada nos estádios brasileiros que a personagem de Edmundo, de certa forma, viria simbolizar. Com efeito, entre janeiro de 93 e maio de 95, por todos os estádios de São Paulo, ecooaria o cântico ao mesmo tempo terrível e fascinante pelo qual a Mancha Verde o exaltaria e consagraria popularmente em todo o país. Por todos os estádios, provindo das arquibancadas e trespassando os corpos arrebatados pelo caos, o canto que bem poderia ser o testemunho de toda uma época: "Au,au,au, Edmundo é um Animal".

Os animais das arquibancadas e o animal dos gramados

No dia 20 de agosto de 95, logo após a final da Supercopa de Juniores disputada entre Palmeiras e São Paulo, no Pacaembu, o gramado de jogo transformava-se no palco de um dos maiores conflitos envolvendo torcidas organizadas no país, com mais de cem feridos e, posteriormente, com a morte de um jovem torcedor do São Paulo. A "Guerra" do Pacaembu, protagonizada pelas torcidas dos dois clubes, respectivamente Mancha Verde e Independente, despertava imediata e unânime condenação dos meios de comunicação de massa, suscitando, além disso, uma campanha em favor do banimento das torcidas organizadas dos estádios de São Paulo.

Nas emissoras de rádio, nos canais de televisão e nos principais jornais da capital paulista empregavam-se as expressões "bandos de marginais", "bandidos" e "animais" para a caracterização dos grupos envolvidos no conflito. Em especial, insistia-se na utilização da palavra "animal" para designá-los, conforme podemos atestar evocando alguns exemplos. No programa esportivo da CNT-Gazeta, "Mesa-Redonda", levado ao ar na noite de domingo, o ex-árbitro de futebol Dulcídio Vanderley B. afirmava que "quando se perde o respeito pelo semelhante, perde-se o respeito por si próprio. E, então, torna-se bicho, torna-se *animal*" (MR/20/8/95).O jornal *A Gazeta Esportiva*, por sua vez,

Parte II _____ Edmundo

publicava uma nota da ACEESP (Associação dos Cronistas Esportivos do Estado de São Paulo), na qual se encontrava a seguinte passagem:

A autêntica batalha campal protagonizada por verdadeiros *'Animais'* travestidos de seres humanos, integrantes de torcidas organizadas, levou pânico (...) aos torcedores comuns e jornalistas presentes ao estádio" (*A Gazeta Esportiva,* 22/8/95 – grifo nosso).

O jornal *Folha da Tarde,* em editorial condenando a "barbárie animalesca", concordava com o raciocínio elaborado por um policial militar, segundo o qual "deixar o entulho no estádio era como deixar um pedaço de carne a um cão faminto: não há quem segure o 'Animal' (*Folha da Tarde,* 21/8/95 – grifo nosso). Enfim, poderíamos multiplicar os exemplos, mas os evocados aqui são suficientes para registrar a quase onipresença da palavra "animal" na cobertura do episódio feita pelos meios de comunicação de massa.

Ora, em agosto de 95, quando ocorre o conflito do Pacaembu, e a imprensa de um modo geral, mas sobretudo a imprensa esportiva, utiliza com insistência a palavra "animal" para designar os membros das torcidas organizadas, precisamente nesse momento o jogador Edmundo constituía-se no "Animal" de maior evidência no país, pois, além de estar atuando no clube mais popular do futebol brasileiro, ele via-se alçado à condição de estrela da publicidade.

Com efeito, recém-contratado pelo Flamengo, os dirigentes do clube carioca proporcionaram ao jogador uma recepção espalhafatosa no Rio de Janeiro, a qual, no entanto, possibilita avaliarmos a sua popularidade em meados de 95. Sob o título "A Carreata do Marketing Zoológico", o jornal *O Globo* retratava dessa maneira a recepção oferecida pelos dirigentes rubo-negros ao jogador:

...Edmundo chegou ao Flamengo e ao Rio como um príncipe exótico. Escoltado por dois elefantes, um tigre (enjaulado) e centenas de torcedores, ele desfilou durante quase quatro horas num carro do Corpo de Bombeiros, foi festejadíssimo e engarrafou o trânsito do Centro à Gávea. Por onde passou, o canto foi um só: 'Au,au,au, Edmundo é um animal!'. *O Flamengo inaugurou a era do marketing zoológico (O Globo,* 29/5/95 – grifo nosso).

A popularidade de Edmundo chegava ao ápice no mês de julho, quando a Coca-Cola o apresentava como garoto-propaganda da empresa, espalhando pelas ruas de São Paulo e Rio de Janeiro out-

A Rebeldia no Futebol Brasileiro_____ J.P. Florenzano

doors nos quais o jogador anunciava a nova marca de refrigerante. Nas placas publicitárias, o jogador aparecia acompanhado pelo slogan: "Cherry é o bicho. *Edmundo é o Animal*". Conforme assinalava o *Jornal do Brasil*: "Edmundo agora é a estrela da publicidade". Além do refrigerante Cherry-Coke, o jogador via-se solicitado para anunciar os mais diversos produtos, desde relógios de pulso, remédio para gado bovino, lingerie, chuteiras, até a nova revista *Placar* cuja edição de lançamento se esgotara rapidamente. Nem mesmo os jogadores que haviam participado da conquista do tetracampeonato desfrutavam de tamanho assédio por parte das empresas e das agências publicitárias. Para o JB, o fato de Edmundo tornar-se estrela nos meios de comunicação devia-se ao seguinte motivo:

"Discussões com jogadores, brigas com técnicos e problemas com a imprensa renderam um perfil de rebelde bem-sucedido, um ótimo garoto-propaganda para o público adolescente" (Jornal do Brasil, 3/7/95).

Quando o Flamengo e a Coca-Cola decidem pela contratação de Edmundo, a escolha não se dá a despeito da rebeldia do jogador, mas precisamente por causa dessa imagem. Nesse sentido, o presidente do clube rubro-negro, Kleber Leite, justificava a contratação de Edmundo, entre outros motivos, porque ele teria "a cara do Flamengo". Já o diretor de marketing da Coca-Cola, Odilon Almeida, declarava: "Vamos ficar com Edmundo do jeito que está, porque assim é ótimo" (*O Estado de S. Paulo,* 21/6/95). Edmundo, por sua vez, aproveitando-se da enorme popularidade que o codinome lhe proporcionara, decidia então ingressar com o pedido de registro da marca "Animal", acatando a sugestão do advogado do Flamengo, Michel Assef:

"Entramos – diz o advogado – no Instituto Nacional de Propriedade Industrial, INPI, para que Edmundo possa explorar seu apelido antes que alguém tenha a mesma idéia e fature em cima dele" (Veja, 5/7/95).

No entanto, se por um lado o Flamengo, as empresas, a publicidade e o próprio Edmundo voltavam-se à exploração comercial da imagem do jogador-animal, conferindo-lhe um significado positivo, por outro lado, e simultaneamente, a imprensa esportiva de São Paulo endereçava críticas cada vez mais veementes ao comportamento do jogador, associando-o explicitamente aos torcedores organizados que, no Pacaembu, agiram como "animais". Em meados de 95, portanto, esta

Parte II _____ Edmundo

palavra achava-se mais do que nunca envolta numa ambigüidade de significados, denotando tanto a rebeldia de comercial de televisão quanto o comportamento considerado violento e anormal dos membros das torcidas organizadas, mas também do próprio jogador. E, com efeito, na esteira do conflito ocorrido no Pacaembu a identificação entre aquelas e este será levada às últimas conseqüências, desvelando-se, dessa maneira, que o emprego abundante da palavra "animal" nos meios de comunicação implicitamente já estabelecia esta vinculação.

Sendo assim, a associação velada feita pela imprensa esportiva entre os "animais" das arquibancadas com o "animal" do futebol logo estaria explicitado. Em sua coluna na *Folha de S. Paulo*, Telê Santana afirmava a propósito da briga campal no Pacaembu:

"Muitas brigas entre torcidas começam porque os jogadores estão se agredindo dentro de campo. Foi assim naquele jogo entre São Paulo e Palmeiras no conflito envolvendo Edmundo" (*Folha de S. Paulo*, 27/8/95).

Dois dias depois, o então diretor de redação do jornal *A Gazeta Esportiva*, Vital Battaglia, invocava o mesmo episódio ao qual se referia o treinador Telê Santana, a fim de estabelecer a vinculação entre o jogador e as torcidas organizadas:

Tivesse (...) o *'Animal'* Edmundo sido punido – juntamente com os outros animais que participaram daquela briga entre jogadores do São Paulo e Palmeiras em 94 – e não teríamos tantos jovens, fora de campo, lutando para se transformarem nos *'Animais'* das arquibancadas" (*A Gazeta Esportiva*, 29/8/95 – grifo nosso).

A culpabilização de Edmundo pelos episódios do Pacaembu atingiria o clímax nas páginas do *Jornal da Tarde* no qual publicava-se uma reportagem destacando o pronunciamento feito no Congresso Nacional pelo deputado Paulo Delgado, PT/MG, o qual acusava...

"...o jogador Edmundo de ser o principal responsável pela violência nos estádios". "Considero – prosseguia o deputado – motor e motivação básica da violência as atitudes antidesportivas e a maneira violenta de jogar futebol de Edmundo". E mais ainda: "não há prova mais concreta da violência como fator de lucro pessoal do que a trajetória desse jogador, desse *gladiador do futebol brasileiro* (...) Ele consagra a idéia da violência como atividade lucrativa". E a reportagem concluía, assinalando a autoridade da fala: "Paulo Delgado, que é sociólogo, disse que as atitudes do jogador Edmundo servem claramente à consagração do anti-social, de estímulo para as crianças, adolescentes ou qualquer outra espécie de cidadão que veja neste tipo de atividade antidesportiva uma forma de sucesso pessoal" (*Jornal da Tarde,* 6/9/95 – grifo nosso).

Nada mais nada menos do que "o principal responsável pela violência nos estádios", eis a conclusão do deputado reproduzida nas páginas do *Jornal da Tarde* para ressaltar a culpabilização do jogador. Sendo assim, atenhamo-nos às seguintes questões: em primeiro lugar, a da exploração comercial da violência no futebol; e em segundo lugar, a do advento da expressão "animal" no cenário do futebol paulista, bem como os desdobramentos dessa expressão até meados de 95, quando ela se encontrava envolta, conforme vimos acima, pelos mais diversos significados.

No que concerne à primeira questão, devemos assinalar logo de início que a própria imprensa esportiva não estava isenta das considerações do deputado Paulo Delgado, pois, conforme assinala A.M. de Carvalho, "...se os meios de comunicação social não são os responsáveis diretos pela violência dentro e fora do campo desportivo, isso não significa que não colaborem na grande 'máquina' geradora de violência que percorre todo o espetáculo" (Carvalho, 1985, p. 154). Posto isto, o autor acrescenta:

"Mas é fora de dúvida que a imprensa, escrita ou falada, que utiliza uma linguagem que vai buscar o essencial da sua terminologia ao 'campo de batalha', acentua o caráter violento do jogo e faz com que no espírito do jogador e do público no campo de jogo se identifique cada vez mais com uma autêntica batalha" (Idem, p. 160).

Dunning, Murphy e Williams, abordando a questão relativa a evolução da violência entre os torcedores na Inglaterra, sublinham a participação da imprensa esportiva na percepção dos estádios e do jogo de futebol como campo de batalha:

"...em conexão com o aumento da competição entre os periódicos populares para conquistar os leitores, seja a crônica das partidas seja aquela sobre o comportamento da torcida começaram a tornar-se mais sensacionalistas e a empregar sempre mais um jargão militar. Em consequência os estádios vieram a ser percebidos sempre mais como locais onde se desenvolvia um conflito verdadeiramente violento e não uma simples competição esportiva" (*in* Roversi, 1990, p. 41).

Parte II _____ Edmundo

Em seguida, os autores colocam uma ressalva semelhante àquela de A.M. de Carvalho: "Naturalmente não se pode dizer que os meios de comunicação tenham causado este processo, mas se pode dizer que, através do modelo de comunicação da mídia descrita anteriormente, por força de um tipo de profecia que se autorealiza, esses meios tenham desenvolvido um papel muito importante na sua ativação" (Idem, p. 42).

Sendo assim, concordando-se com a ressalva de que os autores acima citados fazem a respeito do papel desempenhado pela imprensa esportiva na violência dentro do futebol, podemos agora mencionar alguns exemplos que mostram o quanto ela também contribuiu, no futebol paulista, para a percepção do estádio e do jogo como um campo de batalha, recorrendo ao imaginário da guerra, empregando o jargão militar, abusando das metáforas elaboradas a partir da própria violência urbana. Eis algumas manchetes estampadas em letras garrafais nas páginas esportivas:

"Decisão em clima de Guerra" (*Jornal da Tarde*, 12/6/93). "Guerra à vista" (*A Gazeta Esportiva*, 20/4/95). "A Batalha Final" (*A Gazeta Esportiva*, 21/6/95). "Fiel Prepara Invasão" (*A Gazeta Esportiva*, 16/6/95). "Valdir Quer 'Matar'" (*A Gazeta Esportiva*, 19/3/96). "Timão parte para a briga" (*Diário Popular*, 19/3/96). "Verdão Mata Sergipe no Treino" (*Diário Popular*, 29/2/96). "Campeonato 'animal' põe arte na bola" (*Folha de S. Paulo*, 14/6/93 – grifo nosso).

Notemos que boa parte das manchetes é anterior à eclosão do conflito no Pacaembu, o que significa que a imprensa esportiva também contribuía para o clima de "guerra" no qual estava envolto o futebol paulista. Além disso, todas estas manchetes parecem corroborar a asserção de A.M. de Carvalho, segundo a qual "...a violência é um dos 'ingredientes' indispensáveis ao aumento das tiragens, da escuta e da assistência à televisão. Tudo está em saber até que ponto esta exploração não 'fabrica' mais violência..." (Carvalho, 1985, p. 156) Com efeito, trata-se de uma questão controvertida que não pretendemos abordar aqui pois ela nos desviaria do nosso tema. Não obstante, as considerações que vimos desenvolvendo parecem suficientes para ao menos indicar que a imprensa esportiva de São Paulo não pode eximir-se quanto à "máquina de violência" que percorria os estádios paulistas naqueles anos. Sobretudo, ela não pode se eximir da responsabilidade

A Rebeldia no Futebol Brasileiro_____ J.P. Florenzano

que lhe cabe na criação da personagem do jogador-animal. Nesse sentido, conforme assinala o jornalista Juca Kfouri acerca da exploração comercial da marca "Animal":

> *"...eu acho que não foi o Edmundo que utilizou, nós utilizamos, a mídia utilizou (...) foi lá convidá-lo para fazer o anúncio do lançamento da Placar, do Cherry Coke, a mídia o apelidou de 'Animal'(...) O Edmundo apenas concorda, e quem não concordaria no lugar dele?"*[8]

Sendo assim, devemos agora abordar a segunda questão levantada mais acima, buscando o momento a partir do qual a expressão "animal" ingressava no universo há muito explosivo dos estádios do futebol paulista, incendiando o imaginário que o envolvia.

A criação do jogador-animal

No transcorrer do Campeonato Paulista de 93, disputado no primeiro semestre e o primeiro de Edmundo no futebol paulista, o então locutor esportivo da Rede Manchete, Osmar Santos, cunhava a expressão "o animal do jogo" para designar o jogador que se destacava nas partidas transmitidas pela emissora. Conforme recorda Edmundo:

> *"Na verdade, o Osmar Santos, quando narrava os jogos e comentava, ele escolhia um jogador que seria o melhor jogador em campo. E ele falava que era o 'animal do jogo' (...) Aí chegou a fase da semifinal do Campeonato Paulista de 93 (...), muitas vezes eu fui escolhido o melhor do jogo, o destaque do jogo e aí ficou sendo 'esse garoto é um animal', e com isso os torcedores começaram a cantar essa música e aí acabou pegando..."*

Na segunda fase do Paulista, o Palmeiras perdia o centroavante Evair devido à uma contusão que o afastaria da equipe. Nesse momento, Edmundo tornava-se o principal jogador do alviverde, contribuindo de forma decisiva para levar a equipe até a final. Na vitória por 1 X 0 contra a Ferroviária, em Araraquara, ele marcaria um dos gols mais belos de sua carreira. Osmar Santos narrava dessa forma a jogada do gol, quando o atacante recebia a bola na entrada da grande área da equipe adversária:

---

[8] Entrevista concedida pelo jornalista Juca Kfouri em 24/10/95.

Parte II _____ Edmundo

...bom drible de Edmundo, limpou pela meia-direita, ele chega pra área, tenta o Verdão...golaço, *Edmundo o Animaaal, Edmundo o Animaaal, gooolaço*. Encobriu com uma categoria impressionante, ele arrumou no drible, deu uma olhadinha rápida (para o goleiro), percebeu (o goleiro adiantado) e deu um toque, um 'totozinho' lindo, lindo...onde entrou meu garoto! *Animal, Edmundo o Animal* (RM/23/5/93).

Dessa maneira surgia a célebre expressão cunhada pelo locutor Osmar Santos. Contudo, confirmando o depoimento de Edmundo, nessa mesma partida o locutor, na apresentação dos melhores momentos exibidos logo após a transmissão, afirmava: "Golaço de Edmundo, definiu o jogo e por isso ele foi o Animal". Portanto, em princípio, a palavra não se destinava a nenhum jogador em especial, mas àquele que se sobressaía nas transmissões e que Osmar Santos elegia depois "o animal do jogo", dentro da promoção criada sob o patrocínio da Dpaschoal que premiava tanto o jogador eleito quanto o telespectador sorteado com os produtos desta loja de acessórios para automóveis.

Mas se originalmente a palavra não se aplicava a um atleta em particular, pouco a pouco ela começava a ser empregada de forma exclusiva para Edmundo, inclusive por outros comentaristas e locutores do meio esportivo e antes mesmo da Mancha Verde apropriar-se da expressão. Seja como for, já na partida contra a Ferroviária, disputada no final de maio em Araraquara, surgia entre os torcedores o refrão que viria a celebrizar o atacante alviverde. Com efeito, logo após o término da partida, Osmar Santos também participava da entrevista que Edmundo concedia ao repórter de campo da Manchete, o jornalista Osvaldo Paschoal. Em meio ao diálogo, vinha à tona a célebre expressão:

" *(Osmar Santos:) ... 'au,au,au, Edmundo é o Animal', Paschoal ! (resposta do repórter:) 'É isso o que a galera grita. É isso mesmo Edmundo'? (resposta do jogador:) 'É uma felicidade grande poder dar alegria à torcida do Palmeiras...' (Osmar Santos para o jogador:) 'Foi o Animal ou não foi Edmundo'? (resposta do jogador:) '...é, como você diz, um Animal'''*(RM/23/5/93).

Nesse momento, além do locutor da Rede Manchete, outros comentaristas e locutores do rádio e da televisão e muitas vozes anônimas das gerais e das arquibancadas dos estádios de São Paulo começavam a dizê-lo também. Paulatinamente, o murmúrio tornava-

A Rebeldia no Futebol Brasileiro_____J.P. Florenzano

se mais intenso, estridente, até explodir no cântico ensurdecedor da maior das torcidas organizadas do Palmeiras. Como recorda Edmundo:

"Quando eu cheguei no Palmeiras, vindo do Vasco, a maioria dos jogadores do Palmeiras tinha uma música, que é normal dos torcedores cantarem nos estádios. E a música que cantavam para mim no Rio, no Vasco, era a mesma que cantavam aqui para o Evair (...) e ficaria feio duas músicas iguais. Aí o pessoal da torcida começou a falar comigo: 'Pô, a gente quer fazer uma música pra você, mas não tem um nome, assim, a gente está sem criatividade, o que você acha?'. Falei: 'Pô, isso aí são vocês que têm que saber..." [9]

Daí veio a segunda fase do Paulista, e com ela as atuações magistrais do atacante carioca, os gols irradiados pelo locutor Osmar Santos, cada qual seguido da frase "esse garoto é um animal" e, então, apropriando-se da expressão, associando-a de forma exclusiva ao camisa 7 do alviverde, as torcidas organizadas do Palmeiras, a cada início de partida, passariam a entoar o canto destinado a popularizar o jogador e a incendiar o imaginário que envolvia o futebol brasileiro nos anos 90. Cumprindo o ritual de todos os jogos, consoante o qual cantava-se o nome de todos os jogadores escalados antes do início da partida, o momento de evocar o nome do camisa 7 vinha agora precedido de um estremecimento que percorria o estádio de um extremo ao outro, trespassando os corpos que, nas arquibancadas e nas gerais, entrechocavam-se para celebrar a vida através do cântico que, no entanto, prometia o caos: "Au,au,au, Edmundo é o Animal".

Com efeito, não convém subestimar o impacto causado pela criação do jogador-animal no imaginário das torcidas organizadas. Nesse sentido, discorrendo acerca da simbologia comumente utilizada por tais agrupamentos torcedores, Luiz Henrique de Toledo ressalta "o predomínio de animais selvagens (bem como de) personagens *liminares* do imaginário social" (Toledo, 1996, p. 54) entre os símbolos escolhidos para a representação das torcidas organizadas. E prossegue o autor:

"Todos estes símbolos escolhidos os remetem, de algum modo, à esfera do incontrolável, do ingovernável, do imprevisível. Domínios que estão aquém (no caso, a natureza dos animais selvagens), ou além (atributos e qualidades excêntricas

---

[9] Entrevista concedida pelo jogador Edmundo em 19/6/96. Salvo indicação expressa em contrário, sempre que citarmos a fala do jogador será a esta entrevista que estaremos nos referindo.

Parte II _____ Edmundo

dos santos, vilões e dos heróis fictícios) do domínio da cultura, das regras e da ordem estabelecida. Símbolos que escapam à racionalidade e à normalidade, carregados de ambigüidades e, no caso dos animais selvagens, espécies que não se encontram sob o domínio humano" (Idem, p.54/55).

Sendo assim, a aparição do jogador-animal insere-se num universo há bastante tempo obsedado pelo imaginário da transgressão, do excesso e do desregramento e do qual nem mesmo o campo de jogo achava-se isento, pois os principais atores do futebol também vinham sendo objetos de uma terminologia tomada de empréstimo ao mundo da criminalidade. Nesse sentido, os artilheiros invariavelmente recebiam o epíteto de "matadores", como, por exemplo, Evair do próprio Palmeiras. Além disso, na linguagem dos comentaristas e treinadores, a necessidade de uma equipe atacar a outra, pressionando-a em seu campo, expressava-se através da sugestiva frase: "agredir o adversário". Portanto, não chega a causar espanto o surgimento da personagem do jogador-animal no futebol paulista dos anos 90. Dir-se-ia que o cenário estava montado para acolher tal personagem, apenas aguardava-se a sua entrada em cena. Na verdade, restava saber qual exatamente o papel que ela deveria desempenhar.

Retornemos à expressão cunhada por Osmar Santos nas transmissões da Manchete. Obviamente, o locutor a empregava para sublinhar o drible desconcertante, a jogada inventiva, o gol de placa. Em princípio, a palavra "animal" parece unívoca, designando tão-somente o talento do jogador que se destacava nas partidas irradiadas pelo locutor esportivo. Porém, a questão que devemos nos colocar consiste em sabermos por que a palavra pôde acoplar-se à imagem do atacante alviverde, associando-se a ele de modo exclusivo, a ele a nenhum outro dos jogadores também premiados com a expressão ao longo das transmissões do Paulista pela Rede Manchete. A fala do próprio Edmundo acerca desta questão talvez nos ajude a deslindá-la:

"...acho que comigo foi coincidência, o fato de muitos jogadores não terem garra, nem 'raça', e já foram escolhidos os melhores no jogo e também foram chamados de 'animal' pelo Osmar Santos (...) Coincidentemente, eu tenho uma vontade muito grande, uma 'raça', uma disposição que às vezes eu extrapolo, e, aí, coincidiu, foi uma coincidência que aconteceu, no positivo".

Ora, se indiscutivelmente Edmundo veio a ser eleito diversas vezes pela expressão cunhada por Osmar Santos por haver se destacado no decorrer de toda a segunda fase do Paulista, tal coincidência não explica por que ao cabo da competição o atacante palmeirense, e apenas ele, transformar-se-ia no "Animal". Eis o ponto que nos parece essencial. Talvez não tenha havido mera coincidência no fato de a palavra ter-se associado de forma exclusiva ao jogador, conforme ele próprio enfatiza. Atenhamo-nos em sua explicação: ao mesmo tempo que sublinha a hipótese da coincidência, Edmundo evoca em seu comportamento um aspecto distintivo para esclarecer o porquê "o animal do jogo" se lhe associara como codinome. Pois bem, o que o jogador qualifica de positivo e justifica como extrapolação da vontade de vencer, a imprensa esportiva, conforme vimos anteriormente, classificava como violência e anormalidade, em suma, como comportamento desviante. Ao se transformar no "Animal", com a contribuição da própria imprensa esportiva, a imagem de Edmundo, que desde o Rio de Janeiro vinha sendo associada à dos jogadores Almir e Heleno, respectivamente transformados em paradigmas do jogador-bandido e do anormal no futebol brasileiro, refletia-se agora com nitidez no espelho que a própria imprensa esportiva vinha construindo para ele. Se até então os contornos da imagem não estavam nítidos, doravante a fisionomia que emergia no espelho não comportava mais dúvidas: o "Animal" remetia à identidade do bandido e do louco, e ambas reforçavam a percepção de que Edmundo, e somente ele, poderia ser o "animal" do futebol brasileiro.

Em outras palavras, antes mesmo da aparição do termo, e ainda que de forma velada, Edmundo já vinha sendo classificado como "animal". Em primeiro lugar, porque muito antes do advento do codinome o discurso de poder no futebol lhe havia construído a imagem de jogador-bandido. Ora, conforme demonstra Alba Zaluar, o discurso que permeia a sociedade brasileira vinculando pobreza e criminalidade, além criar a noção de classes perigosas recria, no seio destas, os indivíduos culpabilizados pela violência urbana através de uma representação que acaba por despojá-los da condição humana:

"O uso cada vez mais comum de termos que expressam o desumano ou o subumano para designar os principais agentes dessa guerra — bestas, feras, animais, monstros -, que só merecem a morte, é (...) também um ingrediente a mais a alimentar

Parte II _____ Edmundo

o circuito das trocas odiosas, que nesta guerra também simbólica se dá" (Zaluar, 1994, p. 250).

Através das fronteiras permeáveis entre futebol e sociedade, por entre as quais circulam os símbolos de um campo para outro e vice-versa, a representação, na sociedade brasileira, do criminoso como personagem desumanizada migrava para o universo do futebol atingindo o jogador-bandido por excelência dos anos 90. Uma reportagem publicada no *Jornal da Tarde* mostra-nos o entrelaçamento dos termos apontados por Alba Zaluar, quais sejam, criminalidade, pobreza e animalidade. Com efeito, na reportagem evoca-se a origem pobre de Edmundo, "a fama de jogador-bandido" e na conclusão explicita-se a verdade do jogador:

Um domingo desses de futebol, antes de um jogo importante do Palmeiras, um repórter de rádio provocou o jogador perguntando: 'O que você é Edmundo?' A resposta: – 'Eu sou um animal' (Jornal da Tarde, 20/12/93).

A imagem de jogador-bandido, que precede o advento do "Animal", revelava-se agora inquestionável. A expressão "o animal do jogo" só poderia dizer respeito ao bandido egresso da favela carioca, cuja imagem, a partir do advento do "Animal", tornar-se-ia cada vez mais cristalina, inequívoca. Mas o círculo no qual aprisionava-se a identidade de Edmundo ainda resultava incompleto, pois ele comportava mais um termo. Com efeito, já no primeiro semestre de 93, e delineando-se claramente no decorrer do segundo semestre, o espectro da loucura rondava a imagem de Edmundo, mediante as freqüentes insinuações acerca da anormalidade do atacante alviverde, exortado várias vezes a aceitar ajuda psicológica e psiquiátrica, auxílio sempre rejeitado pelo jogador que proclamava ser normal, que alegava não ser louco. Mas com a aparição do "Animal" a vinculação de Edmundo com a loucura se tornaria indissociável.

Todavia, não há nada de surpreendente na vinculação do "Animal" com a loucura pois, como demonstra Foucault, "... a cultura ocidental (ligava) sua percepção da loucura às formas imaginárias do relacionamento entre o homem e o animal" (Foucault, 1993, p. 154). Desde a Idade Média, passando pelo Renascimento e a Idade Clássica e incluindo a modernidade, tal relacionamento, porquanto revestindo-se de diversas formas, sempre esteve presente:

"No pensamento da Idade Média, as legiões de animais, batizados definitivamente por Adão, ostentavam simbolicamente os valores da humanidade. Mas no começo da Renascença, as relações com a animalidade se invertem: a besta se liberta, escapa do mundo da fábula e da ilustração moral a fim de adquirir um fantástico que lhe é próprio. E, por uma surpreendente inversão, é o animal, agora, que vai espreitar o homem, apoderar-se dele e revelar-lhe sua própria verdade" (Idem, p. 20).

No futebol moderno, poder-se-ia falar no bestiário das torcidas organizadas (Toledo, 1996), com o cortejo de animais selvagens eleitos para representá-las, simbolizando porém os antivalores da humanidade, ou mais exatamente os da sociedade moderna, expressando o anseio de colocar-se fora da ordem, para além da cultura, revelando ainda o desejo de ingressar na paisagem onírica onde o homem reencontra-se com o animal. Estaríamos vivenciando, sob este aspecto, um novo Renascimento?

"A animalidade escapou à domesticação pelos valores e símbolos humanos; e se ela agora fascina o homem com sua desordem, seu furor, sua riqueza de monstruosas possibilidades, é ela quem desvenda a raiva obscura, a loucura estéril que reside no coração dos homens" (Idem, p. 20).

A análise de Foucault sobre o Renascimento parece traduzir o fascínio dos anos 90 com a animalidade, que a aparição de Edmundo e a sua transfiguração em jogador-animal veio satisfazer. Ao mesmo tempo, revela a armadilha na qual o atacante carioca incorria ao assumir a personagem, expondo-se à estreita vinculação que desde as noites longínquas da cultura ocidental vinha sendo estabelecida entre o animal e a loucura. Nesse sentido, seguindo ainda a análise desenvolvida por Foucault, vemos a Idade Clássica operar nova mudança no relacionamento entre os dois termos, vinculando-os de modo ainda mais estreito:

"A animalidade que assola a loucura despoja o homem do que nele pode haver de humano; mas não para entregá-la a outros poderes, apenas para estabelecê-lo no grau zero de sua própria natureza. A loucura, em suas formas últimas é, para o Classicismo, o homem em relacionamento imediato com sua animalidade, sem outra referência qualquer, sem nenhum recurso" (Idem, p. 151).

A Idade Clássica consagra, mostra-nos Foucault, o tema do louco-animal ao qual corresponde o famigerado asilo-jaula onde se procurava conter a raiva, a violência e a ferocidade animais daquele indivíduo cuja

Parte II _____ Edmundo

animalidade abolira o homem em favor da loucura (Idem, pp148/152). Tema talvez recorrente na cultura ocidental, de qualquer modo presente na problemática aqui abordada a respeito do jogador Edmundo, cuja retorno ao futebol carioca mereceria o seguinte comentário na revista de maior circulação do país: "No final da carreata (promovida pelo Flamengo nas ruas do Rio), que contou ainda com a participação especial de um tigre e dois elefantes, *o animal de chuteiras se esforçou para mostrar um lado humano*" *(Veja,* 7/95 – grifo nosso).

No *Jornal do Brasil,* o episódio dos gestos obscenos, ao qual já nos referimos anteriormente, ensejava também o tema do louco-animal: "...Edmundo, já incorporado à *face animal* que lhe deu o apelido, mexe sem pudor os órgãos genitais em direção à torcida adversária (...) Em alguns momentos, era o santo que brincava com os adversários (...) Em outros, tresloucado, partia para cima deles com *fúria taurina* (...) Acuado, é sempre rebelde. Solto, é incontrolável" *(Jornal do Brasil,* 30/ 10/95 – grifo nosso). O mesmo periódico que em janeiro de 93 aludira ao lado humano de Edmundo, deixando subtendido o outro lado, agora encarregava-se de explicitá-lo. Na verdade, a identificação do jogador com a loucura, estabelecida desde o início de sua carreira, ainda no Rio de Janeiro, encontrava a confirmação com o advento da personagem na qual o jogador se transformara. Daí em diante, Edmundo, a loucura e o "Animal" formariam um dos termos da equação elaborada pela imprensa esportiva, conforme podemos atestar na manchete estampada em letras garrafais na primeira página de um jornal de São Paulo:

"EDMUNDO ESTÁ LOUCO" (e abaixo desta manchete seguia-se a legenda:) "Veja o estrago que o *Animal* produziu em menos de 48 horas: 1 – Ofendeu os dirigentes do Palmeiras; 2 – Insultou o presidente do STJD; 3 – Tentou atropelar o cinegrafista da Rede Globo. Agora, pode pegar até 1 ano de punição" (*A Gazeta Esportiva,* 5/5/95 – grifo nosso).

Edmundo, que pouco antes de se transferir para o Palmeiras, numa das incontáveis entrevistas que o comparavam a Almir 'Pernambuquinho', manifestara o desejo "de seguir o próprio caminho", acabara cumprindo a profecia que a imprensa esportiva lhe fizera, construindo-lhe o espelho no qual ele deveria se reconhecer como louco e bandido, reencarnando nos anos 90 as personagens de Almir e Heleno. Nesse sentido, o papel de "Animal" há muito tempo estava

A Rebeldia no Futebol Brasileiro_____ J.P. Florenzano

pronto aguardando o jogador, e não devemos nos admirar que no enredo constasse o mesmo e célebre episódio no qual envolvera-se Almir nos anos 60, a saber, a luta campal entre os jogadores do Flamengo e do Bangu na final do Campeonato Carioca de 66, protagonizada pelo então atacante rubro-negro. Com efeito, detennhamo-nos na análise do conflito semelhante protagonizado por Edmundo, envolvendo os jogadores de Palmeiras e São Paulo, no Campeonato Brasileiro de 94. Trata-se de um momento-chave na consolidação da imagem de Edmundo como bandido e louco, além de pressagiar a guerra entre as torcidas organizadas das duas equipes que viria a ocorrer quase um ano depois, guerra pela qual, como vimos, o "Animal" ver-se-ia responsabilizado e identificado aos "animais" das arquibancadas.

De um modo geral, a imprensa esportiva paulista elegia Edmundo o principal causador da pancadaria na qual transformara-se o clássico entre Palmeiras e São Paulo. Na televisão Bandeirantes, o então locutor esportivo Sílvio Luís acusava o atacante alviverde de "cafajeste e marginal"; no jornal *O Estado* a reportagem retratava o episódio como "uma grande confusão criada por Edmundo" (31/10/94); na *Folha de S. Paulo*, por sua vez, aparecia em destaque a manchete contendo o veredicto do árbitro: "Edmundo é o culpado" (*Folha de S. Paulo*, 1/11/94); finalmente, na revista *Veja* uma matéria de duas páginas apresentava o "palmeirense brigão" como o jogador que "encarna a violência que toma conta do futebol" (*Veja*, 9/11/94).

A importância da reportagem veiculada pela revista *Veja* consiste no fato de estabelecer, pela primeira vez de forma explícita, a associação entre a "violência" do jogador com a das torcidas organizadas. Sendo assim, tomaremos a referida matéria como fio condutor da análise. A partida, adiantemos os dados, terminara com o placar de 2 x 2 sendo que os dois gols do Palmeiras foram assinalados por Edmundo. Sem dúvida, o jogador transformara-se no grande destaque do clássico, dir-se-ia no "animal do jogo" no sentido que originalmente o locutor Osmar Santos dera à expressão. Porém, deixemos agora o relato com o semanário:

"Quase no final do jogo Edmundo dividiu duramente uma bola com o volante Alemão. Um diretor do São Paulo, Kalef João Francisco, aproveitou para xingá-lo do banco de reservas. 'Bandido, mau elemento, maconheiro!', foi gritando. Edmundo reagiu com palavrões e, logo em seguida, aplicou um carrinho quebra-canela no atacante Euller. O gramado do Estádio do Morumbi transformou-se

Parte II _____ *Edmundo*

num ringue de luta livre. O meio-campista Juninho tomou as dores de Euller e foi discutir com Edmundo. Levou uma bofetada. O lateral André resolveu enfrentá-lo. Chegou a cuspir no palmeirense, mas tomou um soco que lhe abriu o supercílio e deixou seu rosto ensangüentado. A pancadaria se generalizou"(Veja, 9/11/94, p. 100 – grifo nosso).

Para a revista *Veja*, contudo, o comportamento do atacante carioca não deveria surpreender, pois quando a torcida do Palmeiras vai ao estádio para vê-lo atuar, "sabe muito bem o que verá nos noventa minutos seguintes: jogadas empolgantes, com dribles curtos e cruzamentos certeiros, valentia e uma boa dose de cafajestadas"(Idem, p. 100). E eis que a reportagem começa a corroborar os xingamentos proferidos pelo diretor do São Paulo, recorrendo, para tanto, à biografia de Edmundo. Na verdade, o procedimento utilizado pelo semanário constituía-se numa prática comum a toda imprensa esportiva. A cada novo episódio envolvendo Edmundo, as páginas de jornais publicavam um histórico no qual mesclavam-se fatos relativos à carreira profissional e à vida pessoal do jogador, compondo, dessa maneira, o retrato do delinqüente. Mas, não por coincidência, trata-se do mesmo procedimento empregado nas instituições penitenciárias, a mesma técnica utilizada no mundo carcerário na criação da personagem do delinqüente, como assinala Foucault:

"O delinqüente se distingue do infrator pelo fato de não ser tanto seu ato quanto sua vida o que mais o caracteriza (E mais adiante:) *Por trás do infrator a quem o inquérito dos fatos pode atribuir a responsabilidade de um delito, revela-se o caráter delinqüente cuja lenta formação transparece na investigação biográfica. A introdução do 'biográfico' é importante na história da penalidade"* (Foucault, 1987, p. 223/224).

O biográfico também se constitui numa técnica importante no Tribunal da Norma montado pela imprensa para a correta caracterização do jogador-delinquente. De fato, a reportagem da revista *Veja* esmera-se em fornecer aos leitores detalhes da vida pessoal de Edmundo, reconstituindo a trajetória desde a origem pobre em Niterói, com o pai que a maior parte do tempo vivia desempregado, a mãe que trabalhava como empregada doméstica, incluindo ainda a prisão do irmão caçula do jogador ocorrida no mesmo ano de 94 por envolvimento com drogas, até a ascensão do atacante carioca com o histórico dos problemas dentro e fora da profissão. Contemplando o quadro traçado pela matéria, o leitor talvez se perguntasse se, afinal de contas, os xingamentos de Kalef J.F. não tinham respaldo nos fatos elencados pelo semanário. O qual prosseguia na caracterização do delinqüente citando outro diretor do São Paulo, Márcio Aranha, que no programa de televisão da Record, "Pique no 7", mencionava o fato de Edmundo provir de uma "má família". Desse modo, nascido numa "má família", egresso das classes perigosas, só restava a própria confissão do jogador para compor a identidade do bandido do futebol brasileiro dos anos 90. Informado da declaração do diretor Márcio Aranha, Edmundo respondia:

"Quero encontrar esse cara para dizer que sou da favela, meus amigos são todos bandidos mesmo e tome cuidado quando passar no pedaço" (Veja, 9/11/94, p. 101)

Se os leitores ainda possuíam dúvidas quanto à identidade do atacante palmeirense, as declarações do próprio jogador dirimiu-as. Além dos fatos cuidadosamente reunidos na biografia, temos Edmundo confessando-se bandido, mau elemento e, a esta altura já seria lícito aventar a hipótese, maconheiro, exatamente o que lhe dissera o diretor do São Paulo dentro de campo, que apenas um mal-entendido julgara como xingamento o que não passava da mais cristalina verdade pronunciada, afinal, pelo próprio jogador perante o Tribunal da Norma. A reportagem, convenientemente inserida na seção da revista denominada *Perfil*, concluía a caracterização da identidade do jogador evocando o espelho no qual Edmundo, desde o princípio, vira-se instado a se reconhecer:

"Pela agressividade e descontrole emocional que se misturam à sua habilidade técnica, ele lembra dois craques temperamentais que marcaram época nos estádios. Um deles, o botafoguense Heleno de Freitas (...) O outro, Almir, o 'Pernambuquinho' (...) Heleno terminou os dias num manicômio, onde folheava tristemente seu álbum de recordações. Almir morreu assassinado num bar de Copacabana, depois de uma última briga"(Veja, 9/11/94, p. 101).

A reportagem veladamente sugeria que o caminho trilhado pelo "Animal" o conduzia ao manicômio ou à última briga. Que outro destino poderia haver para o jogador-bandido e anormal? A desumanização do bandido em curso na sociedade brasileira e a vinculação há muito estabelecida pela cultura ocidental entre a loucura e a animalidade, tornavam a personagem assumida por Edmundo uma presa fácil para

Parte II _____ Edmundo

o discurso de poder que vinha classificando-o precisamente como bandido e louco. Esta classificação havia tornado natural que Edmundo se transformasse no "Animal", e esta personagem, por sua vez, reforçava cada vez mais as imagens do jogador como bandido e louco. Aprisionado neste círculo onde cada termo remetia espontaneamente ao outro, o atacante palmeirense parecia encaminhar-se de forma inexorável para o destino que não apenas o semanário mas boa parte da imprensa esportiva vinha indicando através da comparação insistente com Almir e Heleno. Sobretudo porque Edmundo recusava a única alternativa que as relações de poder no futebol ofereciam-lhe: a da normalização. Nesse sentido, faz-se eloqüente a forma pela qual a revista *Veja* iniciava a reportagem que vimos analisando:

"Até estourar a batalha campal (...) Edmundo (...) dava a impressão de que afinal entrara nos eixos. Nas últimas trinta partidas, havia acumulado apenas dois cartões amarelos de advertência e nenhuma expulsão. Parecia o sinal de amadurecimento que faltava ao jogador talentoso, que sempre deu espetáculo ao arrancar com fúria e velocidade contra as defesas adversárias"(Idem, p. 100).

Porém, à medida que Edmundo decepcionava os juizes da normalidade que aguardavam ansiosos o sinal da conversão do jogador-maldito no Bom Menino, as vozes que profetizavam para ele o mesmo destino de Almir e Heleno faziam-se mais ensurdecedoras. A verdade que todas estas profecias encarregavam-se de veicular remontava, no entanto, ao advento do futebol moderno no Brasil. Por pouco ela não pôde ser representada no cinema:

"O atacante Edmundo disse (...) que só aceitaria interpretar o ex-jogador Heleno de Freitas no cinema 'por uma grande proposta'. O cineasta Paulo César Saraceni vai filmar a vida de Heleno (...) que morreu louco. Rebelde e indisciplinado, é um dos atletas do passado a quem Edmundo costuma ser comparado" (Folha de S. Paulo, 12/7/95).

A reportagem já continha o enredo que as práticas de poder vinham encenando desde o advento do futebol moderno no Brasil. Com efeito, no futebol brasileiro a rebeldia se constitui numa forma de loucura, confunde-se com ela, conduz a ela. Nos anos 90, quando a modernização avançava rumo ao modo de gestão empresarial dos clubes, surgia a necessidade de reiterar esta verdade e Edmundo, que já a encarnava dentro de campo, poderia também representá-la no cinema, interpretando a vida de Heleno, ou melhor, a trajetória da rebeldia

A Rebeldia no Futebol Brasileiro _____ J. P. Florenzano

desvelada enquanto loucura. O clássico entre Palmeiras e São Paulo, por certo, reforçara as evidências de que o atacante alviverde constituía-se no candidato ideal para o papel. O depoimento do árbitro da partida faz-se eloqüente:

> "'O Edmundo estava desiquilibrado, não sei o que aconteceu com ele' (...) Cerdeira teve a impressão de que Edmundo 'enlouqueceu' de repente. 'Eu nunca imaginaria que ele pudesse fazer aquilo'" (O Estado de S. Paulo, 1/11/94 – grifo nosso).

A partida de outubro de 94, portanto, configura-se como um momento-chave para a consolidação da imagem de Edmundo como jogador-bandido e anormal. Além disso, podemos constatar, nesse momento, a existência de dois movimentos diametralmente opostos: se por um lado a imprensa esportiva paulista demonstrava-se cada vez mais implacável na crítica ao comportamento do jogador; em contrapartida a torcida alviverde de um modo geral, mas sobretudo a torcida organizada Mancha Verde, aprofundava a identificação com o atacante carioca, confirmando-o na condição de principal ídolo do Palmeiras. Identificação recíproca, pois, como recordará Edmundo posteriormente:

> "Da Mancha Verde, até hoje, eu ainda tenho um bom relacionamento (...) eu gosto realmente deles e tinha uma identificação muito grande, até porque eles sempre me apoiaram, nas coisas boas e nas coisas ruins (...) Em todos os sentidos: quando eu fiquei no Equador (detido no hotel com a prisão decretada), eles foram lá no aeroporto e me buscaram; a diretoria do Palmeiras pagou 10 mil (dólares) lá da câmara que foi quebrada, e eles falaram, o pessoal da Mancha, que se o Palmeiras não pagasse eles pagariam, então não é o dinheiro em si, sabe eu acho que é a afinidade, a maneira de se expressar, a maneira de se colocar isso, e isso aí ficou muito guardado na minha lembrança (...) Sabe, só tenho coisas boas, só lembranças positivas da época que passei no Palmeiras, até porque quando você conquista, quando você ganha títulos, as coisas ficam mais fáceis".

A identificação entre Edmundo e a Mancha Verde, porém, contribuiria de forma significativa na caracterização do jogador como a encarnação da violência no futebol brasileiro, conforme a expressão utilizada pela revista Veja, cuja reportagem podemos agora retomar, voltando-nos para a abordagem do último aspecto que completava o "perfil" do jogador nela traçado: pois além de bandido e louco, ou por isso mesmo, tratava-se de caracterizá-lo também como perigoso.

204

Para tanto, nada melhor do que sublinhar a vinculação do jogador com a torcida organizada, trazendo a declaração do presidente da Mancha Verde:

"Em campo, ele tem o mesmo temperamento e comportamento que a gente', entusiasma-se Paulo Serdan, presidente da Mancha Verde, torcida organizada que ocupa lugar de destaque entre as turbas de vândalos que se aboletam no estádio e afastam das arquibancadas os torcedores comuns" (Veja, 9/11/94, p. 100).

Com efeito, para compreendermos a identificação entre Edmundo e a Mancha Verde, tentemos precisar no que consistem o temperamento e comportamento mencionados por Paulo Serdan, recorrendo, para tanto, às considerações do antropólogo Luiz Henrique acerca da conduta, e do imaginário que a preside, das torcidas organizadas:

"O torcedor organizado deve ter uma dose de excentricidade, situar-se fora dos padrões estabelecidos, para além ou aquém do comportamento normal, ter mais garra, valentia, uma dose de selvageria, porém astúcia e malícia, aliadas a uma incrível assiduidade e devoção ao time. Devoção que os faz se sentirem torcedores diferentes: simbolizados ou pelas qualidades dos animais ferozes, distantes que estão dos padrões normativos impostos pela cultura, ou representados pelas virtudes dos heróis, vilões e santos, que suplantam a dos homens comuns (torcedores comuns)" (Toledo, 1996, p.55/56).

A Mancha Verde, ao apropriar-se da expressão "animal" empregada nos meios de comunicação e vinculá-la ao atacante alviverde, transformava o jogador num representante das organizadas do Palmeiras dentro da equipe, metamorfoseando-o num símbolo através do qual a identificação expressava-se de maneira mais profunda. Com efeito, a personagem de Edmundo estava fadada a preencher as necessidades de um imaginário obsedado pelas idéias da transgressão, do desregramento e do excesso, mas não menos importante, do êxito. Nesse sentido, não causa admiração as notícias divulgadas pela imprensa esportiva em dezembro de 95, quando os dirigentes do Corinthians iniciavam as negociações com o Flamengo visando à contratação do jogador:

O Corinthians está comprando um problema? Se estiver, as duas maiores torcidas organizadas do clube assumem a culpa. A Camisa 12 e a Gaviões da Fiel foram as responsáveis diretas pela vinda do principal reforço para 96: há dois meses, as torcidas se reuniram com José Mansur, vice de Futebol, e pediram o atacante. 'Queríamos o Edmundo de qualquer jeito. Era só um sonho e agora não tenho nem o que comentar (...) Assumimos a responsabilidade pela indicação', diz Elias Marco Jabbur, vice da Camisa 12 (Jornal da Tarde, 27/12/95).

O "Animal" povoava o sonho das torcidas organizadas do país sendo em boa parte o produto do imaginário de tais agrupamentos. Todavia, constitui um reducionismo considerar que a identificação passava apenas pela questão da conduta do jogador tida como violenta. As experiências malsucedidas de Edmundo no Flamengo e no Corinthians demonstram que a condição de ídolo das organizadas requeria o sucesso dentro de campo materializado sob a forma de títulos, sem os quais aquela condição não se sustentava. Não obstante, uma vez feita esta ressalva, resta o dado inquestionável de que o surgimento do "Animal" atendia às necessidades do imaginário das torcidas organizadas, ao mesmo tempo que inseria-se como um elo poderoso na máquina de violência que perpassava o universo do futebol moderno e que estava longe de se restringir aos citados agrupamentos de torcedores, envolvendo também os meios de comunicação, os dirigentes de clubes, a concepção e prática do futebol nas quais a violência se incorporara de forma orgânica.

A centralidade que o futebol veio ocupar na sociedade contemporânea talvez contenha a chave-explicativa para o fenômeno do jogador-animal. Nesse sentido, como aponta Luiz Henrique propósito das organizadas: "para estes torcedores organizados, (o futebol) não consiste tão-somente num momento de fruição e entretenimento, como se fosse uma mercadoria consumida em algumas poucas horas" (Toledo, 1996, p. 114). Mas não apenas para estes torcedores, como de igual modo para parcela significativa dos torcedores comuns o futebol constitui-se no "Banquete dos Mendigos". São torcedores que estão famintos. Porém, parafraseando a indagação formulada por Cornelius Castoriadis – estão famintos de quê? Esta indagação, por sua vez, remete-nos à constatação lapidar de Eich Fromm: "O homem moderno está faminto de vida" (Fromm, 1970, p. 203). O que significa, voltando à Castoriadis, que ele está faminto...

"...de alimento... de poder... de santidade... de amor e fraternidade mas também... de seus próprios cadáveres... de festas e de tragédias" (Castoriadis, 1982, p. 164).

Parte II _____ Edmundo

O futebol, assim nos parece, apresenta-se como um Banquete para os torcedores famintos de fantasia, e a fantasia, na sociedade contemporânea, não exclui a violência, antes pelo contrário, confere-lhe um lugar muitas vezes central. Como central é o lugar que o futebol ocupa na vida da grande maioria dos torcedores dispostos a vivenciá-lo enquanto uma experiência sociocultural capaz de preencher as necessidades mencionadas por Castoriadis, tanto a de festas quanto a de tragédias. Ora, levando-se em consideração a crise da sociedade contemporânea, com tudo o que ela implica em termos de perda das referências, de sentido, de exclusão social (Hobsbawm, 1995), e levando-se em conta a significação quase religiosa do futebol para os torcedores, organizados ou não (Hobsbawm, 1987), podemos então entrever o quanto a criação-histórica do "Animal" contribuía para conduzir ao paroxismo as tensões, os conflitos e contradições que atravessavam o universo do futebol paulista nos anos 90. Na verdade, com a aparição do "Animal", poder-se-ia dizer que...

"...imagens muito antigas subiram à memória dos homens" (Foucault, 1993, p. 356).

Dentre as imagens guardadas no imaginário da cultura ocidental, na primeira metade dos anos 90, ressurge a do "contágio da loucura", propagando-se antes de mais nada no campo das relações de poder. Em março de 94, com efeito, o diagnóstico da rebeldia como a doença letal do jogador disciplinar emergia estampada na manchete: "Seleção faz pacto contra 'vírus' Romário" (*Folha de S. Paulo*, 24/3/94). Em abril do mesmo ano, o afastamento de Edmundo do Palmeiras depois de novo conflito com o técnico Luxemburgo recebia a seguinte justificativa de um dirigente do clube:

"O gesto foi interpretado pelos dirigentes como 'ato de insubordinação'. 'Ele pode contaminar o resto do grupo', *disse o diretor de futebol Alberto Strufaldi"* (*Folha de S. Paulo*, 29/4/94 – grifo nosso).

Logo a imprensa esportiva noticiaria o primeiro caso de contágio no Palmeiras. Alex Alves, que antes mesmo de ser contratado pelo clube, quando ainda jogava no Vitória BA, dizia inspirar-se "em seus dois ídolos, Maradona e Edmundo" (*Folha de S. Paulo*, 30/11/93), ganharia anos depois, segundo um jornal, "o apelido de 'Animalzinho'" (*A Gazeta Esportiva*, 3/11/96). O Mal, porém, parecia alastrar-se mesmo depois da saída de Edmundo do clube. Sob o título "Luxemburgo não quer um 'novo Edmundo'", uma reportagem dava conta da admoestação do técnico-disciplinador feita ao centroavante Luisão, acusado de "menosprezar os zagueiros adversários" e de proporcionar "o vexame de fugir do Parque Antártica evitando dar explicação aos repórteres sobre o motivo da fraca atuação". Conclusão da reportagem citando Luxemburgo:

"O treinador confidenciou a amigos que não quer ver 'nascer no Palmeiras um novo caso de indisciplina estilo Edmundo' e *queria cortar o mal pela raiz'*..." (*Jornal da Tarde*, 14/2/96 – grifo nosso).

No entanto, um ano antes o Mal parecia ter transposto as fronteiras do futebol paulista, avançando por terras gaúchas. O goleiro do Grêmio, Danrlei, depois de ser expulso de campo numa partida amistosa, e de atirar a bola no rosto do árbitro que o expulsara, vira-se obrigado a proclamar-se normal:

"...*Eu sinto que a imprensa esportiva, por não ter nada de esporte para informar nesses dias, resolveu pegar no meu pé. Já estão me comparando ao Edmundo*" (*Folha de S. Paulo*, 27/12/95).

Para qual perigo exatamente todas estas notícias tentavam alertar? Deixemos a resposta com um jornalista, que acrescentava mais um caso sob suspeita: "*O maior problema é a possibilidade de estar sendo criado um novo Edmundo.* [grifo nosso] O santista Giovanni começou a demonstrar uma instabilidade emocional que deve chamar a atenção" (*A Gazeta Esportiva*, 10/3/96). Nos anos 90, as principais praças do futebol brasileiro achavam-se sob a ameaça de um mal que disseminava-se contagiando os jogadores mais insuspeitos de rebeldia. A rebeldia elevada a categoria de doença contagiosa prestava-se à uma finalidade bem precisa. Nesse sentido, Foucault esclare-nos a respeito de qual fim prestam-se os terrores imaginários: "A peste como forma real e, ao mesmo tempo, imaginária da desordem tem a disciplina como correlato médico e político. Atrás dos dispositivos disciplinares se lê o terror dos 'contágios', da peste, das revoltas, dos crimes, da vagabundagem..." (Foucault, 1987, p. 175)

No exato instante em que o futebol brasileiro preparava-se para avançar rumo ao modelo empresarial de gestão dos clubes, surgia a necessidade correlata de um avanço no investimento político sobre o

Parte II _____ Edmundo

corpo do jogador, submetendo-o a um controle disciplinar mais estrito e eficaz, sujeitando-o a uma normalização mais profunda. A ameaça da rebeldia enquanto um mal que difundia-se entre os jogadores, através dos clubes e alcançava os centros esportivos mais importantes do país inseria-se, de modo conveniente, dentro do novo estágio do processo de modernização. Nesse cenário, nada melhor do que eleger o "Animal" na figura simbólica do mal que penetrava no corpo-máquina inoculando aí o vírus da loucura. De fato, no início de 97, a imprensa paulista já estampava a manchete de advertência: "Craques sob suspeita", acompanhada de uma reportagem na qual o espectro de Edmundo fazia-se presente nos exemplos analisados:

"Eles têm futebol para decidir um jogo (...) mas vivem sob a desconfiança de que, por impulso, podem pôr tudo a perder" (Dentre os casos analisados na matéria, detenhamo-nos no de Djalminha:) *"O craque Djalminha é uma unanimidade com a bola nos pés, mas se envolve em problemas fora do campo (...) E precisa aprender a saber se controlar porque seu amigo Edmundo mostra bem o que acontece com o jogador que sabe tudo dentro de campo, mas não tem a mesma habilidade fora das quatro linhas (...) O jeito é torcer para que as palestras da psicóloga Suzy Fleury tragam resultado esperado e tornem o habilidoso meia em genial emocionalmente também"* (*A Gazeta Esportiva*, 12/1/97).

O futebol, dessa maneira, parece evocar os dois sonhos políticos da sociedade moderna apontados por Foucault, quais sejam, o da comunidade pura, representada pelo exílio do leproso, e o da comunidade disciplinar, exemplificada pela prisão da peste: "Duas maneiras de exercer poder sobre os homens..." (Foucault, 1987, p. 175) Por um lado, a exclusão, e por outro lado, a disciplina. Dois sonhos que na modernidade se interpenetram interditando as relações perigosas dos homens entre si, operando cortes entre a razão e a loucura, o normal e o anormal, estendendo sobre as diversas esferas da sociedade o poder da Norma, permitindo capturar mais facilmente o desviante, identificando-o, isolando-o, marcando-lhe com o estigma do patológico. Enfim, como assinala Foucault:

"A divisão constante do normal e do anormal, a que todo indivíduo é submetido, leva até nós, e aplicando-os a objetos totalmente diversos, a marcação binária e o exílio dos leprosos; a existência de todo um conjunto de técnicas e de instituições que assumem como tarefa medir, controlar e corrigir os anormais, faz funcionar os

209

A Rebeldia no Futebol Brasileiro_____J.P. Florenzano

dispositivos disciplinares que o medo da peste chamava. Todos os mecanismos de poder que, ainda em nossos dias, são dispostos em torno do anormal, para marcá-lo como para modificá-lo, compõem essas duas formas de que longinquamente derivam" (Idem, p. 176).

No futebol moderno, onde se procura fabricar o jogador-disciplinar, normalizado, tornado útil e produtivo, sobretudo dócil às práticas de poder, a rebeldia constitui-se no mal que ameaça o sonho político da comunidade pura composta pelos corpos disciplinares, expostos ao contágio de uma doença que atinge o corpo e toma de assalto a alma. A rebeldia, transformada em mais uma das figuras da loucura, requer a vigilância atenta, o controle minucioso do corpo-máquina, resguardando-o do contágio de uma doença que se expressa pelo descontrole emocional, e, nos casos-limite, como violência selvagem. No entanto, ela se manifesta também através de um simples drible visando menosprezar o adversário, ou por meio do vexame em deixar o estádio sem dar explicações aos jornalistas, ou ainda numa fala insolente recusando as críticas, pois as menores condutas, os gestos aparentemente mais anódinos trazem os indícios de um mal que nos anos 90 a personagem de Edmundo simbolizava, espraindo a maldição da qual fazia-se portador para além das quatro linhas do gramado.

Com efeito, penetrando através das gerais e subindo cada degrau das arquibancadas, a loucura arrastava ao caos os corpos dos torcedores organizados, contagiados pela violência selvagem mediante um inexplicável mecanismo mimético que os fazia agir à imagem e semelhança do "Animal". O conflito do Pacaembu entre as organizadas do Palmeiras e do São Paulo revelava a dimensão que o mal havia alcançado, e a ubiqüidade do termo "animal", empregado nos meios de comunicação para designar os torcedores envolvidos na guerra campal, já indicava o foco do qual provinha a maldição. E o passo seguinte, conforme vimos, constituiu na culpabilização do jogador-animal, denunciado no discurso do deputado Paulo Delgado, no Congresso Nacional, como "principal responsável pela violência nos estádios", e pelo jornalista Vital Battaglia cujo editorial à época denunciava: "Tivesse (...) o 'Animal' Edmundo sido punido (na briga campal ocorrida entre os jogadores de Palmeiras e São Paulo), e não teríamos tantos jovens, fora de campo, lutando para se transformarem nos 'Animais' das arquibancadas". O exílio da personagem estava se aproximando. Mas para o discurso de poder no futebol, Edmundo ainda teria uma chance de se redimir.

O animal na casa do Senhor

O conflito do Pacaembu envolvendo as torcidas organizadas de São Paulo e Palmeiras, ocorrido em agosto de 95, acarretará o banimento dos "animais das arquibancadas" e tornar-se-á o prenúncio de que o banimento do "Animal" dos gramados era apenas uma questão de tempo. Com efeito, a expressão "o animal do jogo", a despeito do sentido que lhe quisera emprestar o seu criador Osmar Santos, revestira-se de um caráter ambíguo, pois, na verdade, comportava vários significados que viriam a ser explicitados ao longo do tempo, desvelando, dessa maneira, a polissemia que desde o início lhe fora intrínseca. No futebol paulista, no período compreendido pelo segundo semestre de 93 até meados de 95, desenrolara-se um embate em torno da representação do jogador-animal. Enquanto para as torcidas organizadas do Palmeiras o "Animal" veio a simbolizar um estilo agressivo, guerreiro e vencedor de jogar futebol, no qual de resto elas se reconheciam; para a imprensa esportiva a expressão logo perderia a ambigüidade inicial para em seguida traduzir a verdadeira natureza do jogador, caracterizada pela violência e pela anormalidade; finalmente, para a publicidade ela adquiria o significado expresso na imagem do rebelde bem-sucedido, cuja exploração comercial nos meios de comunicação, devidamente despojada de todo conteúdo crítico porque descontextualizada das relações de poder no futebol onde mantinha um sentido de contestação, tornava-se mera apologia de um comportamento inconseqüente e banal.

Em agosto de 95, quando estoura o conflito do Pacaembu, o cenário correspondia, grosso modo, ao acima descrito. Quatro meses depois, porém, o acidente automobilístico de Edmundo, ocorrido no Rio de Janeiro, com a morte de três adolescentes e pelo qual o jogador viria a ser processado, significaria o ocaso do "Animal" no futebol brasileiro. A cobertura do acidente pelos meios de comunicação de massa, confundindo o indivíduo com a personagem do jogador-animal,

A Rebeldia no Futebol Brasileiro_____J.P. Florenzano

estabelecia como desenlace da disputa travada em torno do "Animal" a hegemonia do sentido que a imprensa esportiva atribuíra à expressão, ou, melhor dizendo, a prevalência de uma imagem que condensava o estigma do jornalismo esportivo com a figura anti-ética da publicidade e a violência das torcidas organizadas.

De fato, na edição de 3/12/95 do Jornal Nacional, da Rede Globo, o noticiário sobre o acidente vinha acompanhado do histórico contendo os conflitos do jogador no futebol, exibidos numa seqüência de imagens nas quais Edmundo aparecia agredindo o árbitro na Bahia, brigando no Morumbi, entre outras cenas. Na revista *Veja*, o mesmo procedimento. Na reportagem intitulada "O Animal cai nas próprias armadilhas", afirmava-se a certa altura: "(Edmundo) Ganhou o apelido de Animal por trocar sopapos com os adversários, xingar juizes, meter-se em encrencas com mulheres e desafiar qualquer regra de que não gostasse" *(Veja,* 13/12/95). O *Diário Popular,* por sua vez, decretava em editorial: "lugar de animal é na jaula" (*Diário Popular,* 4/12/95).

Em maio de 95, quando retornava ao futebol carioca contratado pelo Flamengo, clube que então lhe oferecia a carnavalesca recepção do desfile em carro aberto pelas ruas da cidade, rodeado de animais circenses, o jornal *O Globo* abria a manchete: "O 'Animal' está solto no Rio" (29/5/95). Ao final desse mesmo ano, o sentido equívoco presente nesta e em tantas outras manchetes de jornais, programas de televisão e de rádio, tornava-se claro: o "Animal", que disseminara a violência dentro de campo, que contagiara as torcidas organizadas com esta violência, agora espalhava, para além dos limites do futebol, a violência, a destruição e a morte. Todos os que se empenharam na exploração comercial da personagem envidavam esforços, por isso mesmo, para desvencilhar-se dela: os dirigentes do Flamengo, as empresas comerciais, as agências de publicidade, a mídia e o próprio jogador.

"Animal Ferido", anunciava em letras garrafais o *Jornal do Brasil* (10/12/95), retratando a nova realidade que aguardava o jogador: "Cartola chuta Edmundo para o Corinthians" (*Folha da Tarde,* 8/12/95). Enquanto o Flamengo iniciava as negociações para repassar o Passe do jogador a outro clube, todas as campanhas publicitárias que exploravam a marca "Animal" eram suspensas, pois, segundo as palavras de um publicitário, Edmundo transformara-se em "um produto bichado" (*Folha de S. Paulo,* 31/12/95). Desse modo, o jogador

Parte II _____Edmundo

voltava a São Paulo, desta vez para atuar pelo Corinthians, mas a manchete de primeira página do jornal *A Gazeta Esportiva* dava bem a medida da conduta que se esperava de Edmundo:

"O Animal volta. Com o rabo entre as pernas" (*A Gazeta Esportiva*, 27/12/95 – grifo nosso).

O "Animal" havia se ferido sem chances de convalescença. Tornara-se definitivamente um produto bichado, isto é, contaminado pelo próprio mal que difundira ao seu redor, principalmente a morte, cuja existência o mundo hipócrita da publicidade não apenas ignorava como sobretudo cuidava para manter à distância. Contudo, se a personagem estava irremediavelmente condenada a perecer, Edmundo podia e devia ser resgatado, certamente não por razões de filantropia, mas porque os clubes vislumbravam o momento como uma boa oportunidade para a realização de um negócio envolvendo o seu futebol. Tratava-se, portanto, de operar uma mudança na imagem do jogador, deixando-se de lado o "Animal". Os desenhistas da imagem apresentavam as receitas:

"O atacante Edmundo terá que passar por um processo de 'purgação' pelas confusões em que se tem envolvido no campo e na vida profissional para recuperar sua imagem pública e tornar-se, novamente, 'vendável' como garoto-propaganda" (*Folha de S. Paulo*, 31/12/95).

Edmundo poderia prosseguir com a carreira, inclusive a de garoto-propaganda, mas desvinculando-se da imagem que o havia consagrado, purgando-se dos pecados cometidos dentro e fora de campo, convertendo-se no Bom Menino, de qualquer forma, num jogador-humilde. Com efeito, contratado por empréstimo pelo Corinthians para a temporada de 96, logo na apresentação oficial realizada no Parque São Jorge a imprensa esportiva destacava a intenção do jogador em dissociar-se do codinome "Animal":

"Não quero mais ser chamado de Animal. Agora no Corinthians quero ser chamado de outra maneira, quero ter outra imagem" (*A Gazeta Esportiva*, 10/1/96).

Posteriormente, na entrevista realizada com o jogador, quando então lhe indagamos se havia solicitado à torcida do Corinthinas para que não o chamasse de "Animal", e se tal pedido decorria do estigma no qual havia se transformado a expressão, Edmundo nos respondia:

"Não, de maneira nenhuma, as pessoas me chamam de "Animal" na rua e eu fico até satisfeito, porque eu passo uma noite só pensando nas coisas boas, penso...o porquê que isso surgiu, não a conseqüência disso. Mas quando eu cheguei aqui no Corinthians... uma coisa que marcou muito dentro do Palmeiras, dentro da torcida do Palmeiras, sabe, essa música que todo mundo cantava, e era uma coisa muito bonita dentro do estádio, com 30, 35 mil pessoas, todo mundo cantando a mesma coisa, mexia muito comigo (...) Eu acho que o Corinthians não tem nada a ver com o Palmeiras, e acho que eles têm criatividade e deveriam criar outra coisa, uma coisa que se identifica mais com a torcida do Corinthians..."

O locutor esportivo Osmar Santos, com efeito, viria a sugerir um novo epíteto ao jogador, conforme noticiava um jornal à época: "Osmar Santos rebatizou o jogador de 'Anjo', para marcar a nova fase da carreira de Edmundo" (*Folha da Tarde,* 12/1/96). Porém, a identificação entre o atacante carioca e a fiel torcida não ocorreria, muito pelo contrário, boa parte dos torcedores, a diretoria do clube e a imprensa esportiva paulista novamente voltar-sem-iam contra o jogador, elegendo-o como um dos principais responsáveis pelo fracasso do Corinthians nas três competições disputadas no primeiro semestre daquele ano, a saber: Copa do Brasil, Campeonato Paulista e Taça Libertadores. Além disso, a personagem do "Anjo da Fiel" arquitetado pelo "Projeto Edmundo" (*Jornal da Tarde,* 3/1/96), visando o resgate da imagem do jogador perante a opinião pública através da mudança de seu comportamento, dentro e fora de campo, fracassaria de forma flagrante. Edmundo, contrariando a expectativa, não colocaria o rabo entre as pernas. Ao jogador, definitivamente, não se poderia aplicar a divisa das "fortalezas da ordem moral" citada por Foucault:

Se foi possível submeter os animais ferozes, não se deve desesperar de corrigir o homem que se perdeu (Foucault, 1993, p. 77).

Edmundo continuaria no Corinthians a ser expulso sem justificativa, entraria em conflito com os companheiros de equipe, com a diretoria e com a imprensa esportiva, repetindo em grande parte a trajetória realizada no Palmeiras, inclusive no que se refere à maneira pela qual deixaria o clube do Parque São Jorge.

A diretoria do Corinthians, confrontada com a desclassificação da equipe nas três competições disputadas no semestre, recorreria à saída clássica no futebol brasileiro, qual seja, a implantação da chamada "linha dura", traduzida numa cartilha disciplinar que, entre outras coisas,

Parte II _____ Edmundo

proibia críticas públicas à direção do clube. Mas Edmundo, reivindicando salários atrasados, rompia com a proibição através da imprensa esportiva. Sob o título "Cartilha no Lixo", o *Jornal da Tarde* publicava uma matéria na qual mal continha a irritação com o jogador:

"Ao ver a diretoria se apressar em assinar um cheque pré-datado *para calar a boca de Edmundo* [grifo nosso], Valdir Espinosa sabia que a sua cartilha de comportamento estava sendo jogada na lata do lixo. Como cobrar dos jogadores disciplina se o atacante ganhava um cheque depois de exigir o seu pagamento atrasado pela imprensa?" (*Jornal da Tarde*, 28/6/96).

O *Diário Popular*, compartilhando a postura do JT, estampava a manchete: "Timão abre cofre para calar a boca de Edmundo" (*Diário Popular*, 27/6/96). *A Gazeta Esportiva*, por sua vez, anunciava: "Corinthians Humilhado" . Vejamos no texto da reportagem o por quê:

"Craque ameaçou abandonar o clube caso não recebesse ontem o que lhe era devido. Pressionada, diretoria o pagou com um cheque pré-datado para a semana que vem" (*A Gazeta Esportiva*, 27/6/96).

A imprensa esportiva paulista admitia que o clube devia ao jogador, mas considerava humilhante o fato de Edmundo cobrar a dívida publicamente. Além disso, elevava à categoria de escândalo a atitude do atleta que desrespeitava o item da cartilha disciplinar proibindo críticas públicas à direção do Corinthians. Ou seja, a mesma imprensa que repudiava a prática há muito institucionalizada no futebol brasileiro, qual seja, a dos clubes atrasarem o pagamento dos jogadores, reagia indignada com a reivindicação de Edmundo, invocando o descumprimento de uma norma disciplinar cuja única finalidade consistia em favorecer o clube na correlação de forças com os atletas. Na verdade, o motivo da irritação residia em dois pontos, o primeiro deles expresso de forma lapidar na coluna do jornalista Dalmo Pessoa: "Levar uma lição de moral de Edmundo é o fim do mundo" (*A Gazeta Esportiva*, 29/6/96). O segundo ponto encontrava-se externado na fala do jornalista Flávio Prado, no programa Jornal dos Esportes da Rádio Jovem Pan:

"*O Edmundo... reclamou de salário atrasado e... tem razão de reclamar sim, aquele que está trabalhando...profissional que trabalha tem que receber o salário que ele tem contratado com o clube* (Posto isto, o jornalista passava a abordar

215

A Rebeldia no Futebol Brasileiro_____ J.P. Florenzano

a segunda questão:) *Sinceramente, se eu fosse (...) chefe de alguma equipe esportiva eu pediria encarecidamente aos meus repórteres que não entrevistassem mais o Edmundo. Ele não deve ter espaço quando ele quer. Ou ele atende a imprensa quando há necessidade, quando o repórter solicita, salvo uma exceção, tá com pressa, alguma coisa, ou ele não fala nunca. Esse negócio dele só falar quando lhe convém... Ele não deve falar nunca, já que ele tem de vez em quando mania de greve, a gente poderia fazer uma greve eterna com ele, sinceramente, não vamos perder absolutamente nada se o Edmundo deixar de falar"* (Rádio Jovem Pan/27/6/96).

O jogador, em greve de silêncio com a imprensa esportiva desde o final de abril, rompera com o mutismo em junho para tornar público a dívida da diretoria do Corinthians com ele, expondo-a, dessa maneira, à pressão da própria imprensa esportiva e da opinião pública. Ora, o item da cartilha disciplinar proibindo a manifestação pública das críticas à direção do clube objetivava precisamente retirar dos jogadores tal recurso, que Edmundo, afinal das contas, utilizara com êxito. A imprensa esportiva reagia sentindo-se manipulada pelo jogador, sentimento recíproco, pois Edmundo, discorrendo acerca do papel desempenhado por esta instituição, tocava na questão do poder exercido pela imprensa esportiva:

Acho que a imprensa de um modo geral ela não é ruim, ela é positiva, acho que ela te coloca num cenário nacional, até mesmo mundial, e você ganha muitas coisas com isso. Só que ela realmente manipula, ela faz das pessoas o que ela quer...Se a pessoa, todos nós, temos atitudes boas e atitudes ruins, então...eles faziam questão de, quando se tratava da minha pessoa, de só mostrar o lado negativo. Então acho que a única coisa que é errado é que existem dois pesos e duas medidas. Quando eu faço alguma coisa ela tem uma proporção muito maior. Por exemplo...Corinthians e Palmeiras, aquela entrada que o Marcelinho deu no Júnior, ao meu modo de ver é uma coisa normal, que é uma jogada que acontece no jogo, e o juiz não expulsou, mas se tivesse expulsado, o normal eu acho que a pessoa tinha que comentar, o Marcelinho deu uma entrada dura no Júnior e pronto. Agora o Marcelinho, em geral, com a imprensa tem uma postura de bonzinho, de bom moço, de garoto comportado... Se fosse eu, merecia cadeia...eu acho que isso é uma coisa errada, isso você tem de concordar comigo que é uma perseguição, queira ou não queira é uma perseguição...

216

Parte II _____ Edmundo

A fala de Edmundo remete-nos mais uma vez ao que Foucault designa por práticas divisoras, que no futebol se revela na divisão entre o Bom Menino e o jogador-bandido, ou de maneira mais abrangente o jogador-problema. A purgação de Edmundo, a conversão do "Animal" no "Anjo da Fiel" implicava a passagem de um campo para outro daquela divisão, passagem que, no entanto, ele se recusava a realizar, relutando em corrigir-se, em sujeitar-se às práticas de poder dirigidas à normalização. Esta recusa, porém, levava a imprensa esportiva a reforçar a identificação do jogador como delinqüente.

No auge da investida do jornalismo de São Paulo para estigmatizar o jogador como bandido, Edmundo, reagindo de forma a justificar a identidade que lhe estava sendo construída, exortava a torcida do Palmeiras a empregar a violência contra a imprensa esportiva. O episódio, ocorrido no primeiro semestre de 95, encontra-se evocado no depoimento do jornalista Wanderley Nogueira, da Rádio Jovem Pan, quando discorria acerca das relações entre o jogador e a torcida organizada do Palmeiras:

...eles se entendem muito bem, por exemplo, o Edmundo mandou a Mancha Verde invadir a cabine de imprensa e quebrar tudo da cabine de imprensa do Palestra Itália, e inclusive bater nos jornalistas. Então eles se entendem, acho que ele se aproxima, acho que os iguais se aproximam (Perguntado sobre a razão da atitude do jogador, o jornalista prosseguia:) *Porque o Edmundo, sentindo-se perseguido pela imprensa, ou algumas matérias que ele não gostava, usando o microfone das próprias emissoras de rádio (...) ele conclamou a torcida a bater em jornalistas e invadir as cabines (...) Então a torcida, evidentemente fiel e seguidora...alguns tentaram agredir jornalistas, outros agrediram, quebraram material...* [10]

Em fevereiro de 95, quando ocorre o episódio comentado pelo jornalista Wanderley Nogueira, o conflito entre o jogador e a imprensa esportiva havia atingido as proporções de um combate aberto, com Edmundo respaldando-se no apoio incondicional que a torcida do Palmeiras lhe concedia, e não somente as organizadas. Nesse momento, cumprindo a profecia feita desde o Rio de Janeiro Edmundo assumia a imagem do jogador-bandido mas também utilizava-se dela para contestar

---

[10] Entrevista concedida pelo jornalista Wanderley Nogueira em 6/10/95.

A Rebeldia no Futebol Brasileiro _____ J. P. Florenzano

o poder que a criara. Com efeito, conforme declarava o então atacante do Palmeiras aos microfones das rádios de São Paulo, anunciando a sua disposição de voltar ao futebol carioca:

"Vocês vão se livrar do marginal. Vou embora" (*Jornal da Tarde*, 23/2/95 – grifo nosso).

Talvez na história do futebol brasileiro jamais um jogador tenha decidido enfrentar de forma tão direta o poder da imprensa esportiva, contestando o discurso mediante o qual exercia-se o poder de classificar, identificar e estigmatizar a rebeldia. A fala de Edmundo, denunciando o arraigado preconceito social que perpassa tal discurso, questionando os mecanismos de poder que o levaram a ser marcado como anormal e bandido, configura-se talvez num dos momentos mais fortes da luta de resistência à normalização no futebol brasileiro. Por isso, ouçamos com atenção a fala que a publicidade recriminava por dizer bobagens, que o jornalismo esportivo desqualificava como voz da loucura.. Numa noite de fevereiro, no Parque Antártica, após a partida contra o Grêmio pela Libertadores da América, na qual mais uma vez o "Animal" nutria de fantasia os famintos torcedores das arquibancadas, Edmundo falava:

Ela (a imprensa esportiva paulista) venceu. Graças a ela vou embora do Palmeiras de qualquer maneira. Sou um guerreiro, mas desta vez perdi. Não agüento mais passar perto de qualquer banca de jornal e ver as manchetes que fazem com o meu nome. Sou bandido, marginal, nascido em favela. As críticas são maldosas. Essas pessoas que se julgam inteligentes têm, na verdade, inveja do brilho que tem um garoto de 23 anos. Ainda mais que nasceu de uma família pobre e que cresceu com a força de seus próprios pés. Nasci perto da favela, mas hoje moro num apartamento de frente para o mar na Barra da Tijuca. Isso incomoda (...) Estou falando isso e a urubuzada já está toda em cima, pronta para o ataque (fala olhando para os repórteres que o cercam). Só estão esperando o meu corpo deitar para vir me morder. Não vou dar essa oportunidade. Vou embora! (Jornal da Tarde, 23/2/95, Esportes, p. 2B).

Por certo, o conflito com a imprensa esportiva paulista não era o único motivo pelo qual o jogador desejava retornar ao futebol carioca. Indiscutivelmente, também, e conforme o próprio jogador ressaltara, a imprensa esportiva desempenhara um papel positivo na projeção do seu futebol e na sua popularidade. Posto isto, não há como deixar de inserir Edmundo na história da rebeldia do futebol brasileiro, o que significa dizer na luta de resistência e contestação tanto às práticas de poder que o atravessam, como sobretudo na contestação ao arraigado preconceito social que jamais deixou de estar presente em tal universo. Nesse sentido, talvez seja oportuno citarmos aqui a fala de Paulo César Lima, um dos principais expoentes da rebeldia em nosso futebol. Questionado numa entrevista acerca da imagem de jogador-problema que o perseguia, construída pelo mesmo discurso contra o qual voltava-se Edmundo, ele declarava:

Gosto de me vestir bem, de freqüentar lugares elegantes. E muita gente não suporta ver um negro, um ex-favelado falando francês, com um Cartier no pulso, tomando champanha Don Perignon. Acontece que esse problema não é meu, é das cabeças dessas pessoas. Elas me criticam só porque gosto do que é bom. No fundo, é uma questão pura e simples de racismo. Muita gente nem diz, mas pensa o seguinte: 'Paulo César é um negro metido a branco que não conhece seu lugar' (Veja, 7/10/81, p. 6/7).

No fundo, o estereótipo do Bom Escravo ainda domina o universo do futebol brasileiro. Com efeito, se o negro, a despeito de todo preconceito étnico e social que no período do futebol amador lhe interditara o ingresso no esporte então considerado privilégio dos grupos elitistas da sociedade, viria posteriormente a se transformar no principal protagonista do futebol brasileiro, a herança da sociedade escravocrata o acompanharia nessa trajetória, estendendo-se, na verdade, ao conjunto da categoria profissional dos jogadores. Com efeito, em sua análise acerca da condição do negro na sociedade brasileira, Anatol Rosenfeld aponta os estereótipos legados pelo período escravocrata aos negros:

"os negros são: simples (...), humildes, dóceis, afáveis (...), talentoso(s) do ponto de vista musical e da dança (...), muito forte (...), religioso (...) emotivos, imaginativos ('eles são mesmo crianças, não podemos levá-los muito a sério')" (Rosenfeld, 1993, p. 28).

Ora, se tais atributos descreviam, segundo Rosenfeld, a personalidade do escravo ideal, pode-se dizer agora que eles passaram a compor a identidade ideal do jogador de futebol.

Se o futebol brasileiro há muito deixara de interditar o ingresso das classes mais desfavorecidas à atividade profissional desse esporte, em compensação passara a exigir daqueles que são oriundos do mundo

A Rebeldia no Futebol Brasileiro_____ J.P. Florenzano

da pobreza o comportamento do Bom Escravo, segundo Rosenfeld, ou do Bom Pobre, segundo vimos com Foucault. O que incomodava a imprensa esportiva no que se refere à conduta tanto de Paulo César quanto de Edmundo, para além do preconceito étnico e social, reside no fato da insubmissão de ambos às práticas de poder, na intransigência de uma liberdade que se recusava à sujeição e, como conseqüência, via-se estigmatizada na categoria do jogador-problema. A rebeldia constituía-se no sinal que permitia identificá-los como provenientes da parte maldita da pobreza e, não por acaso, ambos seriam designados também como jogadores-malditos.

Ao jogador de futebol, egresso das classes populares, seja branco ou negro, desde que insubmisso, reservava-se o destino que coube a Fausto da Silva, conforme assinala o historiador Joel Rufino: "Os críticos chamavam-no de tudo – mercenário, acomplexado, exibido -, as mesmas acusações que fizeram depois, em outras épocas, a Zizinho, a Jair, a Didi, e (...) a Paulo César" (Santos, 1981, p.). Trata-se de um discurso que perpassa toda a história do futebol brasileiro, mas que em cada momento dessa história defronta-se com a resistência dos jogadores que lutam contra a identidade criada por esse discurso de poder, contra o qual nos anos 90 voltava-se Edmundo. Por que nos admirarmos, então, ao vê-lo exposto às mesmas acusações mencionadas pelo historiador Joel Rufino, quais sejam, a de exibido, acomplexado, e logo veremos, mercenário. Nos anos 90, porém, as sentenças proferidas pelo Tribunal da Norma faziam-se mais contundentes. Com efeito, retornemos à entrevista de Edmundo, na qual ele procurava defender-se:

Existe um repórter na TV Bandeirantes que me chamou de marginal e nem fala o meu nome. Quando pego na bola é o camisa sete do Palmeiras. Por mim, tudo bem, que não preciso dele para nada. Mas nunca vi isso na minha vida. Também tem uma pessoa que me critica porque não aceito ir ao programa dele. Fala que vim me exibir no Palmeiras. Não tem cabimento. É o patrão do Márcio Bernardes na TV Gazeta. E ele ainda se diz Palmeirense. Não vou mesmo! Não recebo cachê. O José Silvério declarou que não faço falta ao microfone da rádio Jovem Pan. Um repórter da tevê Gazeta vai acompanhar um treino no Palmeiras: o Amaral está chateado porque deixou o time titular (...) o Amaral entra duro em mim. Eu chuto a bola longe, xingo e falo que se está chateado tem que brigar com o treinador. No dia seguinte sai na Gazeta Esportiva: 'Mais uma do Marginal Edmundo'. Não

Parte II _____ Edmundo

tem cabimento. Existe uma coisa muito forte por trás de tanta perseguição (Jornal da Tarde, 23/2/95, Esportes, p. 2B).

Sem dúvida, havia a construção da personagem destinada a reviver os espectros de Almir e Heleno e a simbolizar, no âmbito do esporte mais popular do país, o ressurgimento do mito das classes perigosas; mas, além disso, havia o imperativo estratégico da produção do jogador-disciplinar determinado pelo futebol moderno, cujas exigências os mecanismos de poder procuravam concretizar no quadro de um novo campo de forças estabelecido desde meados dos anos 60. Nesse sentido, a rebeldia de Edmundo ainda situa-se no mesmo contexto histórico no qual localizava-se a luta de Afonsinho, Paulo César, Casagrande e tantos outros, porquanto os anos 90 demarcavam um novo estágio no processo de modernização iniciado sob os auspícios dos militares. Embora sem a fachada do autoritarismo que caracterizara a militarização, mas na essência tão autoritário quanto ela, o futebol-empresa retoma e aprofunda as mesmas exigências das décadas precedentes, criando outras, abolindo algumas, mas caminhando, com todas as contradições que envolve o seu advento entre nós, rumo ao avanço do poder disciplinar no universo do futebol. Sendo assim, a rebeldia de Edmundo também retoma e prossegue a luta de resistência dos jogadores contra o poder que busca apropriar-se dos corpos, gerindo-lhes as vidas, normalizando-as, disciplinando-as. Dentro de campo, o "Animal" reivindicava a mesma liberdade que vimos ser defendida por Paulo César nos anos 70, mas então como agora, uma liberdade que o futebol moderno não podia e não pode tolerar. Todavia, como assinala Eduardo Galeano;

"Por sorte ainda aparece nos campos, embora muito de vez em quando, algum atrevido que sai do roteiro e comete o disparate de driblar o time adversário inteirinho, além do juiz e do público das arquibancadas, pelo puro prazer do corpo que se lança na proibida aventura da liberdade" (Galeano, 1995, p. 2).

No futebol disciplinar, onde a equipe se constitui enquanto máquina e o jogador como peça dessa engrenagem, Edmundo, sem dúvida, foi um dos atrevidos que desviaram-se do roteiro saindo em busca da fantasia:

A Rebeldia no Futebol Brasileiro_____J.P. Florenzano

No começo falavam que eu era individualista, fominha (...) Desde moleque, jogo assim. Passo a bola na hora que acho que devo passar e driblo, vou driblar sempre, porque sei driblar. Na hora que eu bem entender (Jornal da Tarde, 20/12/93).

Fora de campo, a rebeldia de Edmundo insere-se na luta de resistência dos anos 70 e 80 contra o governo da conduta na esfera da vida privada, contra o poder de gerir a vida do jogador submetendo-o ao regime de concentração permanente, o qual, nos anos 90, os manuais de conduta dos clubes, com as prescrições de caráter moral, procuravam assegurar através da disciplinarização extensiva. Nesse sentido, após sair de mais um período marcado por uma greve de silêncio, Edmundo declarava: "Aqui em São Paulo a imprensa se preocupa muito com a vida particular do jogador" (*Diário Popular*, 22/6/96). Com efeito, a vigilância exercida pela imprensa esportiva, controlando o comportamento do jogador fora da esfera profissional, provocava a reação cáustica de Edmundo:

O que vocês querem? Querem que eu passe um relatório da minha vida particular desde o café da manhã até a hora em que eu for dormir? Vocês estão sacaneando dessa maneira. Sabe qual é a única solução para isso? Eu parar de jogar futebol. Mas isso eu não vou deixar acontecer (Jornal da Tarde, 6/2/96).

Mas assim como reagia à vigilância, Edmundo voltava-se também contra o poder de punir que nos anos 90 espraiva-se pelo universo do futebol. Expulso pela segunda vez desde que chegara ao Corinthians, ameaçado de punição pelo clube, e sob o assédio dos jornalistas que lhe indagavam sobre a multa, o jogador não somente recusava a multa que a diretoria pensava em aplicar-lhe, como sobretudo questionava o papel da imprensa de arvorar-se a função de vigiar e exigir punição. Em sua coluna no Estadão, o jornalista Roberto Benevides registraria o episódio nos seguintes termos:

Edmundo perde freqüentemente a calma dentro de campo, mas rarissimamente deixa passar a chance de uma bem-humorada provocação do lado de fora: 'Será que a multa vai para a caixinha de vocês?' — responde, com uma insolência que os perguntadores jamais perdoam. Não está de todo errado, no entanto (...) A imprensa esportiva aceita, sem discussão, que os jogadores sejam multados, em valores que não guardam proporção com a falta, por um atraso ao treino ou por uma expulsão de campo (O Estado de S. Paulo, 7/3/96).

Parte II _____ Edmundo

A autocrítica formulada pelo jornalista do Estadão deixava de lado uma questão cuja amplitude, conforme vimos anteriormente, transcendia o aspecto meramente monetário. O poder de punir constituía-se num dos procedimentos através dos quais buscava-se aperfeiçoar o funcionamento do corpo-máquina, corrigindo-o e normalizando-o através da punição disciplinar, ao mesmo tempo que procurava reduzir a sua tolerância para submeter-se às sanções. Mas além de questionar o universo de vigilância e punição no qual transformara-se o futebol moderno, Edmundo voltava-se contra às estruturas de poder que o próprio discurso da modernidade visava derrubar. A famigerada desorganização do futebol brasileiro, que entre outras coisas expõe as equipes ao que a imprensa esportiva designa de maratona de jogos, também se tornaria alvo da crítica do jogador. Sendo assim, sob o título "Maratona Perversa", a Gazeta Esportiva fazia contas:

Desde que iniciou a maratona, o Corinthians não é mais o mesmo. O preparador físico (...) revela que o time faz hoje seu 30 jogo em 68 dias, menos de 3 dias para cada partida, quando o ideal seriam 30 jogos em 180 dias (A Gazeta Esportiva, 9/4/96).

Por ter criticado publicamente o excesso de jogos, logo no início da temporada, o zagueiro Henrique sofria represálias da diretoria do clube, perdendo a condição de capitão da equipe e, logo depois, sendo afastado do grupo de jogadores. Para retornar, o zagueiro alvinegro passaria pelo ritual do poder: "Henrique chora e ganha perdão" (*Folha da Tarde,* 27/1/96). A crítica endereçada à diretoria tornava-se um ato de "rebeldia" motivada pelo descontrole emocional: " (o jogador) disse que seu descontrole aconteceu por causa de problemas particulares". Em abril, Edmundo, que desde o início também criticara o excesso de jogos ao qual a diretoria do Corinthians vinha submetendo a equipe, decidia, para empregarmos a expressão de um jornal paulista, "detonar" a direção do clube:

"O pessoal já está chegando no limite. Aí, se empatamos ou perdemos, levamos cacete de todo mundo (...) Entre o jogo de sexta, contra o Remo, e o de hoje, não deu nem 48 horas. Eu reclamo, mas o time entra em campo e aceita tudo da diretoria. Acabo desanimando" (Folha da Tarde, 8/4/96).

223

A Rebeldia no Futebol Brasileiro_____J.P. Florenzano

Ora, o exemplo do zagueiro Henrique demonstra o quanto se faz difícil ao jogador sem a projeção que Edmundo possuía manifestar-se contra a direção do clube. De qualquer forma, o fato de o atacante carioca, ao invés de aceitar passivamente as condições absurdas impostas pelo calendário, posicionar-se abertamente contra o excesso de jogos revelava uma face da rebeldia de Edmundo com a qual a própria imprensa esportiva, em particular a corrente dentro dela que colocava-se a favor da modernidade no futebol brasileiro, poderia concordar, não fosse o estigma que recaía sobre o jogador. Estigma que logo se mostraria conveniente para a diretoria do Corinthians.

"O Corinthians agüenta?" (*A Gazeta Esportiva,* 7/4/96), interrogava-se a imprensa esportiva em meio à maratona da equipe alvinegra. O fracasso nas três competições disputadas no primeiro semestre responderia, posteriormente, à indagação do jornal, mas nesse momento o presidente do Corinthians poderia, com o apoio da imprensa esportiva, responsabilizar Edmundo pelo insucesso da equipe, transformando-o em bode expiatório:

Perdemos com ele a Libertadores, o Paulista e a Copa do Brasil. O Edmundo é um ingrato. Nós o contratamos quando a própria diretoria do Flamengo dizia que ninguém estava interessado nele. Agora, de uma maneira premeditada, tenta forçar a sua saída do Parque São Jorge (Jornal da Tarde, 12/7/96).

Se o acidente automobilístico não chegara a expor o jogador ao linchamento moral que se poderia prever, a saída de Edmundo do Corinthians, em compensação, iria proporcionar a oportunidade para a execração pública. Nesse sentido, no programa "Mesa Redonda" da CNT-Gazeta, realizado no dia 14 de julho de 97, a reportagem sobre o fim da passagem do jogador pelo Parque São Jorge receberia o título: "Ascensão e Queda de um Mercenário". No desfecho da matéria, entre as imagens de Edmundo no Corinthians, o refrão da música: "Na casa do Senhor não existe Satanás. Xô Satanás". A demonização do "Animal" estava apenas começando.

Parte II _____ Edmundo

O Animal e as leis

Com efeito, depois do acidente ocorrido com o jogador no Rio de Janeiro o Corinthians manifestara interesse em contratá-lo. Na versão veiculada pelos dirigentes alvinegros e consagrada pela imprensa esportiva, tratava-se de um gesto edificante do clube que acolhia Edmundo num momento em que nenhum outro se disporia a ajudá-lo na recuperação de sua carreira profissional. Porém, apenas com a promoção realizada pelo departamento de Marketing do clube em torno da estréia do jogador, a imprensa já poderia divulgar: "Edmundo já dá retorno"(*Jornal da Tarde*, 13/1/96). De fato, a contratação do jogador revelava-se um bom negócio para o clube, que adquiria por empréstimo o Passe do atacante carioca por um preço desvalorizado em razão do acidente de automóvel e da temporada malsucedida no futebol carioca. No entanto, Edmundo não pretendia regressar ao futebol paulista, como fica claro em suas declarações, manifestadas enquanto a negociação entre os dirigentes estava prestes a ser concluída:

O passe é do clube, mas a vida é minha e ainda vou decidir meu futuro (*Jornal da Tarde*, 28/12/95 – grifo nosso).

Se o acordo entre Flamengo e Corinthians convinha a ambas as equipes, à primeira porque vislumbrava nele a chance de recuperar o valor do Passe do atacante, e à segunda porque acreditava adquirir um jogador de talento pagando um preço compensador pelo seu Passe, para Edmundo o acordo representava uma derrota pessoal, pois havia deixado o Palmeiras prometendo não retornar mais ao futebol paulista. A imprensa esportiva, por sinal, em meio ao noticiário sobre a contratação do jogador pelo Corinthians, recordava a promessa feita durante a Copa América de 95: "Àquela cidade eu não volto mais como jogador" (*Jornal da Tarde*, 3/1/96). Com efeito, por ocasião desta declaração, o jornal *A Gazeta Esportiva* estampava em primeira página a manchete: "Animal odeia São Paulo (*A Gazeta Esportiva*, 4/7/95). Ora, ao invés de acatar com humildade a ajuda que o Corinthians lhe oferecia, Edmundo, para irritação do clube e do jornalismo esportivo paulista, manifestava abertamente a pretensão de permanecer no futebol carioca, e, mesmo depois de consumado o acordo,

A Rebeldia no Futebol Brasileiro_____J.P. Florenzano

continuava a dizer que voltaria ao Rio de Janeiro, provocando o seguinte comentário no *Jornal da Tarde*:

Outra coisa que Edmundo terá de parar de repetir: 'Voltarei ao Flamengo para dar alegrias àquela torcida!' Se não gosta da cidade de São Paulo, o atacante terá, ao menos, que não ficar repetindo a todo instante que quer voltar ao Rio de Janeiro (Jornal da Tarde, 3/1/96).

Edmundo, portanto, retornava a São Paulo malgrado a sua vontade, submetida pelo instrumento de poder do Passe, defrontando-se novamente com o jogo de poder do qual a imprensa esportiva participava. No novo capítulo que se delineava no Corinthians, aguardava-se escrever as páginas da metamorfose do "Animal", sobre o qual os juizes da normalidade, mestres da disciplina, técnicos do comportamento e desenhistas da imagem debruçavam-se para recriá-lo enquanto animal dócil. Para tanto, envidar-se-iam todos os esforços:

Não é apenas a diretoria do Corinthians que bota fé na reabilitação de Edmundo para o futebol. Padres, pastores, pais-de-santo, psicólogos, astrólogos, numerólogos possuem crença e metodologia distintas, mas concordam num ponto: o Animal tem salvação (Diário Popular, 7/1/96).

Talvez o "Animal" não fosse um caso perdido, nem a sua loucura um fato consumado e irreversível. Esta aposta parece evocar a crença que no século XVIII constituía-se num dos indícios da mudança de concepção quanto às relações entre o homem e o animal, conforme assinala Foucault:

A era clássica, pelo menos em alguns de seus mitos, havia assimilado a loucura às formas mais agressivas da animalidade (...) Surge agora o tema segundo o qual pode haver, no louco, uma animalidade suave, que não destrói, pela violência, sua verdade humana, mas que deixa vir à luz do dia um segredo da natureza, um fundo esquecido e no entanto sempre familiar, que aproxima o insensato do animal doméstico e da criança.

No Rio de Janeiro, um dirigente do Flamengo confidenciava à imprensa esportiva: "Estamos tendo de tratar o Edmundo como criança" (*Jornal da Tarde*, 28/12/95). Em tom de condescendência, ponderava o jornalista Márcio Trevisan: "Edmundo é uma criança, quem o conhece sabe disso. E como toda criança, precisa de reprimendas para entender o que é certo e o que não é" (*A Gazeta*

Esportiva, 9/7/96). No futebol brasileiro, onde a Lei do Passe relega o jogador à condição de minoridade, submetendo-o à eterna tutela dos dirigentes, e onde o paternalismo nas relações de trabalho acentua a figura do jogador como criança, o anátema do patológico cumpre a função de manter nessa identidade o jogador que almeja libertar-se dela. De fato, como assinala Foucault: "A loucura é infância" (Foucault, 1993, p. 483). Não por acaso ela ronda com tanta insistência o universo do futebol, transformando qualquer gesto de rebeldia contra os dirigentes em "descontrole emocional" e o jogador numa "criança". Nesse sentido, a análise de Foucault demonstrando o parentesco entre a loucura e a infância talvez nos permita apontar o parentesco estabelecido, no futebol, entre a rebeldia e a loucura:

"A minoridade jurídica com que se revestia o louco estava destinada a protegê-lo enquanto sujeito de direito; essa antiga estrutura, ao tornar-se forma de coexistência (com o advento do asilo moderno), entrega-o totalmente, como sujeito psicológico, à autoridade e ao prestígio do homem de razão, que para ele assume a figura concreta do adulto, isto é, ao mesmo tempo de dominação e de destinação" (Foucault, 1993, p. 483).

A Lei do Passe, *mutatis mutandis,* também coloca o jogador de futebol numa condição de minoridade jurídica, à medida que lhe retira a autonomia sobre a sua própria força de trabalho. Menos que um objetivo econômico, ou tão importante quanto ele, a Lei cumpre a função política de manter o jogador num estado de minoridade, aproximando-o, nesse sentido, à figura do louco. O paternalismo existente no futebol brasileiro, por sua vez, vem reforçar esta situação, cristalizando a imagem do clube enquanto uma família na qual, obviamente, o papel da criança é destinado ao jogador [11]. Em contrapartida, o dirigente, o treinador e o jornalista desempenham o papel do homem de razão mencionado por Foucault, exercendo o poder de classificar o jogador como criança, conforme vimos na fala do dirigente do Flamengo e do jornalista da Gazeta Esportiva a

---

[11] "O paternalismo (...) continua a ser um dos sistemas mais importantes de relações sociais do trabalho. Ele supõe pelo menos três elementos: 1) presença física do patrão nos locais de produção...; 2) linguagem e prática de tipo familiar entre patrões e operários; 3) adesão dos trabalhadores a esse modo de organização. O patrão é visto como o pai que proporciona trabalho aos seus filhos..." (Perrot,1988,p.82-3)

A Rebeldia no Futebol Brasileiro_____ J.P. Florenzano

propósito de Edmundo, decidindo, por isso mesmo, o que é certo e o que é errado, e distribuindo, aos que se desviaram do reto caminho, o perdão, como ocorrera com o zagueiro Henrique.

Ora, quando o Corinthians decide apostar na contratação de Edmundo esperava contar com a docilidade do "Animal", com a recuperação da "criança" e com a normalização do "louco", as três imagens que compunham a identidade do jogador naquele momento. Com efeito, pela enésima vez, Edmundo ver-se-ia constrangido a repetir aos jornalistas:

> Sou o que sou. Não tenho compromisso de mudar nada. Quanto ao psicólogo, não preciso procurá-lo. Sou normal como vocês (Jornal da Tarde, 12/1/96).

Além de mais uma vez declinar a ajuda dos especialistas da alma, Edmundo também deixaria de seguir a orientação dos publicitários para resgatar a imagem perante a opinião pública. Vejamos quais as sugestões oferecidas pelos especialistas da imagem: "Agnelo Pacheco acha que 'o Animal' corintiano deve seguir os passos do craque argentino, que assumiu a condição de viciado em drogas, e reconhecer seus erros para resgatar sua imagem" (Folha da Tarde, 7/1/96). Salvo engano, Edmundo não possuía qualquer envolvimento com o uso de drogas, nem mesmo demonstrava ser dependente de álcool. Trocando em miúdos, sugeria-se ao jogador que assumisse a sua condição de desequilibrado emocional, ou dito claramente, de louco, confessando os pecados cometidos devido à doença, prometendo corrigir-se para obter a redenção. Outra corrente de especialistas, focalizando a "infantilidade" do jogador, oferecia uma sugestão que continha ao mesmo tempo uma censura: "Ele também precisa melhorar a sua relação com a imprensa e falar menos bobagens. Se fizer isso, pode demorar um pouquinho, mas tem jeito" (Folha de S. Paulo, 31/12/95). Desqualificar a fala do jogador de futebol, com efeito, constitui uma das estratégias do poder. Sob este aspecto, a vinculação estabelecida entre a rebeldia e a loucura também se mostra fecunda, como demonstra o comentário feito pelo jornalista Juarez Soares a respeito de uma entrevista concedida pelo jogador Edmundo à Rede Bandeirantes, explicando o seu afastamento da equipe do Palmeiras em 93:

> ... pronunciamento do jogador Edmundo tinha que ser analisado, não por um comentarista esportivo modesto como eu, mas por um analista, um psiquiatra, um

psicólogo, porque ele é cheio de contradições... (Rede Bandeirantes/Programa Esporte Total/23/11/93).

No início de 96, o projeto para a recuperação do atacante carioca mobilizava, além dos psicólogos e dos publicitários, também os religiosos, ou mais exatamente os Atletas de Cristo que atuavam na equipe do Corinthians. A notícia segundo a qual Edmundo teria participado de alguns cultos realizados por eles antes do início dos jogos releva-se de bom alvitre: "O atacante, que está sendo levado para o bom caminho pelos Atletas de Cristo do Timão, revelou ontem que participou da oração do grupo em Ribeirão Preto (...) Mas garante que isso não significa que se tornará mais um craque-evangélico do futebol brasileiro" (*Diário Popular,* 31/1/96). A conversão de Edmundo de jogador-maldito em Atleta de Cristo, encarnando a nova personagem consubstanciada na figura do "Anjo da Fiel", purificada dos "crimes e pecados" cometidos pelo "Animal", constituía-se no "happy end" do enredo que o poder havia elaborado. Porém, conforme viria a constatar tempos depois um jornalista esportivo, expressando a sua perplexidade numa indagação cuja resposta parecia escapar aos homens dotados de razão:

Com tudo para dar certo, por que ele ainda insiste em tornar a sua vida uma grande novela cujo final, a cada capítulo, fica bem longe do happy end tradicional? (*A Gazeta Esportiva,* 9/7/96)

Quando a passagem de Edmundo pelo Corinthians chegasse ao fim, o mundo esportivo constataria que o jogador, ao invés de confessar os "crimes e pecados" cometidos, ao invés de aceitar a ajuda psicológica, ao invés de seguir a orientação dos publicitários, ao invés de converter-se em mais um Atleta de Cristo colocando-se no bom caminho; preferira manter-se na velha estrada da indisciplina, repetindo as expulsões nas partidas, envolvendo-se em conflitos dentro e fora de campo, desentendendo-se com os companheiros de equipe, com os dirigentes e com a imprensa esportiva, insistindo em proferir bobagens, reincidindo na loucura dos seus gestos, atitudes e comportamento. Edmundo, na verdade, voltara a espalhar a maldição do jogador-animal. A imprensa esportiva paulista, os dirigentes do clube e os guardiães da disciplina desta vez não o perdoariam:

A Rebeldia no Futebol Brasileiro _____ J.P. Florenzano

Daí o Corinthians falou: "Não, vamos receber o Edmundo, nós vamos recuperar o futebol do Edmundo, porque é o Time do Povo, ele vai se contagiar". Não, ele contagiou o restante do grupo (...) E outra coisa: temperamental sou, ele é desequilibrado...ele é desequilibrado emocionalmente... (Rádio Gazeta/AM/12/7/96)

A execração pública tinha início. Na Rádio Gazeta, o comentarista esportivo Pedro Luís Jr. incluía em sua diatribe a acusação do contágio. Edmundo, em vez de contagiar-se com a humildade que caracteriza o Time do Povo, disseminara a loucura de sua rebeldia entre os jogadores do clube, instaurando no Corinthians a desordem que a cartilha disciplinar do treinador Espinosa já procurava conter. Mas em vão, pois Edmundo, como vimos anteriormente, passaria por cima da proibição contida no manual criticando publicamente a diretoria do clube. Pior ainda, depois de receber os salários atrasados, quando então se esperava que ele "calasse a boca", de acordo com a expressão empregada pela imprensa esportiva, e seguisse daí em diante as normas disciplinares, o jogador decidia abandonar o clube para retornar ao Rio de Janeiro. Antes de prosseguirmos com o linchamento moral ao qual ele seria submetido, devemos nos deter na análise desta atitude, fundamental para compreendermos a reação da imprensa esportiva paulista e a do próprio clube.

Como conseqüência da desclassificação do Corinthians nas três competições disputadas no primeiro semestre, Edmundo, um dos principais jogadores do elenco, passava a ser o alvo privilegiado das críticas e em boa parte responsabilizado pelo insucesso da equipe. A diretoria do clube, ao que parece, pretendia então desfazer-se do jogador que afinal não lhe trouxera os títulos, causara-lhe diversos "problemas" e, além de tudo, recebia um salário considerado alto. Mas a negociação do jogador envolvia também o Flamengo, o proprietário do Passe do jogador. O clube carioca, porém, encontrava dificuldade em realizar a transferência de Edmundo para outra equipe. Conforme noticiava a imprensa: "Mercado (estava) fechado para Edmundo" (*Diário Popular,* 5/6/96). Devido ao estigma de jogador-problema, reforçado pela temporada no Corinthians, o mercado estrangeiro relutava em contratá-lo:

"...a venda do Animal para o PSV teria sido bloqueada pela própria Philips do Brasil. A matriz holandesa, que banca o PSV, teria recebido um dossiê da filial, desaconselhando a compra do jogador". E

Parte II _____ Edmundo

acrescentava o Jornal da Tarde: "Se nem a Holanda quiser Edmundo, o jogador cumprirá o seu contrato normalmente em São Paulo até o fim do ano. *Nem adianta o Corinthians espernear. Já está tudo assinado. E pago*" (*Jornal da Tarde,* 5/6/96 – grifo nosso).

Ou seja, às vésperas da realização do Campeonato Brasileiro, Edmundo transformara-se num estorvo para a equipe do Parque São Jorge. Nesse momento, a imprensa esportiva dava destaque ao fato de que nenhum clube, tanto do exterior quanto do país, manifestava interesse no jogador, o que obrigaria o Corinthians a suportá-lo até o final do contrato em dezembro. Na Rede Globo, o programa Globo Esporte realizara uma matéria a respeito, apresentada pelo jornalista Mauro Naves, com a previsível repercussão. De certa forma, Edmundo retornava à situação vivida após o acidente automobilístico, quando supostamente nenhum clube desejava abrir-lhe as portas. Ora, no exato momento em que a imprensa esportiva veiculava esta versão, enfatizando desta vez que o desinteresse decorria do comportamento problemático do jogador, o Vasco de Eurico Miranda decidia trazê-lo de volta ao futebol carioca, do qual, conforme vimos, Edmundo não pretendera ter saído.

Recordemos a frase do jogador: "O passe é do clube mas a vida é minha e ainda vou decidir o meu futuro". A proposta do Vasco, ao contrário do que ocorrera com a do Corinthians, ensejava a possibilidade de conciliar o Passe com a vida, isto é, de atender a uma oferta de trabalho com o desejo de dispor do próprio destino. Todavia, contradizendo o discurso da imprensa esportiva, o Corinthians decidia não liberar o jogador, argumentando que contava com ele para o Brasileiro. Criado o impasse, Edmundo, como procedera das vezes anteriores, quando saíra do próprio Vasco para o Palmeiras e deste para o Flamengo, recorria à estratégia do fato consumado, a qual consistia invariavelmente em forjar um pretexto, criar um conflito, emitir uma única mas comprometedora frase que o indispunha com a direção do clube, deixando-a sem outra alternativa senão liberá-lo. Conforme a observação do jornalista Roberto Avalone:

...o Edmundo, às vezes, é mais maquiavélico do que se pensa [12]

---

[12] Entrevista concedida pelo jornalista Roberto Avalone em 07/11/95.

A Rebeldia no Futebol Brasileiro_____J.P. Florenzano

Edmundo, para atingir o fim que desejava, recorria a todos os meios disponíveis. Contudo, não se tratava da máxima segundo a qual "os fins justificam os meios" porque a imprensa esportiva nem ao menos concedia que os fins que Edmundo buscava realizar poderiam pelo menos colocar em discussão a validade dos meios empregados pelo jogador. Em outras palavras, além de almejar como finalidade o dinheiro, o que fazia dele um mercenário, para auferir os lucros que desejava Edmundo empregava qualquer recurso, o que o tornava um indivíduo sem ética. Ao sair do Corinthians valendo-se da estratégia maquiavélica mencionada por Avalone, o jogador expunha-se ao reproche implacável da imprensa esportiva. Em sua coluna no *Diário Popular*, o jornalista e apresentador Milton Neves iniciava o julgamento moral de Edmundo:

"(trata-se) de um jogador que já foi melhor e de um homem que não pára de piorar (E prossegue:) Afinal, o Edmundo – *um animal que pensa estar acima das leis* (grifo nosso – não respeitou nem o profissionalismo do Palmeiras/Parmalat, o rigor de Luxemburgo e a seriedade de Seraphim Del Grande. Definitivamente, Edmundo não respeita ninguém no futebol nem – ao que demonstra – também fora dele. Mas, creia, Edmundo: você é um falso malandro, que ainda será vítima do seu próprio veneno, de sua própria esperteza, de seus próprio dentes, de seu oportunismo burro. Um oportunismo que sinaliza desvio de caráter pelo que se lê no 'Manual Edmundo de Comportamento'. Ou seja: quando sua cabeça desmiolada resolve não honrar o que sua mão assinou (E concluindo:) Pobre Edmundo, o falso malandro que só está caminhando em direção a uma manchete que ainda não foi publicada. Ainda não" (*Diário Popular*, 14/7/96).

A resistência de Edmundo à normalização, a recusa em desempenhar o papel que o poder lhe prescrevera, transfigurando-se no "Anjo da Fiel", no jogador-humilde do Time do Povo, no Bom Menino exaltado pela imprensa esportiva, tal resistência trazia de volta os espectros de Almir e Heleno. A manchete que ainda não havia sido publicada, na verdade, há muito vinha sendo noticiada com insistência pelo discurso de poder. Na reportagem da revista *Veja* sobre o conflito campal entre os jogadores do São Paulo e do Palmeiras constavam as duas versões dessa manchete: "Os últimos dias no manicômio", como ocorrera com Heleno, ou "A última briga", como findara Almir.

232

Parte II _____ Edmundo

Mas passemos à análise do comportamento de Edmundo atendo-nos em duas questões: o desrespeito às leis do futebol, e a forma pela qual se dava tal desrespeito, ou, colocando-se de outro modo o problema: os meios empregados para alcançar os fins. Esta análise, com efeito, revela que a sessão do Tribunal da Norma na qual Edmundo via-se vilipendiado e condenado como indivíduo imoral constituía-se num julgamento repleto de contradições, em última análise, numa farsa burlesca encenada pelo poder. Pois, no mesmo momento em que se dava o linchamento moral de Edmundo boa parte da imprensa esportiva estava voltada para a defesa da chamada "Lei Pelé", cuja finalidade consistia em acabar com a Lei do Passe, ou seja, o mecanismo jurídico que rege as leis e os contratos trabalhistas no futebol que o "Animal" desrespeitava. Vejamos, então, o que a própria imprensa dizia à época a respeito do projeto elaborado pelo Ministro dos Esportes, o ex-jogador Pelé, começando pelo editorial da *Folha de S. Paulo* intitulado "Fim da Escravidão":

A nova regulamentação que trata da questão dos passes de jogadores de futebol (...) caminha no rumo correto de pôr um fim ao regime de escravidão a que estão submetidos os atletas *dessa modalidade esportiva no Brasil (...) Se um executivo, por exemplo, pode trocar de empresa à hora que bem entender, ressalvadas cláusulas especiais acertadas previamente por ambas as partes, por que um atleta não pode fazer o mesmo (...)?"* – e na conclusão o editorial afirmava -: *"O fato concreto é que a Lei Áurea data de 1888, só agora, em 1997, os jogadores de futebol encontram sua alforria"* (*Folha de S. Paulo*, 12/9/96 – grifo nosso).

Ora, se a Lei do Passe submete o jogador de futebol a um regime de escravidão, por que classificar de imoral a atitude de Edmundo que descumpria os contratos trabalhistas regidos pela Lei que a própria imprensa esportiva admitia como escravocrata? Ou bem devemos levar a sério todo o discurso contra o instrumento jurídico do Passe que o qualifica como de caráter servil, o que significa considerar o comportamento de Edmundo no campo da contestação à Lei cujo objetivo consiste em assegurar a submissão do atleta profissional no futebol, ou, caso contrário, todo o arrazoado contra o Passe, expresso no editorial acima, nada significa. Além disso, se o projeto da Lei Pelé prometia a alforria aos jogadores, por que não considerar que a estratégia maquiavélica de Edmundo almejava o mesmo fim? Por certo, pode-se questionar os meios empregados pelo jogador, mas já não se pode, sob o risco de flagrante incoerência, questionar os fins que a estratégia de Edmundo buscava atingir. Nesse sentido, atentemos para o argumento esgrimido pelo jornalista José Geraldo Couto:

"Só agora, mais de um século depois da introdução do esporte no país, o profissional de futebol começara a ser um cidadão livre para vender sua força de trabalho no mercado. As normas anteriores (...) *configuravam uma situação semifeudal, socialmente anacrônica e moralmente indefensável*" (*Folha de S. Paulo,* 12/9/96 – grifo nosso).

Compreenda-se: até a elaboração da Lei Pelé, o jogador de futebol achava-se despojado da condição de cidadão. No entanto, o linchamento moral ao qual se expunha Edmundo decorria da alegação de que o jogador não se comportava como um cidadão porque desrespeitava as leis e os contratos regidos pelo mecanismo jurídico que, precisamente, excluía o atleta profissional da condição de cidadão! Pior ainda: se a Lei do Passe configura uma situação moralmente indefensável, como execrar o comportamento de Edmundo considerando-o como o do animal que passa por cima das leis do futebol, se estas são sustentadas pelo Passe? Ou seja, exigia-se do jogador uma conduta moral no quadro de imoralidade configurada pelas relações de trabalho regidas pelo Passe! Prossigamos com a comédia das contradições encenada no Tribunal da Norma, concedendo agora a palavra ao jornalista Armando Nogueira:

O regime do passe, tal como existe no Brasil, é odioso. O atleta é vendido e comprado, entre clubes, como se não fosse gente. O jogador, quase sempre, não é ouvido, nem cheirado. Vai para onde não quer ir, negociado como saco de batatas (Jornal do Brasil, 15/9/96).

A Lei do Passe desumaniza o jogador, que não é tratado como gente, mas Edmundo é o animal precisamente porque passa por cima das leis que desumanizam o jogador! E mais ainda. Depois do acidente automobilístico de Edmundo, o que fizeram os dirigentes do Flamengo e do Corinthians senão negociar o jogador como um saco de batatas, ou, conforme a frase do publicitário, como um "produto bichado"? Pedimos escusas para evocar mais uma vez a fala do jogador: "O passe é do clube mas a vida é minha e ainda vou decidir o meu futuro". Esta declaração continha e expressava de forma inequívoca o questionamento da Lei do Passe, o instrumento jurídico que permitia

Parte II _____ Edmundo

aos dois clubes acertarem entre si a negociação à revelia do jogador que, naquele momento, não tinha condições de influir na decisão. Recordemos o lamento do dirigente do Flamengo: "Estamos tendo de tratar o Edmundo como criança". Lamento muito conveniente, pois, cabe a indagação, pode uma criança decidir o seu destino? A Lei do Passe, além de desumanizar, coisificar, condena o jogador à condição de minoridade.

Entretanto, qual o discurso dos dirigentes e da imprensa esportiva face à insistência do "Animal" em permanecer no futebol carioca? Que Edmundo deveria colocar o rabo entre as pernas e aceitar com gratidão o favor que os magnânimos dirigentes do Corinthians dispunham-se a fazer. A falácia do argumento apareceria, porém, logo na estréia do jogador, quando já se podia calcular o retorno financeiro proporcionado apenas com a promoção do evento. Naquele momento, o que importava o desejo de Edmundo em poder ele próprio decidir onde jogar? Nesse sentido, ouçamos as considerações do jornalista Mário Magalhães:

Tem um homem o direito de dispor sobre seu próprio destino? (...) A discussão sobre a lei do passe é uma dessas polêmicas em que os princípios se sobrepõem, avassaladoramente, ao resto, em que a essência impera diante do pragmatismo" (*Folha de S. Paulo,* 21/9/96).

Em julho de 96, quando decide criar um fato consumado no Corinthians para forçar o clube a liberá-lo a jogar no Vasco, porquanto se possa questionar o emprego da estratégia, não há como recusar a evidência segundo a qual Edmundo procurava exatamente dispor de seu destino, o qual, devido ao acidente automobilístico, o trouxera a contragosto de volta ao futebol paulista. Contudo, a possibilidade de retornar ao futebol carioca, aberta com a proposta do Vasco, esbarrava no obstáculo do contrato em vigor, que ele afinal acabaria rompendo. Por esta atitude o jornalista Milton Neves o condenava dizendo que "sua cabeça desmiolada resolve não honrar o que sua mão assinou". Ora, o pressuposto da crítica reside em considerar que a assinatura do contrato ocorrera em condições de livre escolha, liberdade que precisamente a Lei do Passe subtraía ao jogador e que a própria imprensa esportiva reprovava. Sendo assim, o que significa honrar o compromisso no quadro das relações de trabalho no futebol onde a

A Rebeldia no Futebol Brasileiro_____ J.P. Florenzano

existência do Passe, como afirmava Afonsinho, "contraria qualquer princípio de liberdade" (R/9/71, n. 66p. 54)?

Passemos à análise de outros aspectos do "manual Edmundo de comportamento". No artigo do *Diário Popular*, o jornalista aludia ao fato de o jogador desrespeitar o profissionalismo do Palmeiras/Parmalat. Pois bem, vejamos no que consiste tal profissionalismo, estampado na seguinte manchete: "Parmalat enche o cofre no Palmeiras". Acrescentava ainda a reportagem: "Só em 95 a empresa lucrou pelo menos U$ 10 milhões com a venda de jogadores para o exterior" (*Folha da Tarde*, 14/1/96). Com efeito, não há nenhuma novidade no fato de uma empresa objetivar o lucro, seja qual for o campo de atuação. O problema, contudo, reside na fonte da qual provém esse lucro. Se a Lei do Passe submete o jogador de futebol ao regime de escravidão, conforme denunciava em editorial a *Folha de S. Paulo*, de que maneira devemos avaliar uma empresa que se propõe auferir lucros explorando a famigerada Lei? Para que não haja dúvidas quantos aos objetivos do acordo Palmeiras/Parmalat, citemos a palavra do gerente de esportes da multinacional italiana:

É evidente que nossos investimentos visam retorno publicitário. Mas também estamos procurando lucrar quando adquirimos um jogador *(...) A Parmalat, pelas leis brasileiras, não pode ser dona dos passes. Na co-gestão com o Palmeiras, um dos itens da administração é* atuar na compra e venda de jogadores (*Jornal da Tarde*, 23/4/96 – grifo nosso).

A decantada modernidade que o ingresso do capital privado, sobretudo transnacional, deveria inaugurar no futebol não prescindia, porém, de um instrumento que a imprensa esportiva, defensora desta modernidade, execrava como de caráter escravocrata, feudal, servil, odioso e moralmente indefensável. Silenciava-se sobre a atuação das empresas na exploração da Lei do Passe, ao mesmo tempo em que se condenava como imoral o comportamento do jogador que rompia com as obrigações contratuais estabelecidas pela mesma Lei.

Finalmente, para encerrarmos estas considerações, vejamos mais uma crítica que constava no artigo do jornalista Milton Neves em sua coluna do *Diário Popular*. O apresentador esportivo condenava Edmundo como o "animal que não respeitara o rigor do técnico Luxemburgo". Muito bem, em uma entrevista o treinador explicitava no que consistia tal rigor: "No futebol tudo é muito simples. O treinador

Parte II _____ Edmundo

é o comandante e o jogador é o comandado" (*Jornal da Tarde*, 21/4/93 – grifo nosso). Segundo o jornalista, portanto, Edmundo revelava-se como um animal acima das leis porque, dentre outras coisas, desrespeitara "o rigor" do técnico. Ora, deixemos que Afonsinho traduza no que consiste a hierarquia de comando no futebol moderno:

"Hoje existe a expressão 'ditadura do treinador', que é uma coisa que hoje está muito escancarada, que não vai poder continuar..."

Com efeito, que o autoritarismo presente nas relações de trabalho no futebol conte com o apoio da imprensa esportiva, e que, além disso, ela classifique como jogador-problema o atleta que, de um modo ou de outro, questiona tal autoritarismo, desvela o quanto a imprensa esportiva encontra-se comprometida com o exercício do poder no futebol.

Na verdade, as contradições no julgamento moral ao qual Edmundo encontrava-se exposto se desfazem emergindo o real motivo da sua condenação, qual seja, o fato de ele não se deixar comandar enquanto jogador-peça na máquina-disciplinar em que se acham transformadas as equipes no futebol moderno. O discurso da imprensa esportiva, nesse sentido, compõem as práticas de poder encarregadas de colocar em funcionamento a máquina, zelando contra qualquer desordem dentro dela. De fato, para compreendermos melhor o papel desempenhado no futebol por tal discurso talvez se faça oportuno recorrermos à observação de Foucault:

As 'Luzes' que descobriram as liberdades inventaram também as disciplinas (Foucault, 1987, p. 195).

A contradição na qual incorria a imprensa esportiva enquanto julgava Edmundo se desfaz se levarmos em consideração que o mesmo discurso que engajava-se na luta pelo fim da Lei do Passe, anunciando com a abolição desta Lei a libertação do jogador de futebol; participava das práticas de poder que ao nível material dos corpos buscava a produção do jogador-disciplinar. Nesse sentido, conforme nos mostra Foucault, na modernidade o sonho da liberdade dos indivíduos convive com o funcionamento cotidiano, discreto, quase invisível dos mecanismos de poder voltados para a sujeição dos corpos:

...as disciplinas dão, na base, garantia da submissão das forças e dos corpos. As disciplinas reais e corporais constituíram o subsolo das liberdades formais e jurídicas" (Foucault, 1987, p. 195).

A Rebeldia no Futebol Brasileiro_____J.P. Florenzano

O advento do cidadão do esporte evocado no discurso da imprensa esportiva tem como contraface o corpo-máquina, corpo dócil e útil. Nesse sentido, condenava-se Edmundo porque ele se mantinha distante da imagem do jogador-cidadão, mas sobretudo porque ao nível do funcionamento concreto do poder ele manifestava a recusa intransigente à normalização, à docilidade e à utilidade do corpo. Aprofundando esta questão, citemos mais uma vez Foucault:

...enquanto os sistemas jurídicos qualificam os sujeitos de direito, segundo normas universais, as disciplinas caracterizam, classificam, especializam; distribuem ao longo de uma escala, repartem em torno de uma norma, hierarquizam os indivíduos em relação uns aos outros, e, levando ao limite, desqualificam e invalidam (Foucault, 1987, p. 195).

Edmundo via-se desqualificado em nome das normas universais do cidadão, mas conforme vimos, a Lei do Passe impede que o jogador de futebol seja considerado plenamente como um sujeito de direito, uma vez que lhe retira o direito fundamental à propriedade sobre a própria força de trabalho que a sociedade capitalista reconhece a todo cidadão. Mas ao mesmo tempo, desqualificava-se o jogador porque ele afastava-se da norma estabelecida pelas disciplinas como "regra natural" a ser seguida.

Ou seja, Edmundo encontrava-se duplamente condenado: *por não ser o que as relações sociais de trabalho no futebol não permitem que o jogador profissional seja, isto é, um cidadão; mas sobretudo por não se comportar de acordo com o que as relações de poder no futebol exigem que ele seja, isto é, um indivíduo disciplinar, normalizado, corpo dócil e útil.*

A libertação do jogador implica na luta contra a Lei do Passe, mas igualmente na luta contra as disciplinas. Defender a extinção daquela e ao mesmo tempo defender e participar do poder destas últimas, como faz a imprensa esportiva, significa assegurar o processo de sujeição ao qual o jogador encontra-se submetido. Não por acaso, a luta de resistência de Afonsinho desenvolvera-se nas duas frentes de combate: contra o mecanismo jurídico do Passe e contra os mecanismos disciplinares. Assim como Afonsinho, a rebeldia de Edmundo também estava voltada contra o investimento político dos corpos e, porquanto empregando meios condenados pela crítica esportiva, também questionava a Lei do Passe. Na verdade, não se pode distinguir os dois

Parte II _____ Edmundo

momentos, pois, como a trajetória de Afonsinho demonstra, a luta contra a normalização disciplinar conduz necessariamente ao confronto com a Lei do Passe, já que esta cumpre a função de restringir o campo de ação do jogador no quadro das relações de poder no futebol.

De fato, as duas rebeldias, a dos anos 70 e a dos anos 90, a despeito de todas as diferenças entre elas, encontrar-se-iam reunidas por ocasião da discussão suscitada pelo projeto da Lei Pelé. Quando fomos entrevistar Afonsinho em seu apartamento, o jogador mantinha afixado no mural da sala uma matéria do *Jornal do Brasil* intitulada: "No futebol, liberdade é sinônimo de polêmica". Nesta matéria, Edmundo expressava a sua opinião a respeito do projeto da Lei Pelé o qual pretendia extinguir com o mecanismo do Passe:

"Esta resolução é boa em todos os sentidos (...) *porque dá liberdade aos atletas de escolherem onde querem jogar...*" *(Jornal do Brasil,* 15/9/96 – grifo nosso)

A mesma liberdade pela qual se debatera Afonsinho ao longo de sua carreira, conduzindo tal reivindicação até os tribunais esportivos. Edmundo, embora recorrendo a outros métodos, debatia-se pelo direito de dispor do próprio destino. Em janeiro de 97, já atuando pelo Vasco, o jogador envolvia-se num conflito com o dirigente Eurico Miranda. Com salários atrasados, Edmundo recusava-se a retornar à equipe: "Não volto enquanto o Vasco não pagar o que me deve. Chega de perder sozinho. A partir de agora, vai perder todo mundo. Se for necessário, fico um ano parado. No fim de 97, estarei com 27 anos e o passe será meu" *(Jornal do Brasil,* 9/1/97). Afonsinho, relembrando a sua trajetória, reconheceria a sua luta no conflito vivido pelo jogador do Vasco:

"..o momento que vive o Edmundo agora, ele deve estar sentindo o que eu senti na época, exatamente.

No período em que se debatia o projeto do ministro Pelé, a imprensa esportiva evocava o nome de Afonsinho como símbolo da luta precursora contra a Lei do Passe mas submetia ao linchamento moral Edmundo como o animal que descumpria os contratos regidos pelo mecanismo jurídico que ela própria execrava como responsável pela "a escravidão a que é submetido o jogador de futebol no Brasil" (*Diário*

239

Popular, 20/3/96). Retornemos ao Tribunal da Norma. A sentença vai ser proferida.

O exílio do Animal

No programa esportiva da CNT-Gazeta, "Mesa Redonda", o apresentador Roberto Avalone discutia a saída de Edmundo do Parque São Jorge, e indagava ao jornalista Chico Lang qual a sua opinião sobre o jogador, obtendo a seguinte resposta:

"Mercenário! Mercenário! E mercenário não joga no Corinthians. Corinthians só joga quem é corinthiano ou entende o espírito corinthiano..." (MR/14/7/96)

Em sua coluna no jornal *A Gazeta Esportiva*, o jornalista Dalmo Pessoa exaltava-se ao proferir a sentença final:

"...quem é que não conhecia o prontuário de Edmundo? É que o Corinthians apostou no sucesso e na recuperação desse irrecuperável Edmundo (...) um cidadão com desvios de personalidade e que está habitando, mentalmente, as fronteiras da insanidade mental (Mais adiante, concluindo, o jornalista critica o vice-presidente do clube por ter acreditado em resgatar Edmundo para o futebol) Ora, o Corinthians não é reformatório de marmanjos infratores. Com esse trabalho de *recuperação* de Edmundo, Zezinho Mansur é candidato a futuro presidente da Febem." (*A Gazeta Esportiva,* 13/7/96).

O veredicto não chegava a causar surpresa. No prontuário do jogador, construído pacientemente pelo poder da norma, emergia a imagem do Bandido e do Louco. Mas agora também a do mercenário, do menor delinqüente e do animal acima das leis. Sobretudo a do "Animal" incorrigível, que os mecanismos disciplinares não lograram tornar dócil e útil. O exílio estava próximo: "Animal é expulso" (*A Gazeta Esportiva,* 12/7/96), anunciava a manchete do jornal. Com efeito, Edmundo retornava ao futebol carioca, ao primeiro clube no qual iniciara a trajetória que o levara a encarnar a personagem construída pelas relações de poder mas também pelo imaginário do futebol brasileiro nos anos 90. Contudo, tomando de empréstimo a expressão criada por Eduardo Galeano acerca de outro jogador rebelde, Edmundo "estava esgotado

Parte II — Edmundo

pelo peso de sua própria personagem" (Galeano, 1995, p. 233). E de fato, ao voltar ao Vasco, ele pediria:

Quero que não me chamem mais de Animal (...) Prefiro me tornar conhecido como um ser humano (O Globo, 27/8/96).

A trajetória do "Animal" chegava ao fim. Por certo, Edmundo continuaria lutando contra a personagem na qual transformara-se no futebol. Nesse sentido, depois de mais um conflito no qual se vira envolvido, o apresentador Milton Neves perguntava-lhe por quê os conflitos ocorriam com ele e não com outros jogadores. A resposta de Edmundo permite-nos entrever a luta com a qual ele passaria a se debater em sua carreira:

"Porque vocês criaram esse monstro..." (Rádio Jovem Pan/Programa Terceiro Tempo/3/2/96).

O "Animal", criado na imprensa esportiva, criado e apropriado em seguida pelas torcidas organizadas, depois ainda pela publicidade e também pelo próprio jogador, transformara-se ao longo de sua trajetória num "monstro". Nesta transformação a imprensa esportiva desempenhara um papel decisivo, estigmatizando o jogador enquanto louco e marginal. Nesse sentido, Edmundo acertava o alvo quando a criticava por haver criado o "monstro". E depois de tê-lo criado, a imprensa esportiva passaria a exigir a exorcização do mal que ele representava. Com efeito, no mesmo programa esportivo no qual Edmundo fizera a declaração acima citada, o jornalista Flávio Prado argumentava:

"...a pessoa para se curar, entre aspas, de alguma coisa, ela precisa entender que ela tem um *mal. O Edmundo não admite que ele é um jogador-problemático.* Não é o primeiro caso nem será o último, ele não quer entender que ele toma atitudes que normalmente não deveriam ser tomadas" (JP, TT/3/2/96).

A recusa obstinada de Edmundo em não aceitar a identidade construída e refletida no espelho que o discurso da imprensa esportiva lhe apresentava; a recusa em aceitar a cura, e a salvação, que o discurso de poder no futebol lhe oferecia; a luta contra o estigma do jogador-problema; em suma, a resistência contra à normalização disciplinar constituem, talvez, o principal legado do jogador à rebeldia no futebol

A Rebeldia no Futebol Brasileiro _____ J.P. Florenzano

brasileiro. Nesse sentido, o exílio do "Animal" não elimina o mal do qual acusavam-no, pois a maldição que ele propagava se traduzia na contestação às práticas de poder voltadas para a produção do corpo-máquina, traduzia-se ainda na desordem introduzida no seio da máquina-disciplinar na qual se transformavam as equipes de futebol. Sobretudo, revelava-se na ousadia de ter reintroduzido a fantasia no jogo que há muito dela achava-se despojado. O "Animal" encontra-se agora banido, sobrevivendo apenas o estigma. Mas nas gerais e nas arquibancadas, os Mendigos continuam famintos à espera da fantasia.

242

Dom Quixote e o Animal

Dom Quixote e o Animal

Na década de 1990, a proposta de extinção da Lei do Passe, por iniciativa do ministro dos Esportes, Pelé, levava a imprensa esportiva a resgatar o nome de Afonsinho, apontando-o como precursor na luta contra a referida lei. Assim, por exemplo, a *Folha de S. Paulo* destacava: "Afonsinho é considerado um dos pioneiros na luta pelo passe livre no futebol brasileiro" (FSP/12/11/96, p. 16/Esporte). O ministro Pelé, por sua vez, reavaliando o seu passado de atleta profissional, tornava público um episódio bastante significativo quanto à luta contra o mecanismo jurídico do Passe, ocorrido durante a passagem de Afonsinho pelo Santos, em 1972:

"Ele me pediu que fizesse alguma coisa, porque eu já era famoso e minha declaração repercutiria (...) Infelizmente não fiz nada e só fui aprender, depois de um tempo, que precisava ter feito alguma coisa" (ESP, 12/11/96, p. E1/Esportes).

Transcorridos mais de vinte anos, Pelé, agora na condição de ministro de Estado, retomava a luta de Afonsinho inspirando-se, também, no exemplo de Jean-Marie Bosman, o jogador belga que, em novembro de 1995, obtivera na Corte de Justiça da União Européia o direito ao livre exercício da atividade profissional. Aliás, o paralelo entre os dois jogadores, Afonsinho e Bosman, logo viria a ser estabelecido na imprensa esportiva brasileira: "Afonsinho, pioneiro no Brasil" (JB, 13/9/96, p. 30/Esporte) assinalava a matéria, comparando a atitude dos dois jogadores que em épocas distintas questionaram a Lei do Passe na Justiça.

No entanto, em relação ao Brasil, a imprensa esportiva, porquanto reconhecendo-lhe a importância devida, não deixava de cometer um equívoco ao designar Afonsinho como precursor na luta contra a Lei do Passe, pois, em realidade, o jogador inscrevia-se numa longa tradição de resistência a esta lei, tão antiga quanto ela própria, luta que remonta ao gesto de Fausto da Silva, cuja rebeldia, já em 1937, conduzia o célebre centro-médio a entrar na Justiça reivindicando Passe Livre (Castro; Máximo,1965,). Todavia, por tal gesto a Maravilha Negra pagaria muito caro, pois, para voltar a jogar, ver-se-ia constrangido a pedir desculpas públicas ao presidente do Flamengo, o clube com o qual achava-se em conflito. Conforme observa o historiador Joel Rufino dos Santos:

"A maior humilhação a que um jogador de futebol já foi submetido neste país" (Santos,1981, p. 08).

A vitória de Afonsinho, consubstanciada na conquista do Passe Livre, em 1971, de algum modo redime a categoria do atleta profissional da humilhação imposta pelos dirigentes esportivos à Maravilha Negra. Contudo, também Afonsinho enfrentaria represálias pelo seu gesto, seja através do boicote velado dos clubes brasileiros ao qual fora exposto, seja pelo estigma do jogador-problema contra o qual tivera que debater-se ao longo da carreira, estigma que lhe fora lançado também em decorrência dos outros embates nos quais achava-se envolvido. Com efeito, o resgate do nome de Afonsinho nos anos 90 por parte da imprensa esportiva, no bojo da luta contra a Lei do Passe, "olvidava" a luta do jogador contra a normalização disciplinar em curso no futebol brasileiro, bem como a sua resistência em não se deixar governar como "máquina", em não se deixar manipular como "jogador-peça".

O "Dom Quixote" do futebol brasileiro não debatera-se, em vão, contra moinhos de vento, mas contra o funcionamento concreto do poder que, penetrando no campo de jogo, alvejava disciplinar o corpo e normalizar a alma. Além disso, o "Dom Quixote" entregara-se sim aos desregramentos da imaginação, vislumbrando a possibilidade de transformar o futebol num espaço de liberdade, tanto dentro quanto fora dos gramados. Nesse sentido, a trajetória de luta de Afonsinho e dos rebeldes dos anos 70 revelava que a resistência contra o exercício do poder desdobrava-se em diversas frentes, e apontava, em especial, para a possibilidade da criação de uma outra forma de vivenciar o futebol, antecipando em boa parte a experiência da Democracia

Dom Quixote e o Animal

Corinthiana nos anos 80, a qual, com efeito, viria retomar e aprofundar muitas das reivindicações delineadas na década anterior pelo movimento da rebeldia.

Na verdade, para apreendermos o significado da rebeldia de Afonsinho em todas as suas dimensões devemos, também, considerar a posição do jogador contra a concepção do futebol-força. De fato, ao decidir-se pela carreira de atleta profissional, além de fazer a opção de correr atrás de uma bola de futebol, mas jogando-a dentro de um campo de liberdade sem curvar-se ao arbítrio representado pela Lei do Passe; além de optar, ainda, por resistir à normalização disciplinar em curso no futebol brasileiro; de igual modo, Afonsinho decidira não transigir em momento algum no desejo de tecer com a bola o sonho de um jogo concebido como arte, no desejo de lançar-se com a liberdade de criação através do campo onírico do futebol, preenchendo cada canto do gramado com a sua fantasia. Na verdade, Afonsinho exibia-se dentro dos gramados atrás de uma bola, mas à frente de seu tempo. Talvez, ainda, à frente do nosso tempo.

Nos anos 90, a trajetória do jogador Edmundo revelava que a luta desenvolvida nas décadas precedentes prosseguia no quadro do modelo empresarial de gestão dos clubes, porquanto revestindo-se de novas formas de manifestação, recorrendo a outras estratégias de enfrentamento, mas, principalmente, questionando a categoria do jogador-problema criada pelo poder para estigmatizar a rebeldia. Por tal questionamento, Edmundo ver-se-ia obrigado a conviver com os estigmas do jogador-bandido e do jogador-anormal. Na verdade, e eis o ponto crucial no advento da personagem do "Animal", Edmundo vinha ocupar os papéis há muito tempo desempenhados por Almir Pernambuquinho e Heleno de Freitas, quais sejam, o de bandido e louco respectivamente. O discurso de poder no futebol, com efeito, viria a atribuir um papel especial à personagem do "Animal", pois, no exato momento em que o futebol brasileiro preparava-se para ingressar num novo estágio do processo de modernização, representado em especial pelo ingresso decisivo do capital privado na esfera dessa atividade esportiva, a invenção da personagem do "Animal", uma vez apropriada pelo discurso de poder, acabava atendendo ao avanço dos mecanismos disciplinares sobre o jogador de futebol, fazendo pesar sobre a luta de resistência do atleta profissional a ameaça de conviver com os estigmas da delinqüência e da anormalidade.

Nos anos 90, ao jogador que desviava-se da norma, que ousava contestar a disciplina ou questionar o modelo gerencial implantado pelas empresas nos clubes, o discurso de poder evocava a lembrança de Edmundo, o "jogador-problema" por excelência dos anos 90, apresentando para o jogador rebelde o espelho no qual refletia-se a imagem do "Animal", ou seja, as imagens da loucura e da delinqüência com as quais associava-se o gesto da rebeldia. De fato, tanto Almir quanto Heleno haviam-se tornado figuras por demais longínquas para as novas gerações. Urgia substituí-las por uma nova personagem, e a criação do "Animal" oferecia, por um lado, a oportunidade de reunir duas das principais figuras "problemáticas" da história do futebol brasileiro numa única personagem, e, por outro lado, a oportunidade de recriar, no âmbito do esporte mais popular do país, o mito das classes bárbaras.

Se durante o período de 93 a 95 os espectros de Almir e Heleno foram resgatados do passado, e associados insistentemente a Edmundo, convém enxergar em tal operação algo mais do que simples e "naturais" comparações ditadas pelos "fatos". Com efeito, ao reviver os estigmas daqueles dois jogadores no quadro das novas relações de poder, a personagem do "Animal" estava destinada a selar o vínculo que vinha sendo estabelecido desde meados dos anos 60 entre rebeldia e anormalidade, e, por conseguinte, justificar a expansão do poder da norma no universo do futebol.

Enfim, para retomarmos o paralelo entre as trajetórias de Afonsinho e Edmundo, devemos assinalar também as diferenças em relação ao imaginário que presidia a manifestação da rebeldia naqueles dois períodos históricos. Se nos anos 70 a luta de resistência às relações de poder no futebol estava inserida no contexto mais amplo da rebeldia da própria sociedade brasileira, voltada para a luta contra o autoritarismo do regime militar, e se, além disso, ela participava do contexto da revolução cultural dos anos 60 e começo dos 70, compartilhando com o momento histórico as utopias de toda uma geração engajada no projeto de "reinventar a vida"; em contrapartida, nos anos 90, a rebeldia manifestava-se associada à violência, o que,

Dom Quixote e o Animal

conforme vimos, podia ser explicada pelo próprio momento sociocultural da sociedade brasileira, bem como pelas idéias de transgressão, desordem e excesso presentes no imaginário que envolvia o futebol nos anos 90.

Seja como for, ao percorrermos a trajetória da rebeldia ao longo do período histórico compreendido pelas décadas de 60 até 90, talvez tenha sido possível mostrar que a luta de resistência no futebol brasileiro se desvela, sobretudo, enquanto luta para manter presente a magia de um jogo o qual a maioria dos jogadores reluta em abandonar, do qual a maioria, na verdade, não consegue nem ao menos sair, prolongando-o até o último esforço do corpo, revivendo-o depois nos campos de várzea, ou, ainda, às vezes, nos quartos de asilo que acolhem os corpos exauridos e os sonhos aniquilados na maquinaria de poder do futebol moderno.

Bibliografia

ARAÚJO, R. B. de. *Os Gênios da Pelota: Um Estudo do Futebol como Profissão*, Dissertação de Mestrado, Rio de Janeiro, UFRJ – Museu Nacional, 1980 (Programa de Pós-Graduação em Antropologia Social).

CALDAS, W. O Pontapé Inicial – *Memória do futebol brasileiro (1894-1933)*, São Paulo, IBRASA, 1990.

_____, Aspectos Sociopolíticos do Futebol Brasileiro, *In: Dossiê Futebol*, Revista USP. n. 22: 40-49, São Paulo, 1994.

CARVALHO, A. M. de. *Violência no Desporto*, Lisboa, Livros Horizonte, 1985.

CASTORIADIS, C. *Socialismo ou Barbárie: O Conteúdo do Socialismo*, São Paulo, Brasiliense, 1983.

_____, *As Encruzilhadas do Labirinto: Os Domínios do Homem*, Rio de Janeiro, Paz e Terra, 1987.

_____, *A Instituição Imaginária da Sociedade*, 3ª edição, Rio de Janeiro, Paz e Terra, 1995.

_____, *A Criação Histórica*, Porto Alegre, Artes e Ofícios Editora/Secretaria Municipal de Cultura, 1992.

CASTRO, R. *Estrela Solitária – Um Brasileiro chamado Garrincha*, São Paulo, Companhia das Letras, 1995.

CASTRO, M. de; MÁXIMO, J. *Gigantes do Futebol Brasileiro*, Rio de Janeiro, Lidador, 1965.

COSTA, M. R. da. *Os "Carecas do Subúrbio": Caminhos de um Nomadismo Moderno*, Petrópolis, Vozes, 1993.

DaMATTA, R. Esporte na Sociedade: Um Ensaio sobre o Futebol Brasileiro.

DaMATTA, R. organizador, *Universo do Futebol: Esporte e Sociedade Brasileira*, Rio de Janeiro, EDIÇÕES PINAKOTHEKE, 1982.

DELEUZE, G. *Foucault*, São Paulo, Brasiliense, 1988.

ELIAS, N. *A Busca da Excitação*, Lisboa, DIFEL, 1992 (Memória e Sociedade).

FILHO, Mário. *O Negro no Futebol Brasileiro*, Rio de Janeiro, Civilização Brasileira, 1964.

FINLEY, M.I. *Democracia Antiga e Moderna*, Rio de Janeiro, Graal, 1988

FONSECA, M.A. *Michel Foucault e a Constituição do sujeito*, São Paulo, EDUC, 1995.

_____, Omnes et Singulatim: Por uma Crítica da "Razão Política", *Novos Estudos CEBRAP*, n.26: 77-99, São Paulo, mar. 1990.

FOUCAULT, M. *Microfísica do Poder*, 11ª edição, Organizador Roberto Machado, Rio de Janeiro, Graal, 1979.

_____, *Vigiar e Punir: Nascimento da Prisão*, 10ª edição, Petrópolis, Vozes, 1987.

A Rebeldia no Futebol Brasileiro   J.P. Florenzano

_____, *História da Sexualidade I: A Vontade de Saber*, 12ª edição Rio de Janeiro, Graal, 1988.

_____, *História da Loucura na Idade Clássica*, 3ª edição.São Paulo, Perspectiva, 1993.

_____, O Sujeito e o Poder, In: RABINOW, P.; DREYFUS, H. *Michel Foucault, Uma Trajetória Filosófica: Para Além do Estruturalismo e da Hermenêutica*, Rio de Janeiro, Forense Universitária, 1995.

_____,*A Ordem do Discurso*: Aula Inaugural no Collège de France, Pronunciada em 2 de dezembro de 1970, São Paulo, Edições Loyola, 1996.

FRANÇA, F. C. T. *Criação e Dialética: O Pensamento Histórico – Político Cornelius Castoriadis*, São Paulo, EDUSP/Brasiliense, 1996 (Oficina de Filosofia).

GALEANO, E. *Futebol ao Sol e à Sombra*, Porto Alegre, L&PM, 1995.

GUEDES, S. L. *"O Futebol Brasileiro – Instituição Zero"*, Dissertação de Mestrado, Rio de Janeiro, Universidade do Rio de Janeiro – Museu Nacional, 1977 (Programa de Pós-Graduação em Antropologia Social).

HELAL, R. Estádios Vazios: Notas para uma Reflexão sobre a Crise do Futebol Brasileiro, *Pesquisa de Campo,* Revista do Núcleo de Sociologia do Futebol/UERJ, n.0:61-70, Rio de Janeiro, jun.1994.

_____, O Salvador da Pátria – Considerações em torno da Imagem do Jogador Romário na Copa do Mundo de 1994. *Pesquisa de Campo,* Revista do Núcleo de Sociologia do Futebol/ UERJ, n. 1: 23-41, Rio de Janeiro, 1995.

HOBSBAWM, E. *Mundos do Trabalho: Novos Estudos sobre História Operária*, 2ª edição, Rio de Janeiro, Paz e Terra, 1988 (Coleção: Oficinas da História, v.2).

_____,*Era dos Extremos – O breve século XX, 1914-1991*, São Paulo, Companhia das Letras, 1995.

HUIZINGA, J. *Homo Ludens*, 4ª edição, São Paulo, Perspectiva, 1996.

KLINTOWITZ, J. A Implantação de um Modelo Alienígena Exótico e Outras Questões Pertinentes: A Seleção Brasileira de Futebol – 1978, *Encontros com a Civilização Brasileira*, n.5: 113-118, Rio de Janeiro, nov. 1978.

LIMA, M. A. Formas Arquiteturais do Estado Novo (1937-1945): suas implicações na plástica de corpos e espíritos, Rio de Janeiro, FUNARTE, 1979.

LOPES, J. S. L. *Esporte, Emoção e Conflito Social,* Revista: Mana. Estudos de Antroplogia Social – Museu Nacional, volume 1, número 1, outrubro 1995.

MACHADO, R. *Ciência e Saber – A Trajetória da Arqueologia de Foucault*, 2ª edição Rio de Janeiro, Graal, 1988.

MATOS, O. C. F. Paris 1968: *As Barricadas do Desejo*, São Paulo, Brasiliense, 198 (Tudo é História).

MÁXIMO, J. *João Saldanha: Sobre Nuvens de Fantasia*, Rio de Janeiro, Relume Dumará, 1996.

MELANI, R.; NEGRÃO, R. F. Passe para a Servidão, *DISCORPO*, Revista d

Bibliografia

Departamento de Educação Física e Esportes da PUC-SP, 4 (2):61-69, São Paulo, 1994.

MORAES, E. R. O Jardim Secreto. Notas sobre Bataille e Foucault, *Tempo Social*, revista de Sociologia da USP, 7(1-2):21-29, São Paulo, out. 1995.

MORIN, E. *Cultura de Massas no Século XX* (2 vols.), 8ª edição, Rio de Janeiro Forense Universitária, 1990.

MURAD, M. *Dos Pés à Cabeça: Elementos Básicos de Sociologia do Futebol1*, Rio de Janeiro, Irradiação Cultural, 1996.

_____, Corpo, Magia e Alienação – O Negro no Futebol Brasileiro: Por Interpretação Sociológica do Corpo como Representação Social, *Pesquisa de Campo*, Revista do Núcleo de Sociologia do Futebol/UERJ, n. 0:71-78, Rio de Janeiro, 1994.

NEGRÃO, R. F. O Trabalho do Jogador de Futebol Profissional, *DISCORPO*, Revista do Departamento de Educação Física e Esportes da PUC-SP, n.2:59-68, mar. 1994.

PASSETTI, E. Foucault Libertário, *Margem*, revista da Faculdade de Ciências Sociais PUC-SP, n.5:135-147, São Paulo, EDUC, 1992.

PEDROSA, M. organizador, *Na Boca do Túnel*, Rio de Janeiro, GOL, 1968.

PERROT, M. *Os excluídos da História: operários, mulheres e prisioneiros*, Rio de Janeiro, Paz e Terra, 1988, (Oficinas da História).

PIMENTA, C. A. M. *Futebol e Violência entre "Torcidas Organizadas" – a busca da identidade através da violência*, São Paulo, Dissertação de Mestrado, Faculdade de Ciências Socias, PUC-SP, 1995.

PRADO, D. de A. Tempo (e Espaço) no Futebol , In: *Dossiê Futebol, Revista USP*, n.22:19-26, São Paulo, 1994.

RABINOW, P.; DREYFUS, H. *Michel Foucault – Uma Trajetória Filosófica: para além do estruturalismo e da hermenêutica*, Rio de Janeiro, Forense Universitária, 1995.

RAGO, M. O Efeito Foucault na Historiografia Brasileira, *Tempo Social*, revista de Sociologia da USP, 7 (1-2):67-82, São Paulo, out. 1995.

RAMOS, R. *Futebol: Ideologia do Poder*, Petrópolis, Vozes, 1984.

RODRIGUES, N. *À Sombra das Chuteiras Imortais: Crônicas de Futebol*, Seleção de Rui Castro, São Paulo, Companhia das Letras, 1993.

_____, *A Pátria Em Chuteiras: Novas Crônicas de Futebol*, Seleção de Rui Castro, São Paulo, Companhia das Letras, 1994.

ROUANET, S.P., *As Razões do Iluminismo*, São Paulo, Companhia das Letras, 1987.

ROVERSI, A. *Calcio e violenza in Europa*. Bolonha, Il Mulino/Contemporanea, 1990.

SADER, E. , *Quando Novos Personagens entraram em Cena:* experiências, falas e lutas dos trabalhadores da Grande São Paulo, 1970-80, Paz e Terra, Rio de Janeiro, 1988

SANTOS, J. R. dos. *História Política do Futebol Brasileiro*, São Paulo, Brasiliense, 1981 (Tudo é História).

A Rebeldia no Futebol Brasileiro _____ J.P. Florenzano

_____, Na CBD até o Papagaio Bate Continência, *Encontros com a Civilização Brasileira*, n.5: 119-129, Rio de Janeiro, nov. 1978.

SEVCENKO, N. *Orfeu Extático na Metrópole: São Paulo Sociedade e Cultura nos frementes anos 20*, São Paulo, Companhia das Letras, 1992.

_____, Futebol, Metrópoles e Desatinos, In: *Dossiê Futebol, Revista USP* n.22: 30-37, São Paulo, 1994.

SHIRTS, M. G. Literatura Futebolística: Uma Periodização, In: MEIHY, J. C. S. B.; WITTER, J. S. organizadores. *Futebol e Cultura*, Coletânea de Estudos, São Paulo, IMESP/DAESP, 1982.

SILVA, E. M. da. *As "Torcidas Organizadas de Futebol": Violência e Espetáculo nos Estádios*, São Paulo, Dissertação de Mestrado, Faculdade de Ciências Sociais, PUC-SP, 1996.

SUSSECKIND, H. C. *Futebol em dois Tempos*, Rio de Janeiro, Relume-Dumará, 1996.

TOLEDO. L. H. de. *Torcidas Organizadas de Futebol*, Campinas-SP, Autores Associados/ ANPOCS, 1996, (Coleção Educação Física e Esportes).

VOGEL, A. O Momento Feliz, Reflexões sobre o Futebol e o Ethos Nacional, In: DaMATTA, R. organizador, *Universo do Futebol: Esporte e Sociedade Brasileira*, Rio de Janeiro, EDIÇÕES PINAKOTHEKE, 1982.

ZALUAR, A. *A Máquina e a Revolta: As Organizações Populares e o Significado da Pobreza*, 2ª edição, São Paulo, Brasiliense, 1994a.

ZALUAR, A. *Condomínio do Diabo*, Rio de Janeiro, Revan: Ed. UFRJ, 1994b.

_____, *Condomínio do Diabo,* Rio de Janeiro, Revan: Ed. UFRJ, 19994b.

_____, Cidadãos não vão ao Paraíso. São Paulo, Edioria Escuta; Campina, SP, Editora da Universidade Estadual de Campinas, 1994c.

ZICO, *Zico Conta Sua História,* São Paulo, FTD, 1996.

REVISTAS

Veja, Placar, Manchete, Revista do Esporte, A Gazeta Esportiva Ilustrada.

JORNAIS

A Gazeta Esportiva, Folha de S. Paulo, O Estado de S. Paulo, Folha da Tarde, Jornal da Tarde, Diário Popular. O Globo, Jornal do Brasil.